點校本
二十四史
修訂本

〔唐〕魏徵 等撰

隋書

第六册

卷六七至卷八五

中華書局

2019 年 1 月第 1 版　　2025 年 5 月第 4 次印刷

ISBN 978-7-101-13628-9

隋書卷六十七

列傳第三十二

虞世基

虞世基字茂世，會稽餘姚人也。父荔，陳太子中庶子。世基幼沉靜，喜愠不形於色，博學有高才，兼善草隸。陳中書令孔奐見而歎曰：「南金之貴，屬在斯人。」少傅徐陵聞其名，召之，世基不往。後因公會，陵一見而奇之，顧謂朝士曰：「當今潘、陸也。」因以弟女妻焉。仕陳，釋褐建安王法曹參軍事，歷祠部殿中二曹郎、太子中舍人。遷中庶子、散騎常侍、尚書左丞。陳主嘗於莫府山校獵，令世基作講武賦，於坐奏之曰：

夫甑居常者，未可論匡濟之功，應變通者，然後見帝王之略。何則？化有文質，進讓殊風，世或澆淳，解張累務。雖復順紀合符之后，望雲就日之君，且修戰於版泉，

亦治兵於丹浦。是知文德武功,蓋因時而並用,經邦創制,固與俗而推移。所以樹鴻

名,垂大訓,拱揖百靈,包舉六合,其唯聖人乎!

鶉火之歲,皇上御宇之四年也。萬物交泰,九有乂安,俗躋仁壽,民資日用。然

而足食足兵,猶載懷於履薄,可久可大,尚懍乎於御朽。至如昆吾遠費,肅慎奇琛,史

不絕書,府無虛月。貝冑雍弧之用,犀渠闕鞏之殷,鑄名劍於尚方,積珧戈於武庫。

熊羆百萬,貔豹千羣,利盡五材,威加四海。爰於農隙,有事春蒐,舍爵策勳,觀使臣

之以禮,沮勸賞罰,迺示民以知禁。盛矣哉,信百王之不易,千載之一時也!昔上林

從幸,相如於是頌德,長楊校獵,子雲退而為賦。雖則體物緣情,不同年而語矣,英聲

茂實,蓋可得而言焉。其辭曰:

惟則天以稽古,統資始於羣分。膺籙圖而出震,樹司牧以為君。既濟寬而濟猛,

亦乃武而乃文。北怨勞乎殷履,南伐盛於唐勛。彼周干與夏戚,粵可得而前聞。我

大陳之創業,乃撥亂而為武。戡定艱難,平壹區宇。從喋喋之樂推,爰蒼蒼而再補。

故累仁以積德,諒重規而襲矩。惟皇帝之休烈,體徇齊之睿哲。敷九疇而咸敍,奄四

海而有截。既搜揚於帝難,又文思之安安。幽明請吏,俊乂在官。御璇璣而七政辨,

朝玉帛而萬國歡。昧旦丕顯,未明思治。道藏往而知來,功參天而兩地。運聖人之

上德，盡生民之能事。於是禮暢樂和，刑清政肅。西泉析支，東漸蟠木。罄圖謀而効祉，漏川泉而提福。在靈覜而必臻，亦何思而不服。

雖至治之隆平，猶戒國而强兵。選羽林於六郡，詔蹶張於五營。兼折衝而餘勇，咸重義而輕生。遂乃因農隙以教民，在春蒐而習戰。命司馬以示法，帥掌固而清甸。導旬始以前驅，伏鉤陳而後殿。抗鳥旌於析羽，飾魚文於被練。爾乃革軒按轡，玉虬齊軼。屯左矩以啓行，擊右鍾而傳響。交雲罕之掩映，紛劍騎而來往。指攝提於斗極，洞閶闔之弘敞。跨玄武而東臨，款黃山而北上。隱圓闕之迢遞，屆方澤之塏爽。

于斯時也，青春晚候，朝陽明岫。日月光華，煙雲吐秀。乘輿乃御太一之玉堂，授軍令於紫房。澄波瀾於江海，靜氛埃於宇宙。蘊龍韜之妙算，誓武旅於戎場。銳金顏於庸、蜀，躪鐵騎於漁陽。殼神弩而持滿，覆天弧而並張。曳虹旗之正正，振夔鼓之鏜鏜。八陳肅而成列，六軍儼以相望。拒飛梯於縈帶，聳樓車於武岡。或掉鞅而直指，乍交綏而弗傷。裁應變而蛇擊，俄蹈厲以鷹揚。中小枝於戟刃，徹蹲札於甲裳。聊七縱於孟獲，乃兩擒於卞莊。始軒軒而鶴舉，遂離離以雁行。振川谷而橫八表，蕩海岳而耀三光。諒窈冥之不測，羌進退而難常。亦有投石扛鼎，超乘挾輈。衝冠聳劍，鐵楯銅頭。熊渠殪兕，武勇操牛。雖任鄙與賁、育，故無得而為仇。

九攻既決，三略已周。鳴鐲振響，風卷電收。於是勇爵班，金奏設，登元、凱而陪位，命方、邵而就列。三獻式序，八音未闋。舞干戚而有豫，聽鼓鞞而載悅。俾挾纊與投醪，咸忘軀而殉節。方席卷而橫行，見王師之有征。登燕山而戮豕，臨瀚海而斬長鯨。望云亭而載躋，禮升中而告成。實皇王之神武，信蕩蕩而難名者也。

陳主嘉之，賜馬一匹。

及陳滅歸國，爲通直郎，直內史省。貧無產業，每傭書養親，怏怏不平。嘗爲五言詩以見意，情理悽切，世以爲工，作者莫不吟詠。未幾，拜內史舍人。

煬帝即位，顧遇彌隆。祕書監河東柳顧言博學有才，罕所推謝，至是與世基相見，歎曰：「海內當共推此一人，非吾儕所及也。」俄遷內史侍郎，以母憂去職，哀毀骨立。有詔起令視事，拜見之日，殆不能起，帝令左右扶之。哀其羸瘠，詔令進肉，世基食輒悲哽，不能下。帝使謂之曰：「方相委任，當爲國惜身。」前後敦勸者數矣。帝重其才，親禮逾厚，專典機密，與納言蘇威、左翊衛大將軍宇文述、黃門侍郎裴矩、御史大夫裴蘊等參掌朝政。于時天下多事，四方表奏日有百數。帝方凝重，事不庭決，入閣之後，始召世基口授節度。世基至省，方爲勅書，日且百紙，無所遺謬。其精審如是。

遼東之役，進位金紫光祿大夫。後從幸雁門，帝爲突厥所圍，戰士多敗。世基勸帝重

爲賞格，親自撫循，又下詔停遼東之事。　帝從之，師乃復振。　及圍解，勳格不行，又下伐遼之詔。　由是言其詐衆，朝野離心。

帝幸江都，次鞏縣，世基以盜賊日盛，請發兵屯洛口倉，以備不虞。帝不從，但答云：「卿是書生，定猶怯怯。」于時天下大亂，世基知帝不可諫止，又以高熲、張衡等相繼誅戮，懼禍及己，雖居近侍，唯諾取容，不敢忤意。盜賊日甚，郡縣多沒。世基知帝惡數聞之，後有告敗者，乃抑損表狀，不以實聞。是後外間有變，帝弗之知也。嘗遣太僕楊義臣捕盜於河北，降賊數十萬，列狀上聞。帝歎曰：「我初不聞賊頓如此，義臣降賊何多也！」世基對曰：「鼠竊雖多，未足爲慮。義臣剋之，擁兵不少，久在閫外，此最非宜。」帝曰：「卿言是也。」遽追義臣，放其兵散。又越王侗遣太常丞元善達間行賊中，詣江都奏事。稱李密有衆百萬[二]，圍逼京都。賊據洛口倉[三]，城內無食。若陛下速還，烏合必散；不然者，東都決沒[四]。因歔欷嗚咽，帝爲之改容。世基見帝色憂，進曰：「越王年小，此輩詿之。若如所言，善達何緣來至？」帝乃勃然怒曰：「善達小人，敢廷辱我！」因使經賊中，向東陽催運，善達遂爲羣盜所殺。此後外人杜口，莫敢以賊聞奏。

世基貌沉審，言多合意，是以特見親愛，朝臣無與爲比。其繼室孫氏，性驕淫，世基惑之，恣其奢靡。雕飾器服，無復素士之風。孫復攜前夫子夏侯儼入世基舍，而頑鄙無賴，

為其聚斂。鬻官賣獄，賄賂公行，其門如市，金寶盈積。其弟世南，素國士，而清貧不立，未曾有所贍。由是為論者所譏，朝野咸共疾怨。宇文化及殺逆也，世基乃見害焉。

長子肅，好學多才藝，時人稱有家風。弱冠早沒。肅弟熙，大業末為符璽郎，次子柔、晦，並宣義郎。化及將亂之夕，宗人虞伋知而告熙曰：「事勢以然，吾將濟卿南度，且得免禍，同死何益！」熙謂伋曰：「棄父背君，求生何地？感尊之懷，自此訣矣。」及難作，兄弟競請先死，行刑人於是先世基殺之。

裴蘊

裴蘊，河東聞喜人也。祖之平，梁衛將軍。父忌，陳都官尚書，與吳明徹同沒于周，賜爵江夏郡公，在隋十餘年而卒。蘊性明辯，有吏幹。在陳，仕歷直閤將軍、興寧令。蘊以其父在北，陰奉表於高祖，請為內應。及陳平，上悉閱江南衣冠之士，次至蘊，上以為夙有向化之心，超授儀同。左僕射高熲不悟上旨，進諫曰：「裴蘊無功於國，寵踰倫輩，臣未見其可。」上又加蘊上儀同，熲復進諫，上曰：「可加開府。」熲乃不敢復言，即日拜開府儀同三司，禮賜優洽。歷洋、直、棣三州刺史，俱有能名。

大業初，考績連最。煬帝聞其善政，徵爲太常少卿。初，高祖不好聲技，遣牛弘定樂，非正聲清商及九部四儛之色，皆罷遣從民。至是，蘊揣知帝意，奏括天下周、齊、梁、陳樂家子弟，皆爲樂戶。其六品已下，至于民庶，有善音樂及倡優百戲者，皆直太常。是後異技淫聲咸萃樂府，皆置博士弟子，遞相教傳，增益樂人至三萬餘。帝大悅，遷民部侍郎。

于時猶承高祖和平之後，禁網疎闊，戶口多漏。或年及成丁，猶詐爲小，未至於老，已免租賦。蘊歷爲刺史，素知其情，因是條奏，皆令貌閱。若一人不實，則官司解職，鄉正里長皆遠流配。又許民相告，若糾得一丁者，令被糾之家代輸賦役。是歲大業五年也。諸郡計帳，進丁二十四萬三千，新附口六十四萬一千五百。帝臨朝覽狀，謂百官曰：「前代無好人，致此罔冒。今進民戶口皆從實者，全由裴蘊一人用心。古語云，得賢而治，驗之信矣。」由是漸見親委，拜京兆贊治，發擿纖毫，吏民懾憚。

未幾，擢授御史大夫，與裴矩、虞世基參掌機密。蘊善候伺人主微意，若欲罪者，則曲法順情，鍛成其罪。所欲宥者，則附從輕典，因而釋之。是後大小之獄皆以付蘊，憲部、大理莫敢與奪，必稟承進止，然後決斷。蘊亦機辯，所論法理，言若懸河，或重或輕，皆由其口，剖析明敏，時人不能致詰。楊玄感之反也，帝遣蘊推其黨與，謂蘊曰：「玄感一呼而從者十萬，益知天下人不欲多，多即相聚爲盜耳。不盡加誅，則後無以勸。」蘊由是乃峻法治

之，所戮者數萬人，皆籍沒其家。帝大稱善，賜奴婢十五口。司隸大夫薛道衡以忤意獲譴，蘊知帝惡之，乃奏曰：「道衡負才恃舊，有無君之心。見詔書每下，便腹非私議，推惡於國，妄造禍端。論其罪名，似如隱昧，源其情意，深爲悖逆。」帝曰：「然。我少時與此人相隨行役，輕我童稚，共高熲、賀若弼等外擅威權，自知罪當誅謗。及我即位，懷不自安，賴天下無事，未得反耳。公論其逆，妙體本心。」於是誅道衡。又帝問蘇威以討遼之策，威不願帝復行，且欲令帝知天下多賊，乃詭答曰：「今者之役，不願發兵，但詔赦羣盜，自可得數十萬。遣關內奴賊及山東歷山飛、張金稱等頭別爲一軍，出遼西道，諸河南賊王薄、孟讓等十餘頭並給舟楫，浮滄海道，必喜於免罪，競務立功，一歲之間，可滅高麗矣。」帝不懌曰：「我去尚猶未克，鼠竊安能濟乎？」威出後，蘊奏曰：「此大不遜，天下何處有許多賊[五]！」帝悟曰：「老革多姦，將賊脅我。欲搭其口，但隱忍之，誠極難耐。」蘊知上意，遣張行本奏威罪惡，帝付蘊推鞫之，乃處其死。帝曰：「未忍便殺。」遂父子及孫三世並除名。

蘊又欲重己權勢，令虞世基奏罷司隸刺史以下官屬，增置御史百餘人。於是引致姦黠，共爲朋黨，郡縣有不附者，陰中之。于時軍國多務，凡是興師動衆，京都留守，及與諸蕃互市，皆令御史監之。賓客附隸，偏於郡國，侵擾百姓，帝弗之知也。以度遼之役，進位

銀青光禄大夫。

及司馬德戡將爲亂，江陽長張惠紹夜馳告之。蘊共惠紹謀，欲矯詔發郭下兵民，盡取榮公來護兒節度，收在外逆黨宇文化及等，仍發羽林殿脚，遣范富婁等入自西苑，取梁公蕭鉅及燕王處分，扣門援帝。謀議已定，遣報虞世基。世基疑反者不實，抑其計。須臾，難作，蘊嘆曰：「謀及播郎，竟悞人事。」遂見害。子憺爲尚輦直長，亦同日死。

裴矩

裴矩字弘大，河東聞喜人也。祖他，魏都官尚書。父訥之，齊太子舍人。矩襁褓而孤，及長好學，頗愛文藻，有智數。世父讓之謂矩曰：「觀汝神識，足成才士，欲求宦達〔六〕，當資幹世之務。」矩始留情世事。齊北平王貞爲司州牧，辟爲兵曹從事，轉高平王文學。及齊亡，不得調。高祖爲定州總管，召補記室，甚親敬之。以母憂去職。高祖作相，遣使者馳召之，參相府記室事。及受禪，遷給事郎，奏舍人事。伐陳之役，領元帥記室。既破丹陽，晉王廣令矩與高熲收陳圖籍。明年，奉詔巡撫嶺南，未行而高智慧、汪文進等相聚作亂，吳越道閉，上難遣矩行。矩請速進，上許之。行至南康，得兵數千

人。時俚帥王仲宣逼廣州，遣其所部將周師舉圍東衡州。矩與大將軍鹿願赴之，賊立九柵，屯大庾嶺，共爲聲援。矩進擊破之，賊懼，釋東衡州，據原長嶺〔七〕。又擊破之，遂斬師舉，進軍自南海援廣州。仲宣懼而潰散。矩所綏集者二十餘州，又承制署其渠帥爲刺史、縣令。及還報，上大悦，命升殿勞苦之，顧謂高熲、楊素曰：「韋洸將二萬兵，不能早度嶺。朕每患其兵少。裴矩以三千敝卒，徑至南康〔八〕。有臣若此，朕亦何憂！」以功拜開府，賜爵聞喜縣公，賚物二千段。除民部侍郎，尋遷内史侍郎。

時突厥强盛，都藍可汗妻大義公主，即宇文氏之女也，由是數爲邊患。後因公主與從胡私通，長孫晟先發其事，矩請出使説都藍，顯戮宇文氏。上從之，竟如其言，公主見殺。後都藍與突利可汗搆難，屢犯亭鄣。詔太平公史萬歲爲行軍總管，出定襄道，以矩爲行軍長史，破達頭可汗於塞外。萬歲被誅，功竟不録。上以啓民可汗初附，令矩撫慰之，還爲尚書左丞。其年，文獻皇后崩，太常舊無儀注，矩與牛弘據齊禮參定之。轉吏部侍郎，名爲稱職。

煬帝即位，營建東都，矩職脩府省，九旬而就。時西域諸蕃，多至張掖，與中國交市。帝令矩掌其事。矩知帝方勤遠略，諸商胡至者，矩誘令言其國俗山川險易，撰西域圖記三卷，入朝奏之。其序曰：

臣聞禹定九州，導河不踰積石，秦兼六國，設防止及臨洮。故知西胡雜種，僻居遐裔，禮教之所不及，書典之所罕傳。自漢氏興基，開拓河右，始稱名號者，有三十六國，其後分立，乃五十五王。仍置校尉、都護，以存招撫。然叛服不恒，屢經征戰。後漢之世，頻廢此官。雖大宛以來，略知户數，而諸國山川未有名目。或以春秋遞謝，年代久遠，兼并誅討，互有興亡。或服章物產，全無纂錄，世所弗聞。復以部民交錯，封壃移改，戎狄音殊，事難窮驗。<u>于闐</u>之北，<u>葱嶺</u>以東，考于前史，三十餘國。其後更相屠滅，僅有十存。地是故邦，改從今號，或人非舊類，因襲昔名。兼復部民交錯，封壃移改，戎狄音殊，自餘淪没，掃地俱盡，空有丘墟，不可記識。

皇上膺天育物，無隔華夷，率土黔黎，莫不慕化。風行所及，日入以來，職貢皆通，無遠不至。臣既因撫納，監知關市，尋討書傳，訪採胡人，或有所疑，即詳眾口[九]。依其本國服飾儀形，王及庶人，各顯容止，即丹青模寫，爲<u>西域圖記</u>，共成三卷，合四十四國。仍別造地圖，窮其要害。從<u>西頃</u>以去，<u>北海</u>之南，縱橫所亘，將二萬里。諒由富商大賈，周遊經涉，故諸國之事罔不徧知。復有幽荒遠地，卒訪難曉，不可憑虚，是以致闕。而<u>二漢</u>相踵，<u>西域</u>爲傳，户民數十，即稱國王，徒有名號，乃乖其實。今者所編，皆餘千户，利盡<u>西海</u>，多產珍異。其山居之屬，非有國名，及部落小

者，多亦不載。

發自敦煌，至于西海，凡爲三道，各有襟帶。北道從伊吾，經蒲類海鐵勒部，突厥可汗庭，度北流河水，至拂菻國，達于西海。其中道從高昌，焉耆，龜茲，疏勒，度葱嶺，又經鏺汗，蘇對沙那國，康國，曹國，何國，大、小安國，穆國，至波斯，達于西海。其南道從鄯善，于闐，朱俱波，喝槃陀〔一〇〕，度葱嶺，又經護密，吐火羅，挹怛，帆延，漕國，至北婆羅門，達于西海。其三道諸國，亦各自有路，南北交通。其東女國、南婆羅門國等，並隨其所往，諸處得達。故知伊吾、高昌、鄯善，並西域之門户也。總湊敦煌，是其咽喉之地。

以國家威德，將士驍雄，汎濛汜而揚旌，越崑崙而躍馬，易如反掌，何往不至！但突厥、吐渾分領羌胡之國，爲其擁遏，故朝貢不通。今並因商人密送誠款，引領翹首，願爲臣妾。聖情含養，澤及普天，服而撫之，務存安輯。故皇華遣使，弗動兵車，諸蕃既從，渾、厥可滅〔一一〕。混一戎夏，其在茲乎！不有所記，無以表威化之遠也。矩盛言胡中多諸寶物，吐谷渾易可并吞。帝大悅，賜物五百段。每日引矩至御坐，親問西方之事。矩盛言胡中多諸寶物，吐谷渾易可并吞。帝大悅，賜物五百段。每日引矩至御坐，親問西方之事。帝由是甘心，將通西域，四夷經略，咸以委之。

轉民部侍郎，未視事，遷黃門侍郎。帝復令矩往張掖，引致西蕃，至者十餘國。大業

三年，帝有事於恒岳，咸來助祭。帝將巡河右，復令矩往敦煌。矩遣使說高昌王麴伯雅及伊吾吐屯設等，咽以厚利，導使入朝。及帝西巡，次燕支山，高昌王、伊吾設等，及西蕃胡二十七國，謁於道左。皆令佩金玉，被錦罽，焚香奏樂，歌儛諠譟。復令武威、張掖士女盛飾縱觀，騎乘填咽，周亘數十里，以示中國之盛。帝見而大悦。竟破吐谷渾，拓地數千里，並遣兵戍之。每歲委輸巨億萬計，諸蕃懾懼，朝貢相續。帝謂矩有綏懷之略，進位銀青光禄大夫。其冬，帝至東都，矩以蠻夷朝貢者多，諷帝令都下大戲。徵四方奇技異藝，陳於端門街，衣錦綺，珥金翠者，以十數萬。又勒百官及民士女列坐棚閣而縱觀焉。皆被服鮮麗，終月乃罷。又令三市店肆皆設帷帳，盛列酒食，遣掌蕃率蠻夷與民貿易，所至之處，悉令邀延就坐，醉飽而散。蠻夷嗟歎，謂中國為神仙。自非奉國用心，孰能若是！

「裴矩大識朕意，凡所陳奏，皆朕之成筭。未發之頃，矩輒以聞。」

帝遣將軍薛世雄城伊吾，令矩共往經略。矩諷諭西域諸國曰：「天子為蕃人交易易懸遠，所以城伊吾耳。」咸以為然，不復來競。及還，賜錢四十萬。矩又白狀，令反間射匱，潛攻處羅，語在西突厥傳〔三〕。後處羅為射匱所迫，竟隨使者入朝。帝大悦，賜矩以貂裘及西域珍器。

從帝巡于塞北，幸啓民帳。時高麗遣使先通于突厥，啓民不敢隱，引之見帝。矩因奏

狀曰：「高麗之地，本孤竹國也。周代以之封于箕子，漢世分爲三郡，晉氏亦統遼東。今

乃不臣，別爲外域，故先帝疾焉，欲征之久矣。但以楊諒不肖，師出無功。當陛下之時，安

得不事，使此冠帶之境，仍爲蠻貊之鄉乎？今其使者朝於突厥，親見啓民合國從化，必懼

皇靈之遠暢，慮後伏之先亡。脅令入朝，當可致也。」帝曰：「如何？」矩曰：「請面詔其

使，放還本國，遣語其王，令速朝觀。不然者，當率突厥，即日誅之。」帝納焉。高元不用

命，始建征遼之策。王師臨遼，以本官領武賁郎將。明年，復從至遼東。兵部侍郎斛斯政

亡入高麗，帝令矩兼掌兵事。以前後度遼之役〔三〕，進位右光祿大夫。于時皇綱不振，人

皆變節，左翊衛大將軍宇文述、内史侍郎虞世基等用事，文武多以賄聞。唯矩守常，無贓

穢之響，以是爲世所稱。

還至涿郡，帝以楊玄感初平，令矩安集隴右。因之會寧，存問曷薩那部落，遣闕達度

設寇吐谷渾，頻有虜獲，部落致富。還而奏狀，帝大賞之。後從師至懷遠鎮，詔護北蕃軍

事。矩以始畢可汗部衆漸盛，獻策分其勢，將以宗女嫁其弟叱吉設，拜爲南面可汗。叱吉

不敢受，始畢聞而漸怨。矩又言於帝曰：「突厥本淳，易可離間，但由其内多有羣胡，盡皆

桀黠，教導之耳。臣聞史蜀胡悉尤多姦計，幸於始畢，請誘殺之。」帝曰：「善。」矩因遣人

告胡悉曰：「天子大出珍物，今在馬邑，欲共蕃內多作交關。若前來者，即得好物。」胡悉貪而信之，不告始畢，率其部落，盡驅六畜，星馳爭進，冀先互市。矩伏兵馬邑下，誘而斬之。詔報始畢曰：「史蜀胡悉忽領部落走來至此，云背可汗，請我容納。突厥既是我臣，彼有背叛，我當共殺。今已斬之，故令往報。」始畢亦知其狀，由是不朝。十一年，帝北巡狩，始畢率騎數十萬，圍帝於雁門。詔令矩與虞世基每宿朝堂，以待顧問。及圍解，從至東都。屬射匱可汗遣其猶子，率西蕃諸胡朝貢，詔矩醻接之。

尋從幸江都宮。時四方盜賊蜂起，郡縣上奏者不可勝計。矩言之，帝怒，遣矩詣京師接候蕃客，以疾不行。及義兵入關，帝令虞世基就宅問矩方略。矩曰：「太原有變，京畿不靜，遙爲處分，恐失事機。唯願鑾輿早還，方可平定。」矩復起視事。俄而驍衛大將軍屈突通敗績至，矩以聞，帝失色。矩素勤謹，未嘗忤物，又見天下方亂，恐爲身禍，其待遇人，多過其所望，故雖至厮役，皆得其歡心。時從駕驍果數有逃散，帝憂之，以問矩。矩答曰：「方今車駕留此，已經二年。驍果之徒，盡無家口，人無匹合，則不能久安。臣請聽兵士於此納室。」帝大喜曰：「公定多智，此奇計也。」因令矩檢校爲將士等娶妻。矩召江都境內寡婦及未嫁女，皆集宮監，又召將帥及兵等恣其所取。因聽自首，先有姦通婦女及尼、女冠等，並即配之。由是驍果等悅，咸相謂曰：「裴公之惠也。」

宇文化及之亂，矩晨起將朝，至坊門，遇逆黨數人，控矩馬詣孟景所。賊皆曰：「不關裴黃門。」既而化及從百餘騎至，矩迎拜，化及慰諭之。令矩參定儀注，推秦王子浩爲帝，以矩爲侍內，隨化及至河北。及僭帝位，以矩爲尚書右僕射，加光祿大夫，封蔡國公，爲河北道安撫大使。

及宇文氏敗，爲竇建德所獲，以矩隋代舊臣，遇之甚厚。復以爲吏部尚書，尋轉尚書右僕射，專掌選事。建德起自羣盜，未有節文，矩爲制定朝儀。旬月之間，憲章頗備，擬於王者。建德大悅，每諮訪焉。及建德度河討孟海公，矩與曹旦等於洺州留守。建德敗於武牢，羣帥未知所屬，曹旦長史李公淹、大唐使人魏徵等說旦及齊善行令歸順。旦等從之，乃令矩與徵、公淹領旦及八璽，舉山東之地歸于大唐。授左庶子，轉詹事、民部尚書。

史臣曰：世基初以雅澹著名，兼以文華見重，亡國羈旅，特蒙任遇。參機衡之職，預帷幄之謀，國危未嘗思安，君昏不能納諫。方更鬻官賣獄，黷貨無厭，顛隮厥身，亦其所也。裴蘊素懷姦險，巧於附會，作威作福，唯利是視，滅亡之禍，其可免乎？裴矩學涉經史，頗有幹局，至於恪勤匪懈，夙夜在公，求諸古人，殆未之有。與聞政事，多歷歲年，雖處危亂之中，未虧廉謹之節，美矣。然承望風旨，與時消息，使高昌入朝，伊吾獻地，聚粮且

末，師出玉門。關右騷然，頗亦矩之由也。

校勘記

〔一〕不能下　北史卷八三虞世基傳、通志卷一七六虞世基傳此下有「節」字。

〔二〕稱李密有衆百萬　「百萬」，北史卷八三虞世基傳、通志卷一七六虞世基傳作「數萬」。

〔三〕賊據洛口倉　「洛口倉」，冊府卷三三九作「敖倉」。

〔四〕東都決没　「決没」，冊府卷三三九宰輔部邪佞作「必敗」。

〔五〕天下何處有許多賊　「許多」，宋甲本、汲本作「多許」。

〔六〕欲求宦達　「宦」，原作「官」，據宋甲本、汲本改。按，北史卷三八裴佗傳附裴矩傳、冊府卷八一七總録部訓子亦作「宦」。

〔七〕據原長嶺　「原長嶺」，原作「愿長嶺」，據北史卷三八裴佗傳附裴矩傳、冊府卷六五六奉使部立功、通志卷一六一裴矩傳改。

〔八〕徑至南康　「南康」，北史卷三八裴佗傳附裴矩傳、通鑑卷一七七隋紀一文帝開皇十年、通志卷一六一裴矩傳作「南海」。按，前稱矩至南康，得兵數千，進而自南海援廣州，「南康」與上文不協，疑作「南海」是。

〔九〕即詳衆口　「詳」，原作「譯」，據宋甲本、汲本改。按，北史卷三八裴佗傳附裴矩傳亦作「詳」。

〔三〕 以前後度遼之役 「役」，北史卷三八裴佗傳附裴矩傳、通志卷一六一裴矩傳作「功」。

〔二〕 語在西突厥傳 「西」字原闕，反間射匱事在本書卷八四北狄西突厥傳，今據補。

〔二〕 渾厥可滅 「渾厥」，北史卷三八裴佗傳附裴矩傳、通鑑卷一八〇隋紀四煬帝大業三年、通志卷一六一裴矩傳作「突厥」。

〔二〇〕 喝槃陀 原作「唱槃陀」，據北史卷三八裴佗傳附裴矩傳、新唐書卷一〇〇裴矩傳改。

列傳第三十三

宇文愷

宇文愷字安樂，杞國公忻之弟也。在周，以功臣子，年三歲，賜爵雙泉伯，七歲，進封安平郡公，邑二千戶。愷少有器局。家世武將，諸兄並以弓馬自達，愷獨好學，博覽書記，解屬文，多伎藝，號爲名父公子〔一〕。初爲千牛，累遷御正中大夫、儀同三司。

高祖爲丞相，加上開府中大夫〔二〕。及踐阼，誅宇文氏，愷初亦在殺中，以其與周本別，兄忻有功於國，使人馳赦之，僅而得免。後拜營宗廟副監、太子左庶子。廟成，別封甑山縣公，邑千戶。及遷都，上以愷有巧思，詔領營新都副監。高熲雖總大綱，凡所規畫，皆出於愷。後決渭水達河，以通運漕，詔愷總督其事。後拜萊州刺史，甚有能名。兄忻被

誅，除名於家，久不得調。會朝廷以魯班故道久絕不行，令愷修復之。既而上建仁壽宮，訪可任者，右僕射楊素言愷有巧思，上然之，於是檢校將作大匠。歲餘，拜仁壽宮監，授儀同三司，尋爲將作少監。文獻皇后崩，愷與楊素營山陵事，上善之，復爵安平郡公，邑千戶。

煬帝即位，遷都洛陽，以愷爲營東都副監，尋遷將作大匠。愷揣帝心在宏侈，於是東京制度窮極壯麗。帝大悅之，進位開府，拜工部尚書。及長城之役，詔愷規度之。時帝北巡，欲誇戎狄，令愷爲大帳，其下坐數千人。帝大悅，賜物千段。又造觀風行殿，上容侍衛者數百人，離合爲之，下施輪軸，推移倏忽，有若神功。戎狄見之，莫不驚駭。帝彌悅焉，前後賞賚不可勝紀。

自永嘉之亂，明堂廢絕，隋有天下，將復古制，議者紛然，皆不能決。愷博考羣籍〔三〕，奏明堂議表曰：

臣聞在天成象，房心爲布政之宮，在地成形，丙午居正陽之位。觀雲告月，順生殺之序，五室九宮，統人神之際。金口木舌，發令兆民，玉瓚黃琮，式嚴宗祀。何嘗不矜莊宸宁，盡妙思於規摹，凝睟冕旒，致子來於矩矱。伏惟皇帝陛下，提衡握契，御辯乘乾，咸五登三，復上皇之化，流凶去暴，丕下武

之緒。用百姓之異心，驅一代以同域，康哉康哉，民無能而名矣。故使天符地寶，吐醴飛甘，造物資生，澄源反樸。九圍清謐，四表削平，襲我衣冠，齊其文軌。茫茫上玄，陳珪璧之敬，蕭蕭清廟，感霜露之誠。正金奏九韶、六莖之樂，定石渠五官、三雍之禮。乃卜瀍西，爰謀洛食，辨方面勢，仰稟神謀，敷土濬川，爲民立極。兼聿遵先言，表置明堂，爰詔下臣，占星揆日。於是採崧山之祕簡，披汶水之靈圖，訪通議於殘亡，購冬官於散逸。總集眾論，勒成一家。昔張衡渾象，以三分爲一度，裴秀輿地，以二寸爲千里。臣之此圖，用一分爲一尺，推而演之，冀輪奐有序。而經構之旨，議者殊途，或以綺井爲重屋，或以圓楣爲隆棟，各以臆說，事不經見。今錄其疑難，爲之通釋，皆出證據，以相發明。議曰：

臣愷謹案淮南子曰：「昔者神農之治天下也」，甘雨以時，五穀蕃植，春生夏長，秋收冬藏，月省時考，終歲獻貢，以時嘗穀，祀于明堂。明堂之制，有蓋而無四方，風雨不能襲，燥濕不能傷，遷延而入之。」臣愷以爲上古朴略，刱立典刑。尚書帝命驗曰：「帝者承天立五府，以尊天重象。赤曰文祖，黃曰神斗，白曰顯紀，黑曰玄矩，蒼曰靈府。」注云：「唐、虞之天府，夏之世室，殷之重屋，周之明堂，皆同矣。」尸子曰：「有虞氏曰總章。」周官考工記曰：「夏后氏世室，堂脩二七，博四脩一〔四〕。」注云：「脩，南

北之深也。夏度以步，今堂脩十四步〔五〕，其博益以四分脩之一，則明堂博十七步半也。」臣愷按，三王之世，夏最爲古，從質尚文，理應漸就寬大，何因夏室乃大殷堂？注相形爲論，理恐不爾。記云「堂脩七，博四脩一〔六〕」，若夏度以步，則應脩七步。注云「今堂脩十四步」，乃是增益記文。殷、周二堂獨無加字，便是其義，類例不同。山東禮本輒加二七之字，何得殷無加尋之文，周闕增筵之義？研覈其趣，或是不然。讎校古書，並無「二」字，此乃桑間俗儒信情加減。黃圖議云：「夏后氏益其堂之大一百四十四尺，周人明堂以爲兩杼間。」鄭注周官，獨爲此義，非直與古違異，基並方，得爲上圓之制。諸書所説，並云下方，亦乃乖背禮文。尋文求理，深恐未愜。

尸子曰：「殷人陽館。」考工記曰：「殷人重屋，堂脩七尋，堂崇三尺，四阿重屋。」注云：「其脩七尋，五丈六尺，放夏周則其博九尋，七丈二尺。」又曰：「周人明堂，度九尺之筵，東西九筵，南北七筵。堂崇一筵。五室，凡室二筵〔七〕。」禮記明堂位曰：「天子之廟，複廟重檐。」鄭注云：「複廟，重屋也。」注玉藻云：「天子廟及露寢，皆如明堂制」。禮圖云：「於內室之上，起通天之觀，觀八十一尺，得宮之數，其聲濁，君之象也。」大戴禮曰：「明堂者，古有之。凡九室，一室有四戶八牖。以茅蓋，上圓下方，

外水曰璧雝〔八〕。赤綴戶，白綴牖。堂高三尺，東西九仞，南北七筵。其宮方三百步。

凡人民疾，六畜疫，五穀災，生於天道不順。天道不順，生於明堂不飾。故有天災，則飾明堂。」周書明堂曰：「堂方百一十二尺，高四尺，階博六尺三寸。室居內，方百尺，

室內方六十尺。戶高八尺，博四尺。」作洛曰：「明堂、太廟、露寢，咸有四阿，重亢重

廊。」孔氏注云：「重亢累棟，重廊累屋也。」禮圖曰：「秦明堂九室十二階，各有所

居。」呂氏春秋曰：「有十二堂」與月令同，並不論尺丈。臣愷案，十二階雖不與禮

合，一月一階，非無理思。

黃圖曰：「堂方百四十四尺，法坤之策也，方象地。屋圓楣徑二百一十六尺，法

乾之策也，圓象天。室九宮，法九州。太室方六丈，法陰之變數。十二堂法十二月，

三十六戶法極陰之變數，七十二牖法五行所行日數。八達象八風，法八卦。通天臺

徑九尺，法乾以九覆六。高八十一尺，法黃鍾九九之數。二十八柱象二十八宿。堂

高三尺，土階三等，法三統。堂四向五色，法四時五行。殿門去殿七十二步，法五行

所行。門堂長四丈，取太室三之二。垣高無蔽目之照，牖六尺，其外倍之。殿垣方，

在水內，法地陰也。水四周於外，象四海，圓法陽也。水闊二十四丈，象二十四氣。

水內徑三丈，應觀禮經。」武帝元封二年，立明堂汶上，無室。其外略依此制。泰山通

議今亡，不可得而辦也。

元始四年八月，起明堂、辟雍長安城南門，制度如儀。一殿，垣四面，門八觀，水外周堤，壞高四尺，和會築作三旬[九]。五年正月六日辛未，始郊太祖高皇帝以配天，二十二日丁亥，宗祀孝文皇帝於明堂以配上帝，及先賢、百辟、卿士有益者，於是秩而祭之。親扶三老五更，祖而割牲，跪而進之。因班時令，宣恩澤。諸侯王、宗室、四夷君長、匈奴、西國侍子，悉奉貢助祭。

禮圖曰：「建武三十年作明堂，明堂上圓下方，上圓法天，下方法地，十二堂法日辰，九室法九州。室八牖，八九七十二，法一時之王。室有二戶，二九十八戶，法土王十八日[一〇]。內堂正壇高三尺，土階三等。」東京賦曰：「乃營三宮，布政頒常。複廟重屋，八達九房。造舟清池，惟水決決。」薛綜注云：「複重廟覆，謂屋平覆重棟也。」[一一]續漢書祭祀志云：「明帝永平二年，祀五帝於明堂，五帝坐各處其方，黃帝在未，皆如南郊之位。光武位在青帝之南，少退西面，各一犢，奏樂如南郊。」臣愷按詩云：「我將，祀文王於明堂。」『我將我享，維牛維羊』。」據此則備太牢之祭。今云一犢，恐與古殊。晉起居注裴頠議曰：「尊祖配天，自晉以前，未有鴟尾，其圓牆壁水，一依本圖。

其義明著，廟宇之制，理據未分。直可爲一殿，以崇嚴祀，其餘雜碎，一皆除之。」臣愷

案，天垂象，聖人則之。辟雍之星，既有圖狀，晉堂方構，不合天文。既闕重樓，又無

璧水，空堂乖五室之義，直殿違九階之文。非古欺天，一何過甚！

後魏於北臺城南造圓牆，在璧水外[三]。門在水內迴立，不與牆相連。其堂上九

室，三三相重，不依古制，室間通巷，違舛處多。其室皆用鑿累，極成褊陋。後魏樂志

曰：「孝昌二年立明堂，議者或言九室，或言五室，詔斷從五室。後元又執政，復改爲

九室，遭亂不成。」[四]

宋起居注曰：「孝武帝大明五年立明堂，其牆宇規範，擬則太廟，唯十二間，以應

朞數。依漢汶上圖儀，設五帝位。太祖文皇帝對饗，鼎俎簠簋，一依廟禮。」梁武即位

之後，移宋時太極殿以爲明堂。無室，十二間。禮疑議云：「祭用純，漆俎瓦樽[五]，

文於郊，質於廟。止一獻，用清酒。」平陳之後，臣得目觀，遂量步數，記其尺丈。猶見

基內有焚燒殘柱，毀斫之餘，入地一丈，儼然如舊。柱下以樟木爲柎，長丈餘，闊四尺

許，兩兩相並。瓦安數重[六]。宮城處所，乃在郭內。雖湫隘卑陋，未合規摹，祖宗之

靈，得崇嚴祀。周、齊二代，闕而不修，大饗之典，於焉靡託。

自古明堂圖惟有二本，一是宗周、劉熙、阮諶、劉昌宗等作，三圖略同。一是後漢

建武三十年作，禮圖有本，不詳撰人。臣遠尋經傳，傍求子史，研究眾說，總撰今圖。其樣以木為之，下為方堂，堂有五室，上為圓觀，觀有四門。帝可其奏。會遼東之役，事不果行。

以度遼之功，進位金紫禄大夫。其年卒官，時年五十八。帝甚惜之，謚曰康。撰東都圖記二十卷、明堂圖議二卷、釋疑一卷，見行於世。子儒童，游騎尉。少子溫，起部承務郎。

閻毗

閻毗，榆林盛樂人也。祖進，魏本郡太守。父慶，周上柱國、寧州總管。毗七歲，襲爵石保縣公，邑千户。及長，儀貌矜嚴，頗好經史。受漢書於蕭該，略通大旨。能篆書，工草隸，尤善畫，為當時之妙。周武帝見而悅之，命尚清都公主。宣帝即位，拜儀同三司，授千牛左右。

高祖受禪，以技藝侍東宮，數以瑱麗之物取悅於皇太子，由是甚見親待，每稱之於上。尋拜車騎，宿衛東宮。上嘗遣高熲大閱於龍臺澤，諸軍部伍多不齊整，唯毗一軍，法制肅

然。頴言之於上，特蒙賜帛。俄兼太子宗衛率長史，尋加上儀同。太子服翫之物，多毗所為。及太子廢，毗坐杖一百，與妻子俱配為官奴婢。後二歲，放免為民。

煬帝嗣位，盛脩軍器〔一七〕，以毗性巧，諳練舊事，詔典其職。尋授朝請郎。毗立議，輦輅車輿，多所增損，語在輿服志〔一八〕。擢拜起部郎。

帝嘗大備法駕，嫌屬車太多，顧謂毗曰：「開皇之日，屬車十有二乘，於事亦得。今八十一乘，以牛駕車，不足以益文物。朕欲減之，從何為可？」毗對曰：「臣初定數，共宇文愷參詳故實，據漢胡伯始、蔡邕等議，屬車八十一乘，此起於秦，遂為後式。故張衡賦云『屬車九九』是也。次及法駕，三分減一，為三十六乘。此漢制也。又據宋孝建時，有司奏議，晉遷江左，惟設五乘，尚書令、建平王宏曰：『八十一乘，議兼九國，三十六乘，無所準憑。江左五乘，儉不中禮。但帝王文物，旂旒之數，爰及冕玉，皆同十二〔一九〕。今宜準此，設十二乘。』開皇平陳，因以為法令〔二〇〕。憲章往古，大駕依秦，法駕依漢，小駕依宋，以為差等。」帝曰：「何用秦法乎？大駕宜三十六，法駕宜用十二，小駕除之。」毗研精故事，皆此類也。

長城之役，毗總其事。及帝有事恒岳，詔毗營立壇場。尋轉殿內丞，從幸張掖郡。高昌王朝于行所，詔毗持節迎勞，遂將護入東都。尋以母憂去職。未幾，起令視事。將興遼

東之役，自洛口開渠，達於涿郡，以通運漕。毗督其役。明年，兼領右翊衛長史，營建臨朔宮。及征遼東，以本官領武賁郎將，典宿衛。時眾軍圍遼東城，帝令毗詣城下宣諭，賊弓弩亂發，所乘馬中流矢，毗顏色不變，辭氣抑揚，卒事而去。尋拜朝請大夫，遷殿內少監，又領將作少監事。後復從帝征遼東，會楊玄感作逆，帝班師，兵部侍郎斛斯政奔遼東，帝令毗率騎二千追之，不及。政據高麗柏崖城，毗攻之二日，有詔徵還。從至高陽，暴卒，時年五十。帝甚悼惜之，贈殿內監。

何稠

劉龍 黃亙 亙弟袞

何稠字桂林，國子祭酒妥之兄子也。父通，善斵玉。稠性絕巧，有智思，用意精微。年十餘歲，遇江陵陷，隨妥入長安。仕周御飾下士。及高祖為丞相，召補參軍，兼掌細作署。

開皇初，授都督〔二〕，累遷御府監，歷太府丞。稠博覽古圖，多識舊物。波斯嘗獻金綿錦袍〔三〕，組織殊麗，上命稠為之。稠錦既成，踰所獻者，上甚悅。時中國久絕瑠璃之作，匠人無敢厝意，稠以綠瓷為之，與真不異。尋加員外散騎侍郎。

開皇末，桂州俚李光仕聚眾爲亂，詔稠召募討之。師次衡嶺，遣使者諭其渠帥洞主莫崇解兵降款。桂州長史王文同鏘崇以詣稠所。稠詐宣言曰：「州縣不能綏養，致邊民擾叛，非崇之罪也。」乃命釋之，引崇共坐，并從者四人，爲設酒食而遣之。崇大悅，歸洞不設備。稠至五更，掩入其洞，悉發俚兵[二三]，以臨餘賊。象州逆帥杜條遼、羅州逆帥龐靖等相繼降款。分遣建州開府梁昵討叛夷羅壽，羅州刺史馮暄討賊帥李大檀，並平之，傳首軍門。承制署首領爲州縣官而還，眾皆悅服。有欽州刺史甯猛力，帥眾迎軍。初，猛力倔強山洞，欲圖爲逆[二四]，至是惶懼，請身入朝。稠以其疾篤，因示無貳，遂放還州，與之約曰：「八九月間，可詣京師相見。」稠還奏狀，上意不懌。其年十月，猛力卒，上謂稠曰：「汝前不將猛力來，今竟死矣。」稠曰：「猛力共臣爲約，假令身死，當遣子入侍。越人性直，其子必來。」初，猛力臨終，誡其子長真曰：「我與大使爲約，不可失信於國士。汝葬我訖，即宜上路。」長真如言入朝，上大悅曰：「何稠著信蠻夷，乃至於此。」以勳授開府。

仁壽初，文獻皇后崩，與宇文愷參典山陵制度。稠性少言，善候上旨，由是漸見親昵。及上疾篤，謂稠曰：「汝既曾葬皇后，今我方死，宜好安置。屬此何益，但不能忘懷耳。魂其有知，當相見於地下。」上因攬太子頸謂曰：「何稠用心，我付以後事，動靜當共平章。」

大業初，煬帝將幸揚州，謂稠曰：「今天下大定，朕承洪業，服章文物，闕略猶多。卿

可討閱圖籍，營造輿服羽儀，送至江都也。」其日，拜太府少卿。稱於是營黃麾三萬六千人

仗，及車輿輦輅、皇后鹵簿、百官儀服，依期而就，送于江都。所役工十萬餘人，用金銀錢

物鉅億計。帝使兵部侍郎明雅、選部郎薛邁等勾覈之〔二五〕，數年方竟，毫釐無舛。稱參會

今古，多所改創。魏、晉以來，皮弁有繶而無笄導。稱曰：「此古田獵之服也。今服以入

朝，宜變其制。」故弁施象牙簪導，自稱始也。又從省之服，初無佩綬。稱曰：「此乃晦朔

小朝之服。安有人臣謁帝而去印綬，兼無佩玉之節乎？」乃加獸頭小綬及佩一隻。舊制，

五輅於轅上起箱，天子與參乘同在箱內。稱曰：「君臣同所，過為相逼。」乃廣為盤輿，別

搆欄楯，侍臣立於其中。於內復起須彌平坐，天子獨居其上。自餘麾幢文物，增損極多，

事見威儀志〔二六〕。帝復令稱造戎車萬乘，鉤陳八百連，帝善之，以稱守太府卿。

後三歲，兼領少府監。遼東之役，攝右屯衛將軍，領御營弩手三萬人。時工部尚書宇

文愷造遼水橋不成，師未得濟〔二七〕，右屯衛大將軍麥鐵杖因而遇害。帝遣稱造橋，二日而

就。初，稱制行殿及六合城，至是，帝於遼左與賊相對，夜中施之。其城周迴八里，城及女

垣合高十仞，上布甲士，立仗建旗，四隅置闕，面別一觀，觀下三門，遲明而畢。高麗望見，

謂若神功。是歲，加金紫光祿大夫。明年，攝左屯衛將軍，從至遼左。

十二年，加右光祿大夫，從幸江都。遇宇文化及作亂，以為工部尚書。化及敗，陷于

竇建德，建德復以爲工部尚書、舒國公。建德敗，歸于大唐，授將作少匠〔二八〕，卒。

開皇時，有劉龍者，河間人也。性強明，有巧思。齊後主知之，令修三爵臺，甚稱旨，因而歷職通顯。及高祖踐阼，大見親委，拜右衞將軍，兼將作大匠。遷都之始，與高頻參掌制度，代號爲能。

大業時，有黃亘者，不知何許人也，及其弟袞，俱巧思絕人。煬帝每令其兄弟直少府將作。于時改創多務，亘、袞每參典其事。凡有所爲，何稠先令亘、袞立樣，當時工人皆稱其善，莫能有所損益。亘官至朝散大夫，袞官至散騎侍郎。

史臣曰：宇文愷學藝兼該，思理通贍，規矩之妙，參蹤班、爾，當時制度，咸取則焉。其起仁壽宮，營建洛邑，要求時幸，窮侈極麗，使文皇失德，煬帝亡身，危亂之源，抑亦此之由。至於考覽書傳，定明堂圖，雖意過其通，有足觀者。毗、稠巧思過人，頗習舊事，稽前王之采章，成一代之文物。雖失之於華盛，亦有可傳於後焉。

校勘記

〔一〕號爲名父公子　北史卷六〇宇文貴傳附宇文愷傳、册府卷七七七總録部名望、卷七八六總録部多能、通志卷一六一宇文愷傳無「父」字。

〔二〕加上開府中大夫　「上開府中大夫」，疑應作「上開府匠師中大夫」。按，北史卷六〇宇文貴傳附宇文愷傳「上開府」下有「近師」二字，通志卷一六一宇文愷傳作「進師」。通典卷二七職官九將作監「後周有匠師中大夫，掌城郭宮室之制」，北史「近師」應爲「匠師」之訛，通志又訛「近」爲「進」。

〔三〕愷博考羣籍　「愷」字原闕，據宋甲本、至順本、汲本補。按，北史卷六〇宇文貴傳附宇文愷傳、册府卷五八四掌禮部奏議亦有「愷」字。

〔四〕博四脩一　「博」，周禮考工記匠人作「廣」，隋人諱改。下同。

〔五〕今堂脩十四步　「今」，周禮考工記匠人、通典卷四四禮四大享明堂、通志卷一六一宇文愷傳作「合」。周禮考工記匠人作「令」。

〔六〕博四脩一　「一」字原闕，據周禮考工記匠人補。

〔七〕凡室二筵　「室」字原闕，據北史卷六〇宇文貴傳附宇文愷傳、册府卷五八四掌禮部奏議補。

〔八〕外水曰璧雝　「璧」，原作「壁」，據宋甲本改。按，北史卷六〇宇文貴傳附宇文愷傳亦作「壁」。

〔九〕壞高四尺和會築作三句　「尺」，北史卷六〇宇文貴傳附宇文愷傳、冊府卷五八四掌禮部奏議、通志卷一六一宇文愷傳作「方」。按，「四方和會」文意較長。如依諸書，則「壞高」下應有奪文。

〔一〇〕法土王十八日　「日」，原作「目」，據宋甲本、大德本、至順本、汲本改。按，北史卷六〇宇文貴傳附宇文愷傳、冊府卷五八四掌禮部奏議亦作「日」。

〔一一〕胡伯始注漢官云　胡廣字伯始。隋人避諱，不稱其名。

〔一二〕複重廇覆謂屋平覆重棟也　「廇」，北史卷六〇宇文貴傳附宇文愷傳、通志卷一六一宇文愷傳作「廟」。宋本冊府卷五八四掌禮部奏議作「簷」。文選卷三東京賦本句下薛綜注原文稱：「複廟，重覆也。重屋，重棟也。謂明堂廟屋前後異制。」

〔一三〕後魏於北臺城南造圓牆在璧水外　本節討論後魏造明堂事，而文稱「於北臺城南造圓牆」，與下文不屬。北史卷六〇宇文貴傳附宇文愷傳同，李慈銘北史札記卷三：「『造』下當有脫文，『北臺』字亦疑有誤。」

〔一四〕「後魏樂志」至「遭亂不成」　魏書卷一〇八之二禮志二熙平二年下載：「初，世宗永平、延昌中，欲建明堂。而議者或云五室，或云九室，頻屬年饑，遂寢。至是復議之，詔從五室。及元叉執政，遂改營九室。值世亂不成，宗配之禮，迄無所設。」即此。「樂志」當是「禮志」之誤。又，元叉賜死在孝昌元年，不得在二年後仍執政，魏書卷八世宗紀、延昌三年詔立明堂，與魏

書禮志合「孝昌」亦應從魏書禮志作「延昌」。

〔一五〕祭用純漆俎瓦樽 「漆」，通志卷一六一宇文愷傳作「柒」，與「祭用純」及「瓦樽」文意契合。疑「柒」訛「柒」，又從而誤作「漆」。

〔一六〕瓦安數重 「瓦」，北史卷六〇宇文貴傳附宇文愷傳、冊府卷五八四掌禮部奏議、通志卷一六一宇文愷傳作「凡」。

〔一七〕盛脩軍器 「軍」，通志卷一六三閻毗傳作「車」。按，下文所議都是輦輅制度，與軍器無涉。本書卷一〇禮儀志五、大業元年，詔閻毗與楊素等人「更製車輦」，「於是審擇前朝故事，定其取捨云」，即此。作「車」是。

〔一八〕語在輿服志 本書無「輿服志」，輿服內容在本書禮儀志諸卷，閻毗議論增損車輿事在禮儀志五。

〔一九〕皆同十二 「同」，本書卷一〇禮儀志五、北史卷六一閻慶傳附閻毗傳、冊府卷五八四掌禮部奏議作「用」，文意較長。

〔二〇〕開皇平陳因以爲法令 「令」，原作「今」，本書卷一〇禮儀志五作「令」，同卷上文稱：「至九年平陳，又得輿輦。舊著令者，以付有司，所不載者，並皆毀棄。」即此。今據改。

〔二一〕授都督 宋甲本、至順本此上有「加」字。

〔二二〕波斯嘗獻金綫錦袍 「綫」，北史卷九〇藝術下何稠傳、冊府卷九〇八總錄部工巧作「線」。

〔二〕蓋因字形相近而誤「線」爲「綿」，又涉「綿」、「縣」相通而作「縣」。梁書卷五四諸夷西北諸戎波斯傳「堦著金線錦袍」，可證。

〔三〕悉發俚兵 「發」，册府卷三六五將帥部機略作「散」。

〔四〕初猛力倔强山洞欲圖爲逆 御覽卷二四三職官部四一儀同引隋書：「初，猛力欲圖爲逆。」職官分紀卷五開府儀同三司：「猛力據山洞，欲圖爲逆。」通志卷一八三何稠傳：「初，猛力欲圖爲逆。」疑「倔」應作「掘」，「强」字衍。

〔五〕帝使兵部侍郎明雅選部郎薛邁等勾覈之 「覈」，北史卷九〇藝術下何稠傳、通志卷一八三何稠傳作「覆」。

〔六〕事見威儀志 本書無「威儀志」，何稠與宇文愷諸人參定輿輦制度事，見本書卷一〇禮儀志五。

〔七〕師未得濟 「未」，原作「不」，據宋甲本、至順本、汲本改。按，北史卷九〇藝術下何稠傳、御覽卷三三六兵部六七攻具上、册府卷九〇八總錄部工巧亦作「未」。

〔八〕授將作少匠 「將作少匠」，北史卷九〇藝術下何稠傳、通志卷一八三何稠傳作「少府監」。

隋書卷六十九

列傳第三十四

王劭

王劭字君懋，太原晉陽人也。父松年，齊通直散騎侍郎。劭少沈嘿，好讀書。弱冠，齊尚書僕射魏收辟參開府軍事，累遷太子舍人，待詔文林館。時祖孝徵、魏收、陽休之等嘗論古事，有所遺忘，討閱不能得，因呼劭問之。劭具論所出，取書驗之，一無舛誤。自是大爲時人所許，稱其博物。後遷中書舍人。齊滅，入周，不得調。

高祖受禪，授著作佐郎。以母憂去職，在家著齊書。時制禁私撰史，爲內史侍郎李元操所奏。上怒，遣使收其書，覽而悅之。於是起爲員外散騎侍郎，修起居注。劭以古有鑽燧改火之義，近代廢絕，於是上表請變火，曰：「臣謹案周官，四時變火，以救時疾。明火

不數變，時疾必興。聖人作法，豈徒然也！在晉時，有以洛陽火度江者，代代事之，相續不滅，火色變青。昔師曠食飯，云是勞薪所爨。晉平公使視之，果然車輞。今温酒及炙肉，用石炭、柴火、竹火、草火、麻荄火，氣味各不同。以此推之，新火舊火，理應有異。伏願遠遵先聖，於五時取五木以變火，用功甚少，救益方大。縱使百姓習久，未能頓同，尚食內厨及東宫、諸王食厨〔一〕，不可不依古法。」上從之。劭又言上表言符命曰：劭上表言符命曰：「聖人受命，瑞先見於河。河者最濁〔二〕，未能清也。」竊以靈貺休祥，理無虛發，河清啓聖，實屬大隋。午爲鶉火，以明火德，仲夏火王，亦明火德。月五日五，合天數地數，既得受命之辰，允當先見之兆。

開皇初，邵州人楊令悊近河，得青石圖一，紫石圖一，皆隱起成文，有至尊名，下云：「八方天心。」永州又得石圖，剖爲兩段，有楊樹之形，黄根紫葉。汝水得神龜，腹下有文曰：「天卜楊興。」安邑掘地，得古鐵版，文曰：「皇始天年，賚楊鐵券，王興。」同州得石龜，文曰：「天子延千年，大吉。」臣以前之三石，不異龍圖。何以用石？石

臣。上大悦，賜物數百段。拜著作郎。

昔周保定二年，歲在壬午，五月五日，青州黄河變清，十里鏡徹，齊氏以爲己瑞，改元曰河清。是月，至尊以大興公始作隋州刺史，歷年二十，隋果大興。臣謹案易坤靈圖曰：「聖人受命，瑞先見於河。

河不出圖，洛不出書，今於大隋聖世，圖書屢出。

體久固，義與上名符合。龜腹七字，何以著龜？龜亦久固，兼是神靈之物。孔子歎

鬭，初見白氣屬天，自東方歷陽武而來。及至，白龍也，長十許丈。有黑龍乘雲而至，

建德六年，亳州大周村有龍鬭，白者勝，黑者死。

火，明火德之盛也。白龍從東方來，歷陽武者，蓋象至尊將登帝位，從東第入自崇陽

周村者，蓋象至尊以龍鬭之歲爲亳州總管，遂代周有天下。後鬭於滎陽者，「滎」字三

兩相薄，乍合乍離，自午至申，白龍升天，黑龍墜地。謹案：龍，君象也。前鬭於亳州

也。又曰：「泰姓商名宮，黃色，長八尺，六十世，河龍以正月辰見，白龍與五黑龍鬭，

門也。又曰：西北升天者，當乾位天門。坤靈圖曰：「聖人殺龍。」龍不可得而殺，皆盛氣

姓商者，皇家於五姓爲商也。名宮者，武元皇帝諱於五聲爲宮。黃色者，隋色尚黃。

白龍陵，故泰人有命。」謹案：此言皆爲大隋而發也。聖人殺龍者，前後龍死也。

辰地。白龍與黑龍鬭者，亳州、滎陽龍鬭是也。勝龍所以白者，楊姓納音爲商，至尊

長八尺者，武元皇帝身長八尺。河龍以正月辰見者，泰正月卦，龍見之所，於京師爲

明、武、宣、靖凡五帝。趙、陳、代、越、滕五王〔三〕，一時伏法，亦當五數。白龍陵者，陵

又辛酉歲生，位皆在西方，西方色白也。死龍所以黑者，周色黑。所以稱五者，周閔、

猶勝也。鄭玄説：「陵當爲除。」凡鬬能去敵曰除。臣以泰人有命者，泰之爲言通也，大也，明其人道通德大，有天命也。乾鑿度曰：「泰表戴干。」鄭玄注云：「表者，人形體之彰識也。干，盾也。泰人之表戴干。」臣伏見至尊有戴干之表，益知泰人之表不爽毫釐。坤靈圖所云，字字皆驗。緯書又稱「漢四百年」，終如其言，則知六十世亦必然矣。昔宗周卜世三十，今則倍之。

稽覽圖云：「太平時，陰陽和合，風雨咸同，海内不偏，地有阻險，故風有遲疾。雖太平之政，猶有不能均同，唯平均乃不鳴條，故欲風於亳。亳者，陳留也。」謹案：此言蓋明至尊者爲陳留公世子〔四〕，亳州總管，遂受天命，海内均同，不偏不黨，以成太平之風化也。在大統十六年，武元皇帝改封陳留公。是時齊國有祕記云：「天王陳留入并州。」齊王高洋爲是誅陳留王彭樂。其後武元皇帝果將兵入并州。周武帝時，望氣者云亳州有天子氣，於是殺亳州刺史紇豆陵恭，至尊代爲之。又陳留老子祠有枯柏，世傳云老子將度世，云待枯柏生東南枝迴指，當有聖人出，吾道復行。至齊，枯柏從下生枝，東南上指。夜有三童子相與歌曰：「老子廟前古枯樹，東南狀如繖〔五〕，聖主從此去。」及至尊牧亳州，親至祠樹之下。自是柏枝迴抱，其枯枝，漸指西北，道教果行。校考衆事，太平主出於亳州陳留之地，皆如所言。

稽覽圖又云：「治道得，則陰物變爲陽物。」鄭玄注云：「葱變爲韭亦是。」謹案：

自六年以來，遠近山石，多變爲玉。石爲陰，玉爲陽。又左衞園中葱皆變爲韭。

上覽之大悅，賜物五百段。

未幾，劭復上書曰：

易乾鑿度曰：「隨上六，拘係之，乃從維之，王用享于西山。」隨者二月卦，陽德施行，藩決難解，萬物隨陽而出。故上六欲九五拘係之，維持之，明被陽化而陰隨從之也。」易稽覽圖：「坤六月，有子女，任政，一年，傳爲復。五月貧之從東北來立，大起土邑，西北地動星墜，陽衞。屯十一月神人從中山出，趙地動。北方三十日，千里馬數至。」謹案：凡此易緯所言，皆是大隋符命。隨者二月之卦，明大隋以二月即皇帝位也。陽德施行者，明楊氏之德教施行於天下也。隨決難解者，明當時藩鄩皆是通決，險難皆解散也。萬物隨陽而出者，明天地間萬物盡隨楊氏而出見也。上六欲九五拘係之者，五爲王，六爲宗廟，明宗廟神靈欲令登九五之位，帝王拘民以禮，係民以義也。「拘民以禮」「係民以義」，此二句亦是乾鑿度之言。維持之者，明能以綱維持正天下也。被陽化而欲陰隨之者，明陰類被服楊氏之風化，莫不隨從。陰謂臣下也。王用享于西山者，蓋明至尊常以歲二月幸西山仁壽宮也。凡四稱隨，三稱陽，欲

美隋楊，丁寧之至也。坤六月者，坤位在未，六月建未，言至尊以六月生也。有子女任政者，言樂平公主是皇帝子女，而爲周后，任理內政也。一年傳爲復者，復是坤之一世卦，陽氣初起，言周宣帝崩後一年，傳位與楊氏也。五月貧之從東北來立者，「貧之」當爲「真人」字之誤也。言周宣帝以五月崩，真人革命，當在此時。至尊謙讓而逆天意，故踰年乃立。昔爲定州總管，在京師東北，本而言之，故曰真人從東北來立。大起土邑者，大起即大興，言營大興城邑也。西北地動星墜者，蓋天意去周授隋，故變動也。陽衛者，言楊氏得天衛助。屯十一月神人從中山出者，此卦動而大亨作，故至尊以十一月被授亳州總管，將從中山而出也。趙地動者，中山爲趙地，以神人將去，故變動也。北方三十日者，蓋至尊從北方將往亳州之時，停留三十日也。千里馬者，蓋至尊舊所乘騧驪馬也。屯卦震下坎上，震於馬作足，坎於馬爲美脊，是故騧驪馬脊有肉鞍，行則先作弄四足也。數至者，言曆數至也。

河圖帝通紀曰：「形瑞出，變矩衡。赤應隨，協靈皇。」河圖皇參持曰：「皇辟出，承元訖。道無爲，治率。被遂矩，戲作術。開皇色，握神日。投輔提，象不絕。立皇後，翼不格。道終始，德優劣。帝任政，河曲出〔六〕。叶輔嬉，爛可述。」謹案：凡此河圖所言，亦是大隋符命。形瑞出、變矩衡者，矩，法也，衡，北斗星名，所謂璿璣玉衡者

也。大隋受命，形兆之瑞始出，天象則爲之變動。北斗主天之法度，故曰矩衡。易緯

「伏戲矩衡神」，鄭玄注亦以爲法玉衡之神。與此河圖矩衡義同。赤應隋者，言赤帝

降精，感應而生隋也。故隋以火德爲赤帝天子。叶靈皇者，叶，合也，言大隋德合上

靈天皇大帝也。又年號開皇，與靈寶經之開皇年相合，故曰叶靈皇。皇辟出者，皇，

大也，辟，君也，大君出，蓋謂至尊受命出爲天子也。承元訖者，言承周天元終訖之運

也。道無爲、治率者，「治」下脱一字，言大道無爲，治定天下率從。被遂矩、戲作術

者，矩，法也。昔遂皇握機矩，伏戲作八卦之術，言大隋被服三皇之法術也〔七〕。遂皇

機矩，語見易緯。開皇色者，言開皇年易服色也。握神日者，握持羣神，明照如日也。

又開皇以來日漸長，亦其義。投輔提者，言投授政事於輔佐，使之提挈也。象不絕

者，法象不廢絶也。立皇後、翼不格者，格，至也，言本立太子以爲皇家後嗣，而其輔

翼之人不能至於善也。道終始、德優劣者，言前東宮道終而德劣，今皇太子道始而德

優也。帝任政、河曲出者，言皇帝親任政事，而邵州河濱得石圖也。叶輔嬉、爛可述

者，叶，合也，嬉，興也，言羣臣合心輔佐，以興政治，爛然可紀述也。所以於皇參持、

帝通紀二篇陳大隋符命者，明皇道帝德，盡在隋也。

上大悦，以勐爲至誠，寵錫日隆。

時有人於黃鳳泉浴，得二白石，頗有文理，遂附致其文以爲字，復言有諸物象而上奏曰：「其大玉有日月星辰，八卦五岳，及二麟雙鳳，青龍朱雀，騶虞玄武，各當其方位。又有五行，十日，十二辰之名，凡二十七字。又有『天門地戶人門鬼門閉』九字。又有却非及二鳥，其鳥皆人面，則抱朴子所謂『千秋萬歲』也。其小玉亦有五嶽，却非、蚪、犀之象。二玉俱有仙人玉女乘雲控鶴之象。別有異狀諸神，不可盡識，蓋是風伯、雨師、山精、海若之類。又有天皇大帝、皇帝及四帝坐，鉤陳、北斗、三公、天將軍、土司空、老人、天倉、南河、北河、五星、二十八宿，凡四十五官〔八〕。諸字本無行伍，然往往偶對。於大玉則有皇帝姓名，並臨南面，與日字正鼎足。復有老人星，蓋明南面象日而長壽也。皇后二字在西，上與『吉』字正並，蓋明長久吉慶也。」劼復迴互其字，兩『楊』字與『萬年』字次比，『隋』帛千匹。劼於是採民間歌謠，引圖書讖緯，依約符命，捃摭佛經，撰爲皇隋靈感誌〔九〕，合三十卷，奏之。上令宣示天下。劼集諸州朝集使，洗手焚香，閉目而讀之，曲折其聲，有如哥詠。經涉旬朔，偏而後罷。上益喜，賞賜優洽。

仁壽中，文獻皇后崩，劼復上言曰：「佛説人應生天上〔一〇〕，及上品上生無量壽國之時，天佛放大光明，以香花妓樂來迎之。如來以明星出時入涅槃。伏惟大行皇后聖德仁

慈，福善禎符，備諸秘記，皆云是妙善菩薩。臣謹案：八月二十二日，仁壽宮內再雨金銀之花。二十三日，大寶殿後夜有神光。二十四日卯時，永安宮北有自然種音樂，震滿虛空。至夜五更中，奄然如寐，便即升遐，與經文所說，事皆符驗。臣又以愚意思之，皇后遷化，不在仁壽，大興宮者，蓋避至尊常居正處也。在永安宮者，象京師之永安門，平生所出入也。后升遐後二日，苑內夜有鍾聲三百餘處，此則生天之應顯然也。」上覽而且悲且喜。

時蜀王秀以罪廢，上顧謂劭曰：「嗟乎！吾有五子，三子不才。」劭進曰：「自古聖帝明王，皆不能移不肖之子。黃帝有二十五子，同姓者二，餘各異德。堯十子，舜九子，皆不肖。夏有五觀，周有三監。」上然其言。其後上夢欲上高山而不能得，崔彭捧腳，李盛扶肘得上，因謂彭曰：「死生當與爾俱。」劭曰：「此夢大吉。上高山者，明高崇大安，永如山也。彭猶彭祖，李猶李老，二人扶侍，實為長壽之徵。」上聞之，喜見容色。其年，上崩。未幾，崔彭亦卒。

煬帝嗣位，漢王諒作亂，帝不忍加誅。劭上書曰：「臣聞黃帝滅炎，蓋云母弟，周公誅管，信亦天倫。叔向戮叔魚，仲尼謂之遺直，石碏殺石厚，丘明以為大義。此皆經籍明文，帝王常法。今陛下置此逆賊，度越前聖，含弘寬大，未有以謝天下。謹案賊諒毒被生民者

也。是知古者同德則同姓，異德則異姓，故黃帝有二十五子，其得姓者十有四人，唯青陽、夷鼓，與黃帝同爲姬姓。諒既自絕，請改其氏。」劭以此求媚，帝依違不從。遷祕書少監，數載，卒官。

劭在著作，將二十年，專典國史，撰隋書八十卷。多錄口勑，又採迁怪不經之語及委巷之言，以類相從，爲其題目，辭義繁雜，無足稱者，遂使隋代文武名臣列將善惡之迹，埋没無聞。初撰齊誌，爲編年體，二十卷，復爲齊書紀傳一百卷，及平賊記三卷。或文詞鄙野，或不軌不物，駭人視聽，大爲有識所嗤鄙。然其採摘經史謬誤，爲讀書記三十卷，時人服其精博。爰自志學，暨乎暮齒，篤好經史，遺落世事。用思既專，性頗忱忽，每至對食，閉目凝思，盤中之肉，輒爲僕從所噉。劭弗之覺，唯責肉少，數罰厨人。厨人以情白劭，劭依前閉目，伺而獲之，厨人方免笞辱。其專固如此。

袁充

袁充字德符，本陳郡陽夏人也。其後寓居丹陽。祖昂，父君正，俱爲梁侍中。充少警悟，年十餘歲，其父黨至門，時冬初，充尚衣葛衫。客戲充曰：「袁郎子絺兮綌兮，凄其以

風。」充應聲答曰：「唯絺與綌，服之無斁。」以是大見嗟賞。仕陳，年十七，爲秘書郎。歷

太子舍人、晉安王文學、吏部侍郎、散騎常侍。

及陳滅歸國，歷蒙、鄜二州司馬。充性好道術，頗解占候，由是領太史令。時上將廢

皇太子，正窮治東宮官屬，充見上雅信符應，因希旨進曰：「比觀玄象，皇太子當廢。」上然

之。充復表奏，隋興已後，日景漸長，曰：「開皇元年，冬至日影一丈二尺七寸二分，自爾

漸短。至十七年，冬至影一丈二尺六寸三分。四年冬至，在洛陽測影，一丈二尺八寸八

分。二年，夏至影一尺四寸八分，自爾漸短。至十六年，夏至影一尺四寸五分。周官以土

圭之法正日影，日至之影尺有五寸[一]。鄭玄云：『冬至之影一丈三尺。』今十六年夏至之

影，短於舊影五分，十七年冬至之影，短於舊影三寸七分。堯典云：『日短星昴，以正仲冬。』據

遠則影長而日短，行內道則去極近，外道則去極遠，開皇已來冬至，日在斗十一度，與

昂星昏中，則知堯時仲冬，日在須女十度。以曆數推之，開皇冬至，日去極近則影短而日長，去極

唐堯之代去極並近。謹案春秋元命包云：『日月出內道，璇璣得常，天帝崇靈，聖王祖

功[二]。』京房別對曰：『太平日行上道，升平行次道，霸世行下道。』伏惟大隋啓運，上感

乾元，影短日長，振古未之有也。」上大悦，告天下。將作役功，因加程課，丁匠苦之。

仁壽初，充言上本命與陰陽律呂合者六十餘條而奏之，因上表曰：「皇帝載誕之初，

非止神光瑞氣，嘉祥應感，至於本命行年，生月生日，並與天地日月，陰陽律呂運轉相符，表裏合會。此誕聖之異，寶曆之元。今與物更新，改年仁壽，歲月日子，還共誕聖之時並同，明合天地之心，得仁壽之理。故知洪基長算，永永無窮。」上大悅，賞賜優崇，儕輩莫之比。

仁壽四年甲子歲，煬帝初即位，充及太史丞高智寶奏言：「去歲冬至，日景逾長，今歲皇帝即位，與堯受命年合。昔唐堯受命四十九年，到上元第一紀甲子，天正十一月庚戌冬至，陛下即位，其年即當上元第一紀甲子，天正十一月庚戌冬至，正與唐堯同。自放勳以來，凡經八上元，其間縣代，未有仁壽甲子之合。謹案：第一紀甲子，太一在一宮，天目居武德，陰陽曆數並得符同。唐堯丙辰生，丙子年受命，止合三五〔三〕，未若己丑甲子，支干並當六合。允一元三統之期，合五紀九章之會，共帝堯同其數，與皇唐比其蹤。信所謂皇哉唐哉，唐哉皇哉者矣。」仍諷齊王暕率百官拜表奉賀。其後熒惑守太微者數旬，于時繕治宮室，征役繁重，充上表稱「陛下修德，熒惑退舍」。百寮畢賀。帝大喜，前後賞賜將萬計。時軍國多務，充候帝意欲有所為，便奏稱天文見象，須有改作，以是取媚於上。

大業六年，遷內史舍人。從征遼東，拜朝請大夫、祕書少監。其後天下亂，帝初罷雁門之厄，又盜賊益起，帝心不自安。充復假託天文，上表陳嘉瑞，以媚於上曰：

臣聞皇天輔德，皇天福謙，七政斯齊，三辰告應。伏惟陛下握錄圖而馭黔首，提萬善而化八絃，以百姓爲心，匪以一人受慶，先天罔違所欲，後天必奉其時。是以初膺寶曆，正當上元之紀，乾之初九，又與天命符會[四]。斯則聖人冥契，故能動合天經。謹按去年已來，玄象星瑞，毫釐無爽，謹録尤異，上天降祥、破突厥等狀七事。其一，去八月二十八日夜，大流星如斗，出王良北，正落突厥營，聲如崩牆。其二，八月二十九日夜，復有大流星如斗，出羽林，向北流，正當北方。依占，頻二夜流星墜賊所，賊必敗散。其三，九月四日夜，頻有兩星大如斗，出北斗魁，向東北流。占，北斗主殺伐，賊必敗。其四，歲星主福德，頻行京、都二處分野。依占，國家之福。依占，不出三日，賊必敗散。其六，去年十一月二十日夜，有流星赤如火，從東北向西南，落賊帥盧明月營，破其橦車[五]。其五，七月内，熒惑守羽林，九月七日已退舍。依占，不出三日，賊必敗散。其七，十二月十五日夜，通漢鎮北有赤氣亘北方，突厥將亡之應也。依勘城録，河南洛陽並當甲子，與乾元初九爻及上元甲子符合。此是福地，永無所慮。旋觀往政，側聞前古，彼則異時間出，今則一朝總萃。豈非天贊有道，助殲兇孽，方清九夷於東嶽，沉五狄於北溟，告成岱岳，無爲汾水。

書奏，帝大悦，超拜秘書令，親待逾昵。帝每欲征討，充皆預知之，乃假託星象，獎成

帝意，在位者皆切患之。宇文化及殺逆之際，并誅充，時年七十五。

史臣曰：王劭爰自幼童，迄乎白首，好學不倦，究極羣書。搢紳洽聞之士，無不推其博物。雅好著述，久在史官，既撰齊書，兼修隋典。好詭怪之說，尚委巷之談，文詞鄙穢，體統繁雜。直愧南、董，才無遷、固，徒煩翰墨，不足觀採。袁充少在江左，初以警晤見稱，委質隋朝，更以玄象自命。並要求時幸，干進務入。劭經營符瑞，雜以妖訛，充變動星占，謬增晷景。厚誣天道，亂常侮衆，刑茲勿捨，其在斯乎！且劭爲河朔清流，充乃江南望族，乾没榮利，得不以道，頹其家聲，良可歎息。

校勘記

〔二〕尚食内厨及東宮諸王食厨 「王」，原作「主」，據宋甲本、汲本改。按，北史卷三五王慧龍傳附王劭傳、册府卷四七三臺省部奏議、通志卷一六二王劭傳亦作「王」。

〔二〕河者最濁 「最」，宋甲本、汲本作「取」。按，通志卷一六二王劭傳亦作「取」。

〔三〕趙陳代越滕五王 「滕」，原作「當」，據北史卷三五王慧龍傳附王劭傳改。按，周宣帝大象二年，趙王招、陳王純、代王達、越王盛、滕王逌五人先後被殺，此「當」字蓋涉下文「亦當五數」

而誤。

〔四〕此言蓋明至尊者爲陳留公世子 「者」，北史卷三五王慧龍傳附王劭傳、通志卷一六二王劭傳作「昔」，文意較長。

〔五〕東南狀如纖 「狀」，北史卷三五王慧龍傳附王劭傳、通志卷一六二王劭傳「從下生枝，東南上指」合，疑「枝」是。

〔六〕河曲出 「曲」，北史卷三五王慧龍傳附王劭傳、通志卷一六二王劭傳作「典」。下文「河曲出者」之「曲」，北史、通志亦作「典」，不另出校。

〔七〕言大隋被服三皇之法術也 北史卷三五王慧龍傳附王劭傳、通志卷一六二王劭傳作「被服彼二皇之法術也」「彼二皇」者，蓋指上文遂皇、伏戲。 按，北史卷三五王慧龍傳附王劭傳作「二皇」文意較長。

〔八〕凡四十五官 「官」，原作「宮」，據宋甲本、至順本、汲本改。 按，北史卷三五王慧龍傳附王劭傳作「官」。

〔九〕撰爲皇隋靈感誌 「皇」上原有「開」字，據宋甲本、至順本、汲本刪。 按，北史卷三五王慧龍傳附王劭傳亦無「開」字。

〔一〇〕佛說人應生天上 「佛」，北史卷三五王慧龍傳附王劭傳、通志卷一六二王劭傳作「佛經」，與本書下文「與經文所説，事皆符驗」合。

〔三〕周官以土圭之法正日影日至之影尺有五寸 「日影」二字原闕，據宋甲本、至順本、汲本補。

〔二〕　按，本書卷一九天文志上、北史卷七四袁充傳亦有此二字。

〔三〕　聖王祖功　「祖」，本書卷一九天文志上作「初」，北史卷七四袁充傳、通志卷一六二袁充傳作「相」。

〔三〕　止合三五　「合」原作「命」，據宋甲本改。按，北史卷七四袁充傳亦作「合」。

〔四〕　又與天命符會　「天」，宋甲本、至順本、汲本作「本」。按，北史卷七四袁充傳亦作「本」。

〔五〕　破其橦車　「橦」，至順本作「撞」。本書卷四煬帝紀下：「有大流星如斛，墜賊盧明月營，破其衝橦，壓殺十餘人。」卷二一天文志下：「大流星如斛，墜賊盧明月營，破其衝車。」

隋書卷七十

列傳第三十五

楊玄感

楊玄感，司徒素之子也。體貌雄偉，美鬚髯。少時晚成，人多謂之癡，其父每謂所親曰：「此兒不癡也。」及長，好讀書，便騎射。以父軍功，位至柱國，與其父俱爲第二品，朝會則齊列。其後高祖命玄感降一等，玄感拜謝曰：「不意陛下寵臣之甚，許以公廷獲展私敬。」初拜郢州刺史，到官，潛布耳目，察長吏能不。其有善政及贓汙者，纖介必知之，往往發其事，莫敢欺隱。吏民敬服，皆稱其能。後轉宋州刺史，父憂去職。歲餘，起拜鴻臚卿，襲爵楚國公，遷禮部尚書。性雖驕倨，而愛重文學，四海知名之士多趨其門。自以累世尊顯，有盛名於天下，在朝文武多是父之將吏，復見朝綱漸紊，帝又猜忌日

甚，內不自安，遂與諸弟潛謀廢帝，立秦王浩。及從征吐谷渾，還至大斗拔谷，時從官狼狽，玄感欲襲擊行宮。其叔慎謂玄感曰：「士心尚一，國未有釁，不可圖也。」玄感乃止。

時帝好征伐，玄感欲立威名，陰求將領。謂兵部尚書段文振曰：「玄感世荷國恩，寵踰涯分，自非立效邊裔，何以塞責！若方隅有風塵之警，庶得執鞭行陣，少展絲髮之功。明公兵革是司，敢布心腹。」文振因言於帝，帝嘉之，顧謂羣臣曰：「將門必有將，相門必有相，故不虛也。」於是賚物千段，禮遇益隆，頗預朝政。

帝征遼東，命玄感於黎陽督運。于時百姓苦役，天下思亂，玄感遂與武賁郎將王仲伯、汲郡贊治趙懷義等謀議，欲令帝所軍衆飢餧，每爲逗遛，不時進發。帝遲之，遣使者逼促，玄感揚言曰：「水路多盜賊，不可前後而發。」其弟武賁郎將玄縱、鷹揚郎將萬碩並從幸遼東，玄感潛遣人召之。時將軍來護兒以舟師自東萊入海，趣平壤城，軍未發。玄感無以動衆，乃遣家奴偽爲使者，從東方來，謬稱護兒失軍期而反。玄感遂入黎陽縣，閉城大索男夫。於是取驪布爲牟甲，署官屬，皆準開皇之舊。移書傍郡，以討護兒爲名，各令發兵，會於倉所。以東光縣尉元務本爲黎州刺史，趙懷義爲衞州刺史，河內郡主簿唐褘爲懷州刺史。有衆且一萬，將襲洛陽。唐褘至河內，馳往東都告之。越王侗、民部尚書樊子蓋等大懼，勒兵備禦。修武縣民相率守臨清關，玄感不得濟，遂於汲郡南渡河，從亂者如

市。數日，屯兵上春門，眾至十餘萬。子蓋令河南贊治裴弘策拒之，弘策戰敗。瀍、洛父老競致牛酒。玄感屯兵尚書省，每誓眾曰：「我身為上柱國，家累鉅萬金，至於富貴，無所求也。今者不顧破家滅族者，但為天下解倒懸之急，救黎元之命耳。」眾皆悅，詣轅門請自效者，日有數千。與樊子蓋書曰：

夫建忠立義，事有多途，見機而作，蓋非一揆。昔伊尹放太甲於桐宮，霍光廢劉賀於昌邑，此並公度內，不能一二披陳。

高祖文皇帝誕膺天命，造茲區宇，在璇璣以齊七政，握金鏡以馭六龍，無為而至化流，垂拱而天下治。今上纂承寶曆，宜固洪基，乃自絕於天，殄民敗德。頻年肆眚，盜賊於是滋多，所在脩治，民力為之凋盡。荒淫酒色，子女必被其侵，耽玩鷹犬，禽獸皆離其毒。朋黨相扇，貨賄公行，納邪佞之言，杜正直之口。加以轉輸不息，徭役無期，士卒填溝壑，骸骨蔽原野。黃河之北，則千里無煙，江淮之間，則鞠為茂草。

玄感世荷國恩，位居上將，先公奉遺詔曰：「好子孫為我輔弼之，惡子孫為我屏黜之。」所以上稟先旨，下順民心，廢此淫昏，更立明哲。四海同心，九州響應，士卒用命，如赴私讎，民庶相趨，義形公道。天意人事，較然可知。公獨守孤城，勢何支久！願以黔黎在念，社稷為心，勿拘小禮，自貽伊戚。誰謂國家一旦至此，執筆潸泫，言無所具。

遂進逼都城。

刑部尚書衛玄，率衆數萬，自關中來援東都。以步騎二萬渡滻、澗挑戰，玄感僞北。玄逐之，伏兵發，前軍盡没。後數日，玄復與玄感戰，兵始合，玄感詐令人大呼曰：「官軍已得玄感矣。」玄軍稍怠。玄感與數千騎乘之，於是大潰，擁八千人而去。玄感驍勇多力，每戰親運長矛，身先士卒，暗嗚叱咤，所當者莫不震懾。又善撫馭，士樂致死，由是戰無不捷。玄軍日蹙，糧又盡，乃悉衆決戰，陣於北邙，一日之間，戰十餘合。玄感弟玄挺中流矢而斃，玄感稍却。

帝遣武賁郎將陳稜攻元務本於黎陽，武衛將軍屈突通屯河陽，左翊衛大將軍宇文述發兵繼進，右驍衛大將軍來護兒復來赴援。樊子蓋復遣兵攻尚書省，又殺數百人。玄感請計於前民部尚書李子雄，子雄曰：「屈突通曉習兵事，若一渡河，則勝負難決。不如分兵拒之。通不能濟，則樊、衛失援。」玄感然之，將拒通。子蓋知其謀，數擊其營，玄感不果進。通遂濟河，軍於破陵。玄感爲兩軍，西抗衛玄，東拒屈突通。子蓋復出兵，於是大戰，玄感軍頻北。復請計於子雄，子雄曰：「東都援軍益至，我師屢敗，不可久留。不如直入關中，開永豐倉以振貧乏，三輔可指麾而定。據有府庫，東面而爭天下，此亦霸王之業。」會華陰諸楊請爲鄉導，玄感遂釋洛陽，西圖關中，宣言曰：「我已破東都，取關西矣。」宇文述等諸軍躡之。至弘農宮，父老遮説玄感

曰：「宮城空虛，又多積粟，攻之易下。進可絕敵人之食，退可割宜陽之地。」玄感以爲然，留攻之，三日城不下，追兵遂至。玄感西至閿鄉，上槃豆，布陣亙五十里，與官軍且戰且行，一日三敗。復陣於董杜原，諸軍擊之，玄感大敗，獨與十餘騎竄林木間，將奔上洛。追騎至，玄感叱之，皆懼而反走。至葭蘆戍，玄感窘迫，獨與弟積善步行。自知不免，謂積善曰：「事敗矣。我不能受人戮辱，汝可殺我。」積善抽刀斫殺之，因自刺，不死，爲追兵所執，與玄感首俱送行在所。磔其屍於東都市三日，復臠而焚之。餘黨悉平。其弟玄獎爲義陽太守，將歸玄感，爲郡丞周琁玉所殺。玄縱弟萬石〔一〕，自帝所逃歸，至高陽，止傳舍，監事許華與郡兵執之，斬於涿郡。萬碩弟民行，官至朝請大夫，斬於長安。並具梟磔。公卿請改玄感姓爲梟氏，詔可之。

初，玄感圍東都也，梁郡人韓相國舉兵應之，玄感以爲河南道元帥。旬月間，衆十餘萬，攻剽郡縣。至于襄城，遇玄感敗，兵漸潰散，爲吏所執，傳首東都。

李子雄〔二〕

李子雄，渤海蓨人也。祖伯貴〔三〕，魏諫議大夫。父桃枝〔四〕，東平太守，與鄉人高仲

密同歸於周,官至冀州刺史。子雄少慷慨,有壯志。弱冠從周武帝平齊,以功授帥都督。高祖作相,從韋孝寬破尉迥於相州,拜上開府,賜爵建昌縣公。高祖受禪,為驃騎將軍。伐陳之役,以功進位大將軍,歷郴、江二州刺史,並有能名。仁壽中,坐事免。

漢王諒之作亂也,煬帝將發幽州兵以討之。時竇抗為幽州總管,帝恐其有二心,問可任者於楊素。素進子雄,授上大將軍[五],拜廣州刺史[六],馳至幽州,止傳舍,召募得千餘人。抗恃素貴,不時相見。子雄遣人諭之。後二日,抗從鐵騎二千,來詣子雄所。子雄伏甲,請與相見,因禽抗。遂發幽州兵步騎三萬,自井陘以討諒。時諒遣大將軍劉建略地燕、趙,正攻井陘,相遇於抱犢山下,力戰,破之。遷幽州總管,尋徵拜民部尚書。

子雄明辯有器幹,帝甚任之。新羅嘗遣使朝貢,子雄至朝堂與語,因問其冠制所由。其使者曰:「皮弁遺象。安有大國君子而不識皮弁也!」子雄因曰:「中國無禮,求諸四夷。」使者曰:「自至已來,此言之外,未見無禮。」憲司以子雄失詞,奏劾其事,竟坐免。俄而復職,從幸江都。帝以仗衛不整,顧子雄部伍之。子雄立指麾,六軍肅然。帝大悅曰:「公真武侯才也。」尋轉右武候大將軍,後坐事除名。

遼東之役,帝令從軍自效,因從來護兒自東平將指滄海[七]。會楊玄感反於黎陽,帝疑之,詔鎖子雄送行在所。子雄殺使者,亡歸玄感。玄感每請計於子雄,語在玄感傳。及

玄感敗，伏誅，籍没其家。

趙元淑

博陵趙元淑[八]，父世模，初事高寶寧，後以衆歸周，授上開府，寓居京兆之雲陽。高祖踐阼，恒典宿衛。後從晉王伐陳，先鋒遇賊，力戰而死。朝廷以其身死王事，以元淑襲父本官，賜物二千段。元淑性疎誕，不治產業，家徒壁立。後數歲，授驃騎將軍，將之官，無以自給。時長安富人宗連，家累千金，仕周爲三原令。有季女，慧而有色，連獨奇之，每求賢夫。聞元淑如是，請與相見。連有風儀，美談笑，元淑亦異之。及至其家，服翫居處，擬於將相。酒酣，奏女樂，元淑所未見也。元淑辭出，連曰：「公子有暇，可復來也。」後數日，復造之，宴樂更倍。如此者再三，因謂元淑曰：「知公子素貧，老夫當相濟。」因問元淑所須，盡買與之。臨別，元淑再拜致謝，連復拜曰：「鄙人竊不自量，敬慕公子。今有一女，願爲箕帚妾，公子意何如？」元淑感愧，遂娉爲妻。連復送奴婢二十口、良馬十餘匹，加以縑帛錦綺及金寶珍玩。元淑遂爲富人。

及煬帝嗣位，漢王諒作亂，元淑從楊素擊平之。以功進位柱國，拜德州刺史，尋轉潁

川太守，並有威惠。因入朝，會司農不時納諸郡租穀，元淑奏之。帝謂元淑曰：「如卿意者，幾日當了？」元淑曰：「如臣意不過十日。」帝即日拜元淑為司農卿，納天下租，如言而了。帝悅焉。

禮部尚書楊玄感潛有異志，以元淑可與共亂，遂與結交，多遺金寶。遼東之役，領將軍，典宿衛，加授光祿大夫，封葛國公〔九〕。明年，帝復征高麗，以元淑鎮臨渝。及玄感作亂，其弟玄縱自帝所逃歸，路經臨渝。元淑出其小妻魏氏見玄縱，對宴極歡，因與通謀，并授玄縱賂遺。及玄感敗，人有告其事者，帝以屬吏。元淑言與玄感結婚，所得金寶則為財娉，實無他故。魏氏復言初不受金。帝親臨問，卒無異辭。帝大怒，謂侍臣曰：「此則反狀，何勞重問！」元淑及魏氏俱斬於涿郡，籍沒其家。

斛斯政

河南斛斯政，祖椿，魏太保、尚書令、常山文宣王；父恢，散騎常侍、新蔡郡公。政明悟有器幹，初為親衛，後以軍功授儀同，甚為楊素所禮。大業中，為尚書兵曹郎。政有風神，每奏事，未嘗不稱旨。煬帝悅之，漸見委信。楊玄感兄弟俱與之交。

遼東之役，兵部尚書段文振卒，侍郎明雅復以罪廢，帝彌屬意。尋遷兵部侍郎。于時外事四夷，軍國多務，政處斷辯速，稱爲幹理。及玄縱等亡歸，亦政之計也。帝在遼東，將班師，窮治玄縱黨與。玄感之反也，政與通謀。明年，帝復東征，高麗請降，求執送政。帝許之，遂鎖政而還。至京師，以政告廟，左翊衞大將軍宇文述奏曰：「斛斯政之罪，天地所不容，人神所同忿。若同常刑，賊臣逆子何以懲肅，請變常法。」帝許之。於是將政出金光門，縛政於柱，公卿百僚並親擊射，臠割其肉，多有噉者。噉後烹煮，收其餘骨，焚而揚之。

劉元進

餘杭劉元進，少好任俠，爲州里所宗。兩手各長尺餘，臂垂過膝。煬帝與遼東之役，百姓騷動，元進自以相表非常，陰有異志，遂聚衆，合亡命。會帝復征遼東，徵兵吳、會，士卒皆相謂曰：「去年吾輩父兄從帝征者，當全盛之時，猶死亡太半，骸骨不歸；今天下已罷敝，是行也，吾屬其無遺類矣。」於是多有亡散，郡縣捕之急。既而楊玄感起於黎陽，元進知天下思亂，於是舉兵應之。三吳苦役者莫不響至，旬月衆至數

萬。將渡江，而玄感敗。吳郡朱燮、晉陵管崇亦舉兵，有衆七萬，共迎元進，奉以爲主。據

吳郡，稱天子，燮、崇俱爲僕射，署置百官。毗陵、東陽、會稽、建安豪傑多執長吏以應之。

帝令將軍吐萬緒、光禄大夫魚俱羅率兵討焉。元進西屯茅浦，以抗官軍，頻戰互有勝負。

元進退保曲阿〔一〇〕，與朱燮、管崇合軍，衆至十萬。緒進軍逼之，相持百餘日，爲緒所敗，保

於黃山。緒復破之，燮戰死，元進引趣建安，休兵養士。二將亦以師老，頓軍自守。

俄而二將俱得罪，帝令江都郡丞王世充發淮南兵擊之。有大流星墜於江都，未及地

而南逝，磨拂竹木皆有聲，至吳郡而落于地。元進惡之，令掘地，入二丈，得一石，徑丈餘。

後數日，失石所在。世充既渡江，元進將兵拒戰，殺千餘人。世充窘急，退保延陵柵。元

進遣兵，人各持茅，因風縱火。世充大懼，將棄營而遁。遇反風，火轉，元進之衆懼燒而

退。世充簡銳卒掩擊，大破之，殺傷太半，自是頻戰輒敗。元進謂管崇曰：「事急矣，當以

死決之。」於是出挑戰，俱爲世充所殺。其衆悉降，世充坑之於黃亭澗，死者三萬人。其餘

黨往往保險爲盜。其後董道沖、沈法興、李子通等乘此而起，戰爭不息，逮於隋亡。

李密

李密字法主，真鄉公衍之從孫也。祖耀，周邢國公。父寬，驍勇善戰，幹略過人，自周

及隋，數經將領，至柱國、蒲山郡公，號爲名將。密多籌筭，才兼文武，志氣雄遠，常以濟物

爲己任。開皇中，襲父爵蒲山公，乃散家產，賙贍親故，無所愛惜。與楊玄感爲

刎頸之交。後更折節，下帷耽學，尤好兵書，誦皆在口。師事國子助教包愷，受史記、漢

書，勵精忘勌，愷門徒皆出其下。大業初，授親衛大都督，非其所好，稱疾而歸。

及楊玄感在黎陽，有逆謀，陰遣家僮至京師召密，令與弟玄挺等同赴黎陽。玄感舉兵

而密至，玄感大喜，以爲謀主。玄感謀計於密，密曰：「愚有三計，惟公所擇。今天子出

征，遠在遼外，地去幽州，懸隔千里。南有巨海之限，北有胡戎之患，中間一道，理極艱危。

今公擁兵，出其不意，長驅入薊，直扼其喉。前有高麗，退無歸路，不過旬月，齎糧必盡。

舉麾一召，其衆自降，不戰而禽，此計之上也。又關中四塞，天府之國，有衛文昇，不足爲

意。今宜率衆，經城勿攻，輕齎鼓行，務早西入。天子雖還，失其襟帶，據險臨之，故當必

剋，萬全之勢，此計之中也。若隨近逐便，先向東都，唐禕告之，理當固守。引兵攻戰，必

延歲月，勝負殊未可知，此計之下也。」玄感曰：「不然。公之下計，乃上策矣。今百官家

口並在東都，若不取之，安能動物？且經城不拔，何以示威？」密計遂不行。

玄感既至東都，皆捷，自謂天下響應，功在朝夕。及獲韋福嗣，又委以腹心，是以軍旅

之事，不專歸密。福嗣既非同謀，因戰被執，每設籌畫，皆持兩端。後使作檄文，福嗣固辭不肯。密揣知其情，因謂玄感曰：「福嗣元非同盟，實懷觀望。明公初起大事，而姦人在側，聽其是非，必為所誤矣。請斬謝眾，方可安輯。」玄感曰：「何至於此！」密知言之不用，退謂所親曰：「楚公好反而不欲勝，如何？吾屬今為虜矣！」後玄感將西入，福嗣竟亡歸東都。

時李子雄勸玄感速稱尊號，玄感以問於密。密曰：「昔陳勝自欲稱王，張耳諫而被外，魏武將求九錫，荀彧止而見疎。今者密欲正言，還恐追蹤二子，阿諛順意，又非密之本圖。何者？兵起已來，雖復頻捷，至於郡縣，未有從者。東都守禦尚强，天下救兵益至，公當身先士眾，早定關中。廼欲急自尊崇，何示不廣也！」玄感笑而止。

及宇文述、來護兒等軍且至，玄感謂密曰：「計將安出？」密曰：「元弘嗣統强兵於隴右，今可揚言其反，遣使迎公，因此入關，可得紿眾。」玄感遂以密謀，號令其眾，因引西入。至陝縣，欲圍弘農宮，密諫之曰：「公今詐眾入西，軍事在速，況乃追兵將至，安可稽留！若前不得據關，退無所守，大眾一散，何以自全？」玄感不從，遂圍之，三日攻不能拔，方引而西。至於閿鄉，追兵遂及。

玄感敗，密間行入關，與玄感從叔詢相隨，匿於馮翊詢妻之舍。尋為鄰人所告，遂捕

獲，囚於京兆獄。是時煬帝在高陽，與其黨俱送帝所。在途謂其徒曰：「吾等之命，同於

朝露，若至高陽，必爲葅醢。今道中猶可爲計，安得行就鼎鑊，不規逃避也？」衆咸然之。

其徒多有金，密令出示使者曰：「吾等死日，此金並留付公，幸用相瘞。其餘即皆報德。」

使者利其金，遂相然許。及出關外，防禁漸弛，密請通市酒食，每讌飲喧譁竟夕，使者不以

爲意。行次邯鄲，夜宿村中，密等七人皆穿牆而遁，與王仲伯亡抵平原賊帥郝孝德。孝德

不甚禮之，備遭饑饉，至削樹皮而食。仲伯潛歸天水，密詣淮陽，舍於村中，變姓名稱劉智

遠，聚徒教授。經數月，密鬱鬱不得志，爲五言詩曰：「金風蕩初節，玉露凋晚林。此夕窮

塗士，空軫鬱陶心。眺聽良多感，慷慨獨霑襟。霑襟何所爲？悵然懷古意。秦俗猶未

平，漢道將何冀！樊噲市井徒，蕭何刀筆吏。一朝時運合，萬古傳名器。寄言世上雄，虛

生真可愧。」詩成而泣下數行。時人有怪之者，以告太守趙他。縣捕之，密乃亡去，抵其妹

夫雍丘令丘君明。後君明從子懷義以告，帝令捕密，密得遁去，君明竟坐死。

會東郡賊帥翟讓聚黨萬餘人，密歸之。其中有知密是玄感亡將，潛勸讓害之。密大

懼，乃因王伯當以策干讓。讓遣說諸小賊，所至輒降下，讓始敬焉，召與計事。密謂讓

曰：「今兵衆既多，糧無所出，若曠日持久，則人馬困敝，大敵一臨，死亡無日。未若直趣

滎陽，休兵館穀，待士馬肥充，然可與人爭利。」讓從之，於是破金堤關，掠滎陽諸縣，城堡

多下之。榮陽太守郇王慶及通守張須陁以兵討讓。讓數爲須陁所敗，聞其來，大懼，將遠

避之。密曰：「須陁勇而無謀，兵又驟勝，既驕且狠，可一戰而禽。公但列陣以待，保爲公破之。」讓不得已，勒兵將戰，密分兵千餘人於林木間設伏。讓與戰不利，軍稍却，密發伏自後掩之，須陁眾潰。與讓合擊，大破之，遂斬須陁於陣。讓於是令密建牙，別統所部。

密復說讓曰：「昏主蒙塵，播揚吳越〔二〕，蝟毛競起，海內飢荒。明公以英桀之才，而統驍雄之旅，宜當廓清天下，誅剪羣凶，豈可求食草間，常爲小盜而已！今東都士庶，中外離心，留守諸官，政令不一。明公親率大眾，直掩興洛倉，發粟以賑窮乏，遠近孰不歸附！百萬之眾，一朝可集，先發制人，此機不可失也。」讓曰：「僕起隴畝之間，望不至此。必如所圖，請君先發，僕領諸軍，便爲後殿。得倉之日，當別議之。」密與讓領精兵七千人，以大業十三年春，出陽城，北踰方山，自羅口襲興洛倉，破之。開倉恣民所取，老弱繦負，道路不絕。

越王侗武賁郎將劉長恭率步騎二萬五千討密，密一戰破之，長恭僅以身免。讓於是推密爲主。密城洛口周迴四十里以居之。房彥藻說下豫州，東都大懼。讓上密號爲魏公。密初辭不受，諸將等固請，乃從之。設壇場，即位，稱元年，置官屬，以房彥藻爲左長史，邴元真右長史，楊德方左司馬，鄭德韜右司馬。拜讓司徒，封東郡公。其將帥封拜各

有差。長白山賊孟讓掠東都〔三〕，燒豐都市而歸。密攻下鞏縣，獲縣長柴孝和，拜爲護軍。武賁郎將裴仁基以武牢歸密，因遣仁基與孟讓率兵二萬餘人襲迴洛倉，破之，燒天津橋，遂縱兵大掠。東都出兵乘之，仁基等大敗，僅以身免。密復親率兵三萬逼東都，將軍段達、武賁郎將高毗、劉長恭等出兵七萬拒之，戰於故都，官軍敗走，密復下迴洛倉而據之。俄而德韜、德方俱死，復以鄭頲爲左司馬，鄭虔象爲右司馬。

柴孝和說密曰：「秦地阻山帶河，西楚背之而亡，漢高都之而霸。如愚意者，令仁基守迴洛，翟讓守洛口，明公親簡精銳，西襲長安，百姓孰不郊迎，必當有征無戰。既剋京邑，業固兵強，方更長驅崤、函，掃蕩京、洛，傳檄指撝，天下可定。但今英雄競起，實恐他人我先，一朝失之，噬臍何及！」密曰：「君之所圖，僕亦思之久矣，誠爲上策。但昏主尚在，從兵猶衆，我之所部，並山東人，既見未下洛陽，何肯相隨西入！諸將出於羣盜，留之各競雌雄。若然者，殆將敗矣。」孝和曰：「誠如公言，非所及也。請間行觀隙。」密從之。孝和與數十騎至陝縣，山賊歸之者萬餘人。密時兵鋒甚銳，每入苑，與官軍連戰。會密爲流矢所中，臥於營內，後數日，東都出兵擊之。密衆大潰，棄迴洛倉，歸洛口。孝和之衆聞密退，各分散而去。孝和輕騎歸密。

帝遣王世充率江、淮勁卒五萬來討密，密逆拒之，戰不利。柴孝和溺死於洛水，密甚

傷之。世充營於洛西，與密相拒百餘日。武陽郡丞元寶藏、黎陽賊帥李文相、洹水賊帥張

昇、清河賊帥趙君德、平原賊帥郝孝德並歸於密，共襲破黎陽倉據之。周法明舉江、黃之

地以附密，齊郡賊帥徐圓朗、任城大俠徐師仁、淮陽太守趙他等前後款附，以千百數。

翟讓所部王儒信勸讓為大冢宰，總統衆務，以奪密權。讓兄寬復謂讓曰：「天子止可

自作，安得與人？汝若不能作，我當為之。」密聞其言，有圖讓之計。會世充列陣而至，讓

出拒之，為世充所擊退者數百步。密與單雄信等率精銳赴之，世充敗走。讓欲乘勝進破

其營，會日暮，密固止之。明日，讓與數百人至密所，欲為宴樂。密具饌以待之，其所將左

右，各分令就食。諸門並設備，讓不之覺也。密引讓入坐，有好弓，出示讓，遂令讓射。讓

引滿將發，密遣壯士蔡建自後斬之〔三〕，殞於牀下。遂殺其兄寬及王儒信，并其從者亦有

死焉。讓所部將徐世勣，為亂兵所斫中，重創，密遽止之，僅而得免。單雄信等皆叩頭求

哀，密並釋而慰諭之。於是率左右數百人詣讓本營。王伯當、邴元真、單雄信等入營，告

以殺讓之意，衆無敢動者。乃令徐世勣、單雄信、王伯當分統其衆。

未幾，世充夜襲倉城，密逆拒破之，斬武賁郎將費青奴。世充復移營洛北，南對轟縣，

其後遂於洛水造浮橋，悉衆以擊密。密與千騎拒之，不利而退。世充因薄其城下，密簡銳

卒數百人，分為三隊出擊之。官軍稍却，自相陷溺，死者數萬人，武賁郎將楊威、王辯〔四〕、

霍世舉、劉長恭、梁德重[二五]、董智通等諸將率皆没于陣。世充僅而獲免，不敢還東都，遂走河陽。其夜雨雪尺餘，衆隨之者，死亡殆盡。密於是修金墉故城居之，衆三十餘萬。復來攻上春門，留守韋津出拒戰，密擊敗之，執津於陣。其黨勸密即尊號，密不許。及義師圍東都，密出軍爭之，交綏而退。

俄而宇文化及殺逆，率衆自江都北指黎陽，兵十餘萬。密乃自率步騎二萬拒之。會越王侗稱尊號，遣使者授密太尉、尚書令、東南道大行臺、行軍元帥、魏國公，令先平化及，然後入朝輔政。密遣使報謝焉。化及與密相遇，密知其軍少食，利在急戰，故不與交鋒，又邀其歸路，使不得西。密遣徐世勣守倉城，化及攻之，不能下。密與化及隔水而語，密數之曰：「卿本匈奴皁隸破野頭耳，父兄子弟並受隋室厚恩，富貴累世，至妻公主，光榮隆顯，舉朝莫二。荷國士之遇者，當須國士報之，豈容主上失德，不能死諫，反因衆叛，躬行殺虐，誅及子孫，傍立支庶，擅自尊崇，欲規篡奪，汙辱妃后，枉害無辜？不追諸葛瞻之忠誠，乃爲霍禹之惡逆。天地所不容，人神所莫祐，擁逼良善，將欲何之！今若速來歸我，尚可得全後嗣。」化及默然，乃瞋目大言曰：「共你論相殺事，何須作書語邪？」密謂從者曰：「化及庸懦如此，忽欲圖爲帝王，斯乃趙高、聖公之流，吾當折杖驅之耳。」化及盛修攻具，以逼黎陽倉城，密領輕騎五百馳赴之。倉城兵又出相應，焚其攻具，經夜火

不滅。

密知化及糧且盡，因僞與和，以懈其衆。化及不之悟，大喜，恣其兵食，冀密餽之。會密下有人獲罪，亡投化及，具言密情。化及大怒，其食又盡，乃渡永濟渠，與密戰于童山之下，自辰達西。密爲流矢所中，頓於汲縣。化及掠汲郡，北趣魏縣，其將陳智略、張童仁等所部兵歸于密者[一六]，前後相繼。初，化及以輜重留於東郡，遣其所署刑部尚書王軌守之。至是，軌舉郡降密，以軌爲滑州總管。密引兵而西，遣記室參軍李儉朝於東都，執殺煬帝人于弘達以獻越王侗。侗以儉爲司農少卿，使之反命，召密入朝。密至溫縣，聞世充已殺元文都、盧楚等，乃歸金墉。

世充既得擅權，乃厚賜將士，繕治器械，人心漸銳。然密兵少衣，世充乏食，乃請交易。密初難之，邴元真等各求私利，遞來勸密，密遂許焉。初，東都絕糧，人歸密者，日有數百。至此，得食，而降人益少，密方悔而止。密雖據倉，無府庫，兵數戰不獲賞，又厚撫初附之兵，於是衆心漸怨。時遣邴元真守興洛倉。元真起自微賤，性又貪鄙，宇文溫疾之，每謂密曰：「不殺元真，公難未已。」密不答，而元真知之，陰謀叛密。楊慶聞而告密[一七]，密固疑焉。會世充悉衆來決戰，密留王伯當守金墉，自引精兵就偃師，北阻邙山以待之。世充軍至，令數百騎度御河，密遣裴行儼率衆逆之。會日暮，暫交而退，行儼、孫長

樂、程鵁金等驍將十數人皆遇重瘡，密甚惡之。世充夜潛濟師，詰朝而陣，密方覺之，狼狽出戰，於是敗績，與萬餘人馳向洛口。世充夜圍偃師，守將鄭頲爲其部下所翻，以城降世充。密將入洛口倉城，元真已遣人潛引世充矣。密陰知之而不發其事，因與衆謀，待世充之兵半濟洛水，然後擊之。及世充軍至，密候騎不時覺，比將出戰，世充軍悉已濟矣。密自度不能支，引騎而遁。元真竟以城降於世充。

密衆漸離，將如黎陽。人或謂密曰：「殺翟讓之際，徐世勣幾至於死。今瘡猶未復，其心安可保乎？」密乃止。時王伯當棄金墉，保河陽，密以輕騎自武牢渡河以歸之，謂伯當曰：「兵敗矣！久苦諸君，我今自刎，請以謝衆。」衆皆泣，莫能仰視。密復曰：「諸君幸不相棄，當共歸關中。密身雖媿無功，諸君必保富貴。」其府掾柳燮對曰：「昔盆子歸漢，尚食均輸，明公與長安宗族有疇昔之遇，雖不陪起義，然而阻東都，斷隋歸路，使唐國不戰而據京師，此亦公之功也。」衆咸曰：「然。」密遂歸大唐，封邢國公，拜光祿卿。

裴仁基

河東裴仁基，字德本。祖伯鳳，周汾州刺史。父定，上儀同。仁基少驍武，便弓馬。

開皇初，爲親衛。平陳之役，先登陷陣，拜儀同，賜物千段。以本官領漢王諒府親信。煬

帝嗣位，諒舉兵作亂，仁基苦諫。諒大怒，囚之於獄。及諒敗，帝嘉之，超拜護軍。數歲，

改授武賁郎將，從將軍李景討叛蠻向思多於黔安，以功進位銀青光禄大夫，賜奴婢百口，

絹五百匹。擊吐谷渾於張掖，破之，加授金紫光禄大夫。斬獲寇掠靺鞨，拜左光禄大夫。

從征高麗，進位光禄大夫。

帝幸江都，李密據洛口，令仁基爲河南道討捕大使，據武牢以拒密。及滎陽通守張須

陁爲密所殺，仁基悉收其衆，每與密戰，多所斬獲。時隋大亂，有功者不錄。仁基見強寇

在前，士卒勞敝，所得軍資，即用分賞。監軍御史蕭懷靜每抑止之，衆咸怨怒。懷靜又陰

持仁基長短，欲有所奏劾。仁基懼，遂殺懷靜，以其衆歸密。密以爲河東郡公。其子行

儼，驍勇善戰，密復以爲絳郡公，甚相委昵。

王世充以東都食盡，悉衆詣偃師，與密決戰。密問計於諸將，仁基對曰：「世充盡銳

而至，洛下必虛，可分兵守其要路，令不得東。簡精兵三萬，傍河西出，以逼東都。世充却

還，我且按甲，世充重出，我又逼之。如此則此有餘力，彼勞奔命，兵法所謂『彼出我歸，彼

歸我出，數戰以疲之，多方以誤之』者也。」密曰：「公知其一，不知其二。東都兵馬有三不

可當：器械精，一也；決計而來，二也；食盡求鬭，三也。我按甲蓄力，以觀其敝，彼求鬭

不得，欲走無路，不過十日，世充之首可懸於麾下。」單雄信等諸將輕世充，皆請戰，仁基苦爭不得。密難違諸將之言，戰遂大敗，仁基爲世充所虜。世充以其父子並驍銳，深禮之，以兄女妻行儼。及僭尊號，署仁基爲禮部尚書，行儼爲左輔大將軍。行儼每有攻戰，所當皆披靡，號爲「萬人敵」。世充憚其威名，頗加猜防。仁基知其意，不自安，遂與世充所署尚書左丞宇文儒童、尚食直長陳謙、祕書丞崔德本等謀反，令陳謙於上食之際，持匕首以劫世充，行儼以兵應於階下。指麾事定，然後出越王侗以輔之。事臨發，將軍張童仁知其謀而告之，俱爲世充所殺。

史臣曰：古先帝王之興也，非夫至德深仁格於天地，有豐功博利，弘濟艱難，不然，則其道無由矣。

自周邦不競，隋運將隆，武元、高祖並著大功於王室，平南國，摧東夏，總百揆，定三方，然後變謳歌，遷寶鼎。于時匈奴驕倨，勾吳不朝，既爭長於黃池，亦飲馬於清渭。高祖內綏外禦，日不暇給，委心膂於俊傑，寄折衝於爪牙，文武爭馳，羣策畢舉。服獫夏之虜，掃黃旗之寇，峻五岳以作鎮，環四海以爲池，厚澤被於域中，餘威震於殊俗。煬帝蒙故業，踐丕基，阻伊、洛而固崤、函，跨兩都而總萬國。矜曆數之在己，忽王業

之艱難，不務以道恤人，將以申威海外。運拒諫之智，騁飾非之辯，恥轍迹之未遠，忘德義之不修。於是鑿通渠，開馳道，樹以柳杞，隱以金槌，浮

河達海。民力凋盡，徭戍無期，率土之心，鳥驚魚潰。方西規奄蔡，南討流求，親總八狄之師，屢踐三韓之域。自以威行萬物，顧指無違，又躬為長君，功高曩列，寵不假於外戚，權

不逮於臺下，足以轥轢軒、唐，奄吞周、漢，子孫萬代，人莫能窺，振古以來，一君而已。遂

乃外疎猛士，內忌忠良，恥有盜竊之聲，惡聞喪亂之事。出師命將，不料衆寡，兵少力屈

者，以畏懦受顯誅，竭誠克勝者，以功高蒙戮。或觝鋒刃之下，或殞鴆毒之中，賞不可以

有功求，刑不可以無罪免，畏首畏尾，進退維谷。彼山東之羣盜，多出斯役之中，無尺土之

資，十家之產，豈有陳涉亡秦之志，張角亂漢之謀哉！皆苦於上欲無厭，下不堪命，飢寒

交切，救死蒮蒲。莫識旌旗什伍之容，安知行師用兵之勢！但人自爲戰，衆怒難犯，故攻

無完城，野無橫陣，星離棊布，以千百數。豪傑因其機以動之，乘其勢而用之，雖有勇敢之

士，明智之將，連踵覆沒，莫之能禦。煬帝魂褫氣懾，望絕兩京，謀竄身於江湖，襲永嘉之

舊迹。既而禍生轂下，釁起舟中，思早告而莫追，唯請死而獲可。身棄南巢之野，首懸白

旗之上，子孫勦絕，宗廟爲墟。

夫以開皇之初，比於大業之盛，度土地之廣狹，料戶口之衆寡，筭甲兵之多少，校倉廩

之虛實，九鼎之譬鴻毛，未喻輕重，培塿之方嵩岱，曾何等級！論地險則遼隧未擬於長江，語人謀則勾麗不侔於陳國。高祖掃江南以清六合，煬帝事遼東而喪天下。其故何哉？所爲之迹同，所用之心異也。高祖北却強胡，南并百越，十有餘載，戎車屢動，民亦勞止，不爲無事。然其動也，思以安之，其勞也，思以逸之。是以民致時雍，師無怨讟，誠在於愛利，故其興也勃焉。煬帝嗣承平之基，守已安之業，肆其淫放，虐用其民，視億兆如草芥，顧羣臣如寇讎，勞近以事遠，求名而喪實。兵纏魏闕，阽危弗圖，圍解雁門，慢遊不息。天奪之魄，人益其災，羣盜並興，百殃俱起，自絕民神之望，故其亡也忽焉。訊之古老，考其行事，此高祖之所由興，而煬帝之所以滅者也。可不謂然乎！其隋之得失存亡，大較與秦相類。始皇并吞六國，高祖統一九州，二世虐用威刑，煬帝肆行猜毒，皆禍起於羣盜，而身殞於匹夫。原始要終，若合符契矣。

　玄感宰相之子，荷國重恩，君之失德，當竭股肱。未議致身，先圖問鼎，遂假伊、霍之事，將肆莽、卓之心。人神同疾，敗不旋踵，兄弟就葅醢之誅，先人受焚如之酷，不亦甚乎！李密遭會風雲，奮其鱗翼，思封函谷，將割鴻溝。朞月之間，衆數十萬，破化及，摧世充，聲動四方，威行萬里。雖運乖天眷，事屈興王，而義協人謀，雄名克振，壯矣！然志性輕狡，終致顛覆，其度長挈大，抑陳、項之季孟歟？

校勘記

〔一〕玄縱弟萬石　「萬石」，原作「萬碩」，據北史卷四一楊敷傳附楊玄感傳改。按，本書卷四八楊素傳亦載楊素子萬石。

〔二〕李子雄　北史卷七四李雄傳作「李雄」。

〔三〕祖伯賁　據北史卷七四李雄傳、周書卷四六孝義李棠傳，北史卷八五節義李棠傳，李雄父棠，棠父元胄，祖伯貴，則「伯賁」應即「伯貴」，惟「賁」、「貴」形近，未知孰是。又據周書、北史，伯貴應是李雄曾祖，此稱祖父，疑誤。

〔四〕父桃枝　「桃枝」，北史卷七四李雄傳作「棠」。按，李棠，字長卿，周書卷四六孝義傳、北史卷八五節義傳有傳。

〔五〕授上大將軍　「上」字原闕，據宋甲本、至順本、汲本補。按，北史卷七四李雄傳、冊府卷三一四宰輔部薦賢、通鑑卷一八〇隋紀四文帝仁壽四年亦有「上」字。

〔六〕拜廣州刺史　「廣州」，北史卷七四李雄傳作「廉州」，冊府卷三六五將帥部機略作「冀州」。

〔七〕因從來護兒自東平將指滄海　「東平」，本卷上文楊玄感傳、本書卷六四來護兒傳、北史卷七四李雄傳作「東萊」。按，東萊臨海，故自東萊能「將指滄海」，疑作「東平」誤。

〔八〕博陵趙元淑　「博陵」二字原闕，據宋甲本補。

〔九〕封葛國公　「國」字原闕，據宋甲本補。按，本書卷四煬帝紀下、北史卷一二隋本紀下煬帝紀、

北史卷四一楊敷傳附趙元淑傳亦有「國」字。

〔一〇〕元進退保曲阿 「退」字原闕，據宋甲本、至順本、汲本補。

〔一一〕播揚吳越 「揚」，殿本作「蕩」。

〔一二〕長白山賊孟讓掠東都 「東都」，原作「東郡」，據本書卷四煬帝紀下、北史卷一二隋本紀下煬帝紀改。按，本書卷二三五行志下「李密逼東都，孟讓燒豐都市而去」，即此。

〔一三〕密遣壯士蔡建自後斬之 「蔡建」，通鑑卷一八四隋紀八恭帝義寧元年作「蔡建德」。

〔一四〕王辯 原作「王辨」，據本書卷五恭帝紀、卷六四王辯傳、舊唐書卷五三李密傳改。

〔一五〕梁德重 本書卷五恭帝紀、北史卷一二隋本紀下恭帝紀、舊唐書卷五六梁師都傳附劉季真傳、新唐書卷八七五將帥部死事作「梁德」，梁德其人又見舊唐書卷五六梁師都傳附劉季真傳。「重」疑涉與下文「董」字形似而衍。

〔一六〕其將陳智略張童仁等所部兵歸于密者 「張童仁」，本書卷八五宇文化及傳、同卷王充傳、北史卷三八裴仁基傳、卷七九宇文述傳附宇文化及傳、同卷王世充傳作「張童兒」。下文同，不另出校。

〔一七〕楊慶聞而告密 「楊慶」，原作「揚慶」，據宋甲本、至順本改。按，北史卷六○李弼傳附李密傳亦作「楊慶」。

隋書卷七十一

列傳第三十六

誠節

易稱：「聖人大寶曰位，何以守位曰仁。」又云：「立人之道曰仁與義。」然則士之立身成名，在乎仁義而已。故仁道不遠，則殺身以成仁，義重於生，則捐生而取義。是以龍逢投軀於夏癸，比干竭節於商辛，申蒯斷臂於齊莊，弘演納肝於衛懿。爰逮漢之紀信、欒布，晉之向雄、嵇紹，凡在立名之士，莫不庶幾焉。至於臨難忘身，見危授命，雖斯文不墜，而行之蓋寡，固知士之所重，信在茲乎！非夫內懷鐵石之心，外負凌霜之節，孰能安之若命，赴蹈如歸者也。　皇甫誕等，當擾攘之際，踐必死之機，白刃臨頸，確乎不拔，可謂歲寒貞柏，疾風勁草，千載之後，懍懍如生。　豈獨聞彼伯夷，懍夫立志，亦冀將來君子有所庶

幾。故掇採所聞，爲誠節傳。

劉弘

劉弘字仲遠，彭城叢亭里人，魏太常卿芳之孫也。少好學，有行檢，重節槩。仕齊行臺郎中，襄城、沛郡、穀陽三郡太守、西楚州刺史。及齊亡，周武帝以爲本郡太守。尉迥之亂也，遣其將席毗掠徐、兗。弘勒兵拒之，以功授儀同、永昌太守、齊州長史。平陳之役，表請從軍，以行軍長史從總管吐萬緒度江。以功加上儀同，封濩澤縣公，拜泉州刺史。會高智慧作亂，以兵攻州，弘城守百餘日，救兵不至。前後出戰，死亡太半，糧盡無所食，與士卒數百人煮犀甲腰帶，及剝樹皮而食之，一無離叛。賊知其飢餓，欲降之，弘抗節彌厲。賊悉衆來攻，城陷，爲賊所害。上聞而嘉歎者久之，賜物二千段。子長信，襲其官爵。

皇甫誕 子無逸

皇甫誕字玄慮〔一〕，安定烏氏人也。祖和，魏膠州刺史。父璠，周隋州刺史。誕少剛

毅，有器局。周罷王引爲倉曹參軍。高祖受禪，爲兵部侍郎。數年，出爲魯州長史。開皇

中，復入爲比部、刑部二曹侍郎，俱有能名。遷治書侍御史，朝臣無不肅憚。上以百姓多

流亡，令誕爲河南道大使以檢括之。及還，奏事稱旨，上甚悅，令判大理少卿。明年，遷尚

書右丞。俄以母憂去職。未幾，起令視事。尋轉尚書左丞。

時漢王諒爲并州總管，朝廷盛選寮佐，前後長史、司馬，皆一時名士。上以誕公方著

稱，拜并州總管司馬，總府政事，一以諮之，諒甚敬焉。及煬帝即位，徵諒入朝，諒用諮議

王頠之謀〔二〕，發兵作亂。誕數諫止，諒不納。誕因流涕曰：「竊料大王兵資，無敵京師

者。加以君臣位定，逆順勢殊，士馬雖精，難以取勝。願王奉詔入朝，守臣子之節，必有

松、喬之壽，累代之榮。如更遷延，陷身叛逆，一挂刑書，爲布衣黔首不可得也。」諒主簿豆盧

毓出誕於獄，相與協謀，閉城拒諒。諒襲擊破之，並抗節而遇害。并州總管司馬皇甫誕，性

理淹通，志懷審正，劾官贊務，聲績克宣。值狂悖構禍，凶威孔熾，確殉單誠，不從妖逆。

者久之，下詔曰：「褒顯名節，有國通規，加等飾終，抑惟令典。

雖幽縶寇手，而雅志彌厲，遂潛與義徒據城抗拒。衆寡不敵，奄致非命。可贈柱國，封弘

義公，謚曰明。」子無逸嗣。

無逸尋爲濟陽太守，政甚有聲。大業令行，舊爵例除，以無逸誠義之後，賜爵平輿侯。

入爲刑部侍郎，守右武衞將軍。

初，漢王諒之反也，州縣莫不響應。有嵐州司馬陶模〔三〕、繁時令敬釗，並抗節不從。

陶模

陶模，京兆人也。性明敏，有器幹。仁壽初，爲嵐州司馬。諒既作亂，刺史喬鍾葵發

兵將赴逆，模拒之曰：「漢王所圖不軌，公荷國厚恩，致位方伯，謂當竭誠效命以答慈造，

豈有大行皇帝梓宮未掩，翻爲厲階！」鍾葵失色曰：「司馬反邪？」臨之以兵，辭氣不撓，

鍾葵義而釋之〔四〕。軍吏進曰：「若不斬模，何以壓衆心？」於是囚之於獄，悉掠取資財，

分賜黨與。及諒平，煬帝嘉之，拜開府，授大興令。楊玄感之反也，率兵從衞玄擊之，以功

進位銀青光禄大夫，卒官。

敬釗

敬釗字積善，河東蒲坂人也。父元約，周布憲中大夫。釗，仁壽中爲繁時令，甚有能

名。及賊至，力戰城陷。賊帥墨弼掠其資產而臨之以兵，釗辭氣不撓。弼義而止之，執送於偽將喬鍾葵所。鍾葵釋之，署爲代州總管司馬，釗正色拒之，至於再三。鍾葵忿然曰：「受官則可，不然當斬！」釗答曰：「忝爲縣宰，遭逢逆亂，進不能保境，退不能死節，爲辱已多，何乃復以偽官相迫也？」復將殺之。會楊義臣軍至，鍾葵遽出戰，因而大敗，釗遂得免。

大業三年，煬帝避暑汾陽宮，代州長史柳銓、司馬崔寶山上其狀，付有司將加褒賞，會虞世基奏格而止〔五〕。後遷朝邑令，未幾，終。

游元

游元字楚客，廣平任城人〔六〕，魏五更明根之玄孫也。父寶藏，位至太守。元少聰敏，年十六，齊司徒徐顯秀引爲參軍事。周武帝平齊之後，歷壽春令、譙州司馬，俱有能名。晉王廣爲揚州總管，以元爲法曹參軍，父憂去職。後爲內直監。

煬帝嗣位，遷尚書度支郎。

遼東之役，領左驍衛長史，爲蓋牟道監軍〔七〕，拜朝請大夫，兼治書侍御史。宇文述等

九軍敗績，帝令元按其獄。述時貴倖，其子士及又尚南陽公主，勢傾朝廷。遣家僮造元，有所請屬。元不之見。他日，數述曰：「公地屬親賢，腹心是寄，當咎身責己，以勸事君，乃遣人相造，欲何所道？」按之愈急，仍以狀劾之。帝嘉其公正，賜朝服一襲。

九年，奉使於黎陽督運，楊玄感作逆，乃謂元曰：「獨夫肆虐，天下士大夫肝腦塗地，加以陷身絕域之所，軍糧斷絕，此亦天亡之時也。我今親率義兵，以誅無道，卿意如何？」元正色答曰：「尊公荷國寵靈，功參佐命，高官重祿，近古莫儔。公之弟兄，青紫交映，當謂竭誠盡節，上答鴻恩。豈意墳土未乾，親圖反噬，深為明公不取，願思禍福之端。僕有死而已，不敢聞命。」玄感怒而囚之，屢脅以兵，竟不屈節，於是害之。帝甚嘉歎，贈銀青光禄大夫，賜縑五百匹。拜其子仁宗為正議大夫、弋陽郡通守。

馮慈明

馮慈明字無佚，信都長樂人也。父子琮，仕齊官至尚書右僕射。慈明在齊，以戚屬之故，年十四，為淮陽王開府參軍事。尋補司州主簿，進除中書舍人。周武平齊，授帥都督。高祖受禪，開三府官，除司空司倉參軍事。累遷行臺禮部侍郎。晉王廣為并州總管，盛選

寮屬，以慈明爲司士。後歷吏部員外郎，兼内史舍人。煬帝即位，以母憂去職。帝以慈明始事藩邸，後更在臺，意甚銜之，至是謫爲伊吾鎮副。未之官，轉交阯郡丞。大業九年，被徵入朝。時兵部侍郎斛斯政亡奔高麗，帝見慈明，深慰勉之。俄拜尚書兵曹郎，加位朝請大夫。十三年，攝江都郡丞事。

李密之逼東都也，詔令慈明安集瀍、洛，追兵擊密。至鄢陵，爲密黨崔樞所執。密延慈明於坐，勞苦之，因而謂曰：「隋祚已盡，區宇沸騰，吾躬率義兵，所向無敵，東都危急，計日將下。今欲率四方之眾，問罪於江都，卿以爲何如？」慈明答曰：「慈明直道事人，有死而已，不義之言，非所敢對。」密不悦，冀其後改，厚加禮焉。慈明潛使人奉表江都，及致書東都留守，論賊形勢。出至營門，賊帥翟讓怒曰：「爾爲使人，爲我所執，魏公相待至厚，曾無感戴。寧有畏乎？」慈明勃然曰：「天子使我來，正欲除爾輩，不圖爲賊黨所獲。我豈從汝求活耶？欲殺但殺〔八〕，何須罵詈！」因謂羣賊曰：「汝等本無惡心，因飢饉逐食至此。官軍且至，早爲身計。」讓益怒，於是亂刀斬之。時年六十八。　梁郡通守楊汪爲主，帝歎惜之，贈銀青光祿大夫。拜其二子惇、怦俱爲尚書承務郎。王充推越王侗爲主，重贈柱國、户部尚書、昌黎郡公，諡曰壯武。

長子忱，先在東都，王充破李密，忱亦在軍中，遂遣奴負父屍柩詣東都，身不自送。未

幾，又盛花燭納室。時論醜之。

張須陀

張須陀，弘農閿鄉人也。性剛烈，有勇略。弱冠，從史萬歲討西爨，以功授儀同，賜物三百段。煬帝嗣位，漢王諒作亂并州，從楊素擊平之，加開府。大業中，為齊郡丞。會興遼東之役，百姓失業，又屬歲饑，穀米踊貴，須陀將開倉賑給，官屬咸曰：「須待詔敕，不可擅與。」須陀曰：「今帝在遠，遣使往來，必淹歲序。百姓有倒懸之急，如待報至，當委溝壑矣。吾若以此獲罪，死無所恨。」先開倉而後上狀，帝知之而不責也。

明年，賊帥王薄，聚結亡命數萬人，寇掠郡境。官軍擊之，多不利。須陀發兵拒之，薄恃驟勝，不設備。須陀選精銳，出其不意擊之，薄眾大潰，因乘勝斬首數千級。薄收合亡散，得萬餘人，將北度河。須陀追之，遂引軍南，轉掠魯郡。須陀躡之，及于岱山之下。薄復北戰，連豆子䬫賊孫宣雅、石秪闍、郝孝德等眾十餘萬攻章丘。須陀遣舟師斷其津濟，親率馬步二萬襲擊，大破之，賊徒散走。既

至臨邑，復破之，斬五千餘級，獲六畜萬計。時天下承平日久，多不習兵，須陀獨勇決善戰。又長於撫馭，得士卒心，論者號為名將。

揚，令使者圖畫其形容而奏之。

其年，賊裴長才、石子河等眾二萬，奄至城下，縱兵大掠。須陁未暇集兵，親率五騎與戰，賊競赴之，圍百餘重，身中數創，勇氣彌厲。會城中兵至，賊稍却，須陁督軍復戰，長才敗走。後數旬，賊帥秦君弘、郭方預等合軍圍北海，兵鋒甚銳，須陁謂官屬曰：「賊自恃強，謂我不能救，吾今速去，破之必矣。」於是簡精兵，倍道而進，賊果無備，擊大破之，斬數萬級，獲輜重三千兩。司隸刺史裴操之上狀，帝遣使勞問之。

十年，賊左孝友眾將十萬，屯於蹲狗山。須陁列八風營以逼之，復分兵扼其要害。孝友窘迫，面縛來降。其黨解象、王良、鄭大彪、李宛等眾各萬計〔九〕，須陁悉討平之，威振東夏。以功遷齊郡通守，領河南道十二郡黜陟討捕大使。

俄而賊盧明月眾十餘萬，將寇河北，次祝阿，須陁邀擊，殺數千人。賊呂明星，帥仁泰、霍小漢等眾各萬餘，擾濟北，須陁進軍擊走之。尋將兵拒東郡賊翟讓，前後三十餘戰，每破走之。轉滎陽通守。時李密說讓取洛口倉，讓憚須陁，不敢進。密勸之，讓遂與密率兵逼滎陽，須陁拒之。讓懼而退，須陁乘之，逐北十餘里。時李密先伏數千人於林木間，邀擊須陁軍，遂敗績。密與讓合軍圍之，須陁潰圍輒出，左右不能盡出，須陁躍馬入救之。

來往數四，衆皆敗散，乃仰天曰：「兵敗如此，何面見天子乎？」乃下馬戰死。時年五十二。其所部兵，晝夜號哭，數日不止。越王侗遣左光祿大夫裴仁基，招撫其衆，移鎮武牢。帝令其子元備總父兵，元備時在齊郡，遇賊，竟不果行。

楊善會

楊善會字敬仁，弘農華陰人也。父初，官至毗陵太守。善會，大業中爲鄃令，以清正聞。俄而山東飢饉，百姓相聚爲盜，善會以左右數百人逐捕之，往皆克捷。其後賊帥張金稱衆數萬，屯于縣界，屠城剽邑，郡縣莫能禦。善會率勵所領，與賊搏戰，或日有數合，每挫其鋒。煬帝遣將軍段達來討金稱，善會進計於達，達不能用，軍竟敗焉。達深謝善會。後復與賊戰，進止一以謀之，於是大克。金稱復引渤海賊孫宣雅、高士達等衆數十萬，破黎陽而還，軍鋒甚盛。善會以勁兵千人邀擊，破之，擢拜朝請大夫、清河郡丞。金稱稍更屯聚，以輕兵掠冠氏。善會與平原通守楊元弘步騎數萬衆，襲其本營。武賁郎將王辯軍亦至，金稱釋冠氏來援，因與辯戰，不利，善會選精銳五百赴之，所當皆靡，辯軍復振。賊退守本營，諸軍各還。于時山東思亂，從盜如市，郡縣微弱，陷沒相繼。能抗賊者，唯善會

而已。前後七百餘陣，未嘗負敗，每恨衆寡懸殊，未能滅賊。會太僕楊義臣討金稱，復爲賊所敗，退保臨清。取善會之策，頻與決戰，賊乃退走。乘勝遂破其營，盡俘其衆。金稱將數百人遁逃，後歸漳南，招集餘黨。善會追捕斬之，傳首行在所。帝賜以尚方甲稍弓劍，進拜清河通守。其年，從楊義臣斬漳南賊帥高士達，傳首江都宮。帝下詔褒揚之。

士達所部將竇建德，自號長樂王，來攻信都。臨清賊王安阻兵數千，與建德相影響。善會襲安斬之。建德既下信都，復擾清河，善會逆拒之，反爲所敗，嬰城固守。賊圍之四旬，城陷，爲賊所執。建德釋而禮之，用爲貝州刺史。善會罵之曰：「老賊何敢擬議國士！恨吾力劣，不能擒汝等。我豈是汝屠酷兒輩，敢欲更相吏邪？」臨之以兵，辭氣不撓。建德猶欲活之，爲其部下所請，又知終不爲己用，於是害之。清河士庶莫不傷痛焉。

獨孤盛

獨孤盛，上柱國楷之弟也。性剛烈，有膽氣。煬帝在藩，盛以左右從，累遷爲車騎將軍。

及帝嗣位，以藩邸之舊，漸見親待，累轉爲右屯衛將軍。

宇文化及之作亂也，裴虔通引兵至成象殿，宿衛者皆釋仗而走。盛謂虔通曰：「何物

兵？形勢太異也！」虔通曰：「事勢已然，不預將軍事。將軍慎無動。」盛大罵曰：「老賊是何物語！」不及被甲，與左右十餘人逆拒之，爲亂兵所殺。越王侗稱制，贈光禄大夫、紀國公，謚曰武節。

元文都

元文都，洵陽公孝矩之兄子也。父孝則，周小冢宰、江陵總管。文都性鯁直，明辯有器幹。仕周爲右侍上士。開皇初，授内史舍人，歷庫部、考功二曹郎，俱有能名。擢爲尚書左丞，轉太府少卿。煬帝嗣位，轉司農少卿、司隷大夫，尋拜御史大夫，坐事免。未幾，授太府卿，帝漸任之，甚有當時之譽。

大業十三年，帝幸江都宮，詔文都與段達、皇甫無逸、韋津等同爲東都留守。及帝崩，文都與達、津等共推越王侗爲帝。侗署文都爲内史令、開府儀同三司、光禄大夫、左驍衞大將軍、攝右翊衞將軍、魯國公。既而宇文化及立秦王浩爲帝，擁兵至彭城，所在響震。

密於是請降，因授官爵，禮其使甚厚。王充不悦，因與文都有隙。文都諷侗遣使通於李密。

文都知之，陰有誅充之計。侗復以文都領御史大夫，充固執而止。盧楚説文都曰：

「王充外軍一將耳，本非留守之徒〔一〇〕，何得預吾事！且洛口之敗，罪不容誅，今者敢懷跋扈，宰制時政〔一一〕，此而不除，方爲國患。」文都然之，遂懷奏入殿。事臨發，有人以告充。充時在朝堂，懼而馳還含嘉城，謀作亂。文都頻遣呼之，充稱疾不赴。至夜作亂，攻東太陽門而入，拜於紫微觀下。侗遣人謂之曰：「何爲者？」充曰：「元文都、盧楚謀相殺害，請斬文都，歸罪司寇。」侗見兵勢漸盛，度終不免，謂文都曰：「公自見王將軍也〔一二〕。」文都遷延而泣，侗遣其署將軍黃桃樹執文都以出。文都顧謂侗曰：「臣今朝亡，陛下亦當夕及。」侗慟哭而遣之，左右莫不憫默。出至興教門，充令左右亂斬之，諸子並見害。

盧楚

盧楚，涿郡范陽人也。祖景祚，魏司空掾。楚少有才學，鯁急口吃，言語澀難。大業中，爲尚書右司郎，當朝正色，甚爲公卿所憚。及帝幸江都，東都官寮多不奉法，楚每存糾舉，無所迴避。

越王侗稱尊號，以楚爲内史令，左備身將軍、攝尚書左丞、右光禄大夫，封涿郡公，與元文都等同心勠力以輔幼主。及王充作亂，兵攻太陽門，武衞將軍皇甫無逸斬關逃難，呼

楚同去。楚謂之曰：「僕與元公有約，若社稷有難，誓以俱死，今捨去不義。」及兵入，楚匿於太官署，賊黨執之，送於充所。充奮袂令斬之，於是鋒刃交下，支體糜碎。

劉子翊

劉子翊，彭城叢亭里人也。父偃，齊徐州司馬。子翊少好學，頗解屬文，性剛謇，有吏幹。仕齊殿中將軍。開皇初，爲南和丞，累轉秦州司法參軍事。十八年，入考功，尚書右僕射楊素見而異之，奏爲侍御史。時永寧令李公孝四歲喪母，九歲外繼，其後父更別娶後妻，至是而亡。河間劉炫以無撫育之恩，議不解任。子翊駁之曰：

傳云：「繼母如母，與母同也。」當以配父之尊，居母之位，齊杖之制，皆如親母。又「爲人後者，爲其父母朞」。報朞者，自以本生，非殊親之與繼也。父雖自處傍尊之地，於子之情，猶須隆其本重。是以令云：「爲人後者，爲其父母並解官，申其心喪。」父卒母嫁，爲父後者雖不服，亦申心喪。其繼母嫁不解官。」此專據嫁者生文耳。將知繼母在父之室，則制同親母。若謂非有撫育之恩，同之行路，何服之有乎？服既有之，心喪焉可獨異？三省令旨，其義甚明。今言令許不解，何其甚謬！

且後人者爲其父母朞，未有變隔以親繼、親繼既等，故知心喪不殊。服問云：「母出則爲繼母之黨服。」豈不以出母族絕，推而遠之，繼母配父，引而親之乎？子思曰：「爲伋也妻，是爲白也母。不爲伋也妻，是不爲白也母。」定知服以名重，情因父親，所以聖人敦之以孝慈，弘之以名義。是使子以名服，同之親母，繼以義報，等之己生。如謂繼母之來，在子出之後，制有淺深者，考之經傳，未見其文。譬出後之人，所後者初亡，後之者始至，此復可以無撫育之恩而不服重乎？昔長沙人王毖，漢末爲上計詣京師，既而吳、魏隔絕，毖於內國更娶，生子昌。毖死後爲東平相，始知吳之母亡，便情繫居重，不攝職事。于時議者，不以爲非。然則繼母之與前母，於情無別。若要以撫育始生服制，王昌復何足云乎？又晉鎮南將軍羊祜無子，取弟子伊爲子。祜薨，伊不服重，祜妻表聞。伊辭曰：「伯生存養己，伊不敢違。然無父命，故還本生。」尚書彭權議[四]：「子之出養，必由父命，無命而出，是爲叛子。」於是下詔從之。然則心服之制，不得緣恩而生也。

論云：「禮者稱情而立文，仗義而設教。」還以此義，諭彼之情。稱情者，稱如母之情，仗義者，仗爲子之義。名義分定，然後能尊父順名，崇禮篤敬。苟以母養之恩始成母子，則恩由彼至，服自己來，則慈母如母，何得待父命？又云：「繼母慈母，本

實路人，臨己養己，同之骨血。」若如斯言，子不由父，縱有恩育，得如母乎？其慈繼雖在三年之下，而居齊縗之上，禮有倫例，服以稱情。繼母本以名服，豈藉恩之厚薄也。至於兄弟之子猶子也，私昵之心實殊，禮服之制無二。彼言「以輕」「如」重，自以不同。此謂如重之辭，即同重法，若使輕重不等，何得為「如」？律云「以」「輕」者，但准其罪，「以枉法論」者，即同真法。律以弊刑，禮以設教，准者准擬之名，以者即真之稱。「如」、「以」二字，義用不殊，禮律兩文，所防是一。將此明彼，足見其義，取譬伐柯，何遠之有。

又論云：「取子為後者，將以供承祧廟，奉養己身，不得使宗子歸其故宅，以子道事本父之後妻也。」然本父後妻，因父而得母稱，若如來旨，本父亦可無心喪乎？何直父之後妻。論又云：「禮言舊君，其尊豈復君乎？已去其位，非復純臣，須言『舊』以殊之。別有所重，非復純孝，故言『其』已見之〔一五〕。目以其父之文，是名異也。」此又非通論。何以言之？「其」、「舊」訓殊，所用亦別，舊者易新之稱，其者因彼之辭，安得以相類哉？至如〈禮〉云：「其父析薪，其子不克負荷。」傳云：「衛雖小，其君在焉。」若其父而有異，其君復有異乎？斯不然矣，斯不然矣。今炫敢違禮乖令，侮聖干法，使出後之子，無情於本生，名義之分，有虧於風俗。徇飾非於明世〔一六〕，彊媒孽

於禮經[一七]，雖欲揚己露才，不覺言之傷理。

事奏，竟從子翊之議。

仁壽中，爲新豐令，有能名。大業三年，除大理正，甚有當時之譽。擢授治書侍御史，每朝廷疑議，子翊爲之辯析，多出衆人意表。

從幸江都。值天下大亂，帝猶不悟，子翊因侍切諫，由是忤旨，令子翊爲丹陽留守。尋遣於上江督運，爲賊吳棊子所虜。子翊說之，因以衆首[一八]。復遣領首賊清江[一九]。遇煬帝被殺，賊知而告之。子翊弗信，斬所言者。賊又欲請以爲主，子翊不從。羣賊執子翊至臨川城下，使告城中，云「帝已崩」。子翊反其言，於是見害，時年七十。

堯君素

堯君素，魏郡湯陰人也。煬帝爲晉王時，君素以左右從。及嗣位，累遷鷹擊郎將。大業之末，盜賊蜂起，人多流亡，君素所部獨全。後從驍衛大將軍屈突通拒義兵於河東。俄而通引兵南遁，以君素有膽略，署領河東通守。義師遣將呂紹宗、韋義節等攻之，不剋。及通軍敗，至城下呼之。君素見通，歔欷流涕，悲不自勝，左右皆哽咽，通亦泣下霑

衿，因謂君素曰：「吾軍已敗，義旗所指，莫不響應。事勢如此，卿當早降，以取富貴。」君素答曰：「公當爪牙之寄，爲國大臣，主上委公以關中，代王付公以社稷，國祚隆替，懸之於公。奈何不思報効，以至於此。縱不能遠愬主上，公所乘馬，即代王所賜也，公何面目乘之哉！」通曰：「吁！君素，我力屈而來。」君素曰：「方今力猶未屈，何用多言。」通愬而退。時圍甚急，行李斷絕，君素乃爲木鵝，置表於頸，具論事勢，浮之黃河，沿流而下。河陽守者得之，達于東都。越王侗見而歎息，於是承制拜君素爲金紫光禄大夫，密遣行人勞苦之。監門直閣龐玉、武衛將軍皇甫無逸前後自東都歸義，俱造城下，爲陳利害。大唐又賜金券，待以不死。君素卒無降心。其妻又至城下謂之曰：「隋室已亡，天命有屬，君何自苦，身取禍敗。」君素曰：「天下事非婦人所知。」引弓射之，應弦而倒。君素亦知事必不濟，然要在守死不易，每言及國家，未嘗不歔欷。嘗謂將士曰：「吾是藩邸舊臣，累蒙獎擢，至於大義，不得不死。今穀支數年，食盡此穀，足知天下之事。必若隋室傾敗，天命有歸，吾當斷頭以付諸君也。」時百姓苦隋日久，及逢義舉，人有息肩之望。然君素善於統領，下不能叛。歲餘，頗得外生口，城中微知江都傾覆。又粮食乏絕，人不聊生，男女相食，衆心離駭。白虹降於府門，兵器之端，夜皆光見。月餘，君素爲左右所害。

陳孝意

河東陳孝意，少有志尚，弱冠，以貞介知名。大業初，爲魯郡司法書佐，郡内號爲廉平。太守蘇威嘗欲殺一囚，孝意固諫，至於再三，威不許。孝意因解衣，請先受死。良久，威意乃解，謝而遣之。漸加禮敬。及威爲納言，奏孝意爲侍御史。後以父憂去職，居喪過禮，有白鹿馴擾其廬，時人以爲孝感之應。未葬，起授雁門郡丞。在郡蔬食齋居，朝夕哀臨，每一發聲，未嘗不絶倒，柴毀骨立，見者哀之。于時政刑日紊，長吏多贓汙，孝意清節彌厲，發姦擿伏，動若有神，吏民稱之。

煬帝幸江都，馬邑劉武周殺太守王仁恭，舉兵作亂。孝意率兵與武賁郎將王智辯討之，戰於下館城，反爲所敗。武周遂轉攻傍郡，百姓兇兇，將懷叛逆。前郡丞楊長仁、雁門令王確等，並桀黠，爲無賴所歸，謀應武周。孝意陰知之，族滅其家，郡中戰慄，莫敢異志。俄而武周引兵來攻，孝意拒之，每致克捷。但孤城獨守，外無聲援，孝意執志，誓以必死。每遣使江都，道路隔絶，竟無報命。孝意亦知帝必不反，每每旦暮向詔勑庫俯伏流涕[二〇]，悲動左右。圍城百餘日，粮盡，爲校尉張倫所殺，以城歸武周。

張季珣

京兆張季珣，父祥，少爲高祖所知，其後引爲丞相參軍事。開皇中，累遷并州司馬。

仁壽末，漢王諒舉兵反，遣其將劉建略地燕、趙。至井陘，祥勒兵拒守，建攻之，復縱火燒其郭下。祥見百姓驚駭，其城側有西王母廟，祥登城望之再拜，號泣而言曰：「百姓何罪，致此焚燒！神其有靈，可降雨相救。」言訖，廟上雲起，須臾驟雨，其火遂滅。士卒感其至誠，莫不用命。城圍月餘，李雄援軍至□□，賊遂退走。以功授開府，歷汝州刺史、靈武太守，入爲都水監，卒官。

季珣少慷慨，有志節。大業末，爲鷹擊郎將□□，其府據箕山爲固□□，與洛口連接。及李密、翟讓攻陷倉城，遣人呼之。季珣罵密極口，密怒，遣兵攻之，連年不能克。時密衆數十萬在其城下，季珣四面阻絕，所領不過數百人，而執志彌固，誓以必死。經三年，資用盡，樵蘇無所得，撤屋而爨，人皆穴處，季珣撫巡之，一無離叛。粮盡，士卒羸病不能拒戰，遂爲所陷。季珣坐聽事，顔色自若，密遣兵禽送之。羣賊曳季珣令拜密，季珣曰：「吾雖爲敗軍之將，猶是天子爪牙之臣，何容拜賊也！」密壯而釋之。翟讓從之求金不得，遂殺

之，時年二十八。

其弟仲琰，大業末爲上洛令。及義兵起，率吏人城守，部下殺之以歸義。仲琰弟琮，爲千牛左右，宇文化及之亂遇害。季珣家素忠烈，兄弟俱死國難，論者賢之。

松贇〔二四〕

北海松贇，性剛烈，重名義，爲石門府隊正。大業末，有賊楊厚擁徒作亂，來攻北海縣，贇從郡兵討之。贇輕騎覘賊，爲厚所獲，厚令贇謂城中，云郡兵已破，宜早歸降。贇僞許之。既至城下，大呼曰：「我是松贇，爲官軍覘賊，邂逅被執，非力屈也。今官軍大來，並已至矣，賊徒寡弱，旦暮擒剪，不足爲憂。」賊以刀築贇口，引之而去，毆擊交下。贇罵厚曰：「老賊何敢致辱賢良，禍自及也！」言未卒，賊已斬斷其腰。城中望之，莫不流涕扼腕，銳氣益倍。北海卒完。煬帝遣戶曹郎郭子賤討厚破之，以贇亡身殉節，嗟悼不已，上表奏之。優詔褒揚，贈朝散大夫、本郡通守。

史臣曰：古人以天下至大，方身則小，生爲重矣，比義則輕。然則死有重於太山，生

以理全之者也，生有輕於鴻毛，死與義合者也。然死不可追，生無再得，故處不失節，所以爲難矣。楊諒、玄感、李密反形已成，凶威方熾，皇甫誕、游元、馮慈明臨危不顧，視死如歸，可謂勇於蹈義矣。獨孤盛、元文都、盧楚、堯君素豈不知天之所廢，人不能興，甘就葅醢之誅，以徇忠貞之節。雖功未存於社稷，力無救於顛危，然視彼苟免之徒，貫三光而洞九泉矣。須陁、善會有溫序之風，子翊、松贇蹈解揚之烈。國家昏亂有忠臣，誠哉斯言也。

校勘記

〔一〕皇甫誕字玄慮 「玄慮」，皇甫誕碑作「玄憲」。

〔二〕諒用諮議王頍之謀 「王頍」，原作「王頳」，據本書卷七六文學王頍傳、北史卷七〇皇甫璠傳附皇甫誕傳作「陶世模」，本書避唐諱改。

〔三〕有嵐州司馬陶模 「陶模」，北史卷七〇皇甫璠傳附皇甫誕傳改。

〔四〕鍾葵義而釋之 「鍾」字原闕，據宋甲本補。按，冊府卷一三八帝王部旄表、卷七二二三幕府部規諷，卷七六二總録部忠義、卷七六三總録部忠烈亦有「鍾」字。

〔五〕會虞世基奏格而止 「虞」字原闕，據宋甲本、至順本、汲本補。按，冊府卷九五三總録部不遇亦有「虞」字。

〔六〕廣平任城人 「任城」，疑當作「任」。按，游元高祖明根，魏書卷五五游明根傳「廣平任人」。魏書卷一〇六上地形志上，任縣屬北廣平郡，卷一〇六中地形志中，任城縣屬任城郡。本書卷三一地理志下，任城屬魯郡。

〔七〕爲蓋牟道監軍 「蓋牟道」，按，本書卷四煬帝紀下，時第四軍「蓋馬道」，無「蓋牟道」。本書卷六五吐萬緒傳亦云「率馬步數萬指蓋馬道」。

〔八〕欲殺但殺 「欲」，宋甲本、汲本作「須」。按，北史卷五五馮子琮傳附馮慈明傳、册府卷七六二總録部忠義亦作「須」。

〔九〕其黨解象王良鄭大彪李婉等衆各萬計 「李婉」，宋甲本、至順本作「李脘」。按，北史卷八五節義張須陁傳亦作「李脘」。

〔一〇〕本非留守之徒 「徒」，至順本作「材」，文意較長。

〔一一〕宰制時政 「政」，原作「制」，據宋甲本、至順本、汲本改。按，册府卷九三五總録部搆患亦作「政」。

〔一二〕公自見王將軍也 「自」字原闕，據宋甲本、至順本、汲本補。按，册府卷九三五總録部搆患亦有「自」字。

〔一三〕毖於内國更娶 「内國」即「中國」，避隋諱改。

〔一四〕尚書彭權議 「彭權」，原作「彭禮」，據宋甲本、至順本、汲本改。按，北史卷八五節義劉子翊

傳亦作「彭權」。

〔一五〕 故言其已見之 「已」，册府卷五八四掌禮部奏議作「以」，與上文「言『舊』以殊之」契合。

〔一六〕 徇飾非於明世 「徇」，通志卷一六六忠義劉子翊傳作「苟」。

〔一七〕 彊媒孽於禮經 「孽」，原作「藥」，據南監本改。

〔一八〕 因以衆首 「首」，北史卷八五節義劉子翊傳、通志卷一六六忠義劉子翊傳作「降」。

〔一九〕 復遣領首賊清江 「領首」，北史卷八五節義劉子翊傳、通志卷一六六忠義劉子翊傳作「首領」，「清」，作「渡」。

〔二〇〕 每每旦暮向詔勑庫俯伏流涕 「每每旦暮」，宋甲本、至順本、汲本「每」字不重，北史卷八五節義陳孝意傳作「每旦夕」。

〔二一〕 李雄援軍至 「李雄」，即李子雄，本書卷七〇有傳。北史卷七四李雄傳作「李雄」。

〔二二〕 爲鷹擊郎將 「鷹擊郎將」，北史卷八五節義張季珣傳、册府卷三七三將帥部忠、通志卷一六六忠義張季珣傳作「鷹揚郎將」。

〔二三〕 其府據箕山爲固 「其府」，北史卷八五節義張季珣傳、册府卷三七三將帥部忠作「其軍」，通志卷一六六忠義張季珣傳作「所居」。

〔二四〕 松贇 北史卷八五節義杜松贇傳、通志卷一六六忠義陳孝意傳作「杜松贇」。古今姓氏書辨證卷二四杜「節義則杜叔毗、杜松贇」。

隋書卷七十二

列傳第三十七

孝義

孝經云：「夫孝，天之經也，地之義也，人之行也。」論語云：「君子務本，本立而道生。孝悌也者，其爲仁之本與！」呂覽云：「夫孝，三皇、五帝之本務，萬事之綱紀也。執一術而百善至，百邪去，天下順者，其唯孝乎！」然則孝之爲德至矣，其爲道遠矣，其化人深矣。故聖帝明王行之於四海，則與天地合其德，與日月齊其明。諸侯卿大夫行之於國家，則永保其宗社，長守其祿位。匹夫匹婦行之於閭閻，則播徽烈於當年，揚休名於千載。此皆資純至以感物，故聖哲之所重。

田翼、郎方貴等闕稽古之學，無俊偉之才，並能任其自然，情無矯飾。篤於天性，勤其

四體，竭股肱之力，盡愛敬之心，自足膝下之歡，忘懷軒冕之貴。不言之化，人神通感。雖或位登台輔，爵列王侯，祿積萬鍾，馬踰千駟，死之日，曾不得與斯人之徒隸齒。孝之大也，不其然乎！故述其所行，爲孝義傳。

陸彥師

陸彥師字雲房，魏郡臨漳人。祖希道，魏定州刺史。父子彰，中書監。彥師少有行檢，爲邦族所稱，長而好學，解屬文。魏襄城王元旭引爲參軍事。以父艱去職，哀毀殆不勝喪。與兄印廬於墓次，負土成墳。公卿重之，多就墓側存問，晦朔之際，車馬不絕。齊文宣聞而嘉歎，旌表其閭，號其所住爲孝終里〔一〕。

兄印當襲父始平侯，以彥師昆弟中最幼，表讓封焉。彥師固辭而止。時稱友悌孝義，總萃一門。遷中書舍人，尋轉通直散騎侍郎。每陳使至，必令高選主客，彥師所接對者，前後六輩。歷中書黃門侍郎，以不阿宦者，遇讒，出爲中山太守，有惠政。數年，徵爲吏部郎中。周武平齊，授載師下大夫。宣帝時，轉少納言，賜爵臨水縣男，奉使幽、薊。

中書令河間邢邵表薦之，未報，彭城王浟爲司州牧，召補主簿。後歷中外府東閣祭酒。

俄而高祖爲丞相，彦師遇疾，請假還鄴。尉迴將爲亂，彦師微知之，遂委妻子，潛歸長安。高祖嘉之，授内史下大夫，拜上儀同。高祖受禪，拜尚書左丞，進爵爲子。彦師素多病，未幾，以務劇疾動，乞解所職，有詔聽以本官就第。歲餘，轉吏部侍郎。隋承周制，官無清濁，彦師在職，凡所任人，頗甄別於士庶，論者美之。後復以病出爲汾州刺史，卒官。

田德懋

田德懋，觀國公仁恭之子也。少以孝友著名。開皇初，以父軍功，賜爵平原郡公，授太子千牛備身。丁父艱，哀毀骨立，廬於墓側，負土成墳。上聞而嘉之，遣員外散騎侍郎元志就吊焉。復降璽書曰：「皇帝謝田德懋。知在窮疾，哀毀過禮，倚廬墓所，負土成墳。朕孝理天下，思弘名教，復與汝通家，情義素重，有聞孝感，嘉歎兼深。春日暄和，氣力何似？宜自抑割，以禮自存也。」并賜縑二百匹，米百石。復下詔表其門閭。後歷太子舍人、義州司馬。大業中，爲給事郎、尚書駕部郎，卒官。

薛濬

薛濬字道賾，刑部尚書、内陽公冑之從祖弟也。父琰，周渭南太守。濬少喪父，早孤，養母以孝聞。幼好學，有志行，尋師於長安。時初平江陵，何妥歸國，見而異之，授以經業。周天和中，襲爵虞城侯，歷納言上士、新豐令。

開皇初，擢拜尚書虞部侍郎，尋轉考功侍郎。帝聞濬事母至孝，以其母老，賜輿服机杖，四時珍味，當時榮之。後其母疾，濬貌甚憂瘁，親故弗之識也。暨丁母艱，詔鴻臚監護喪事，歸葬夏陽。于時隆冬極寒，濬衰經徒跣，冒犯霜雪，自京及鄉，五百餘里，足凍墮指，瘡血流離，朝野為之傷痛。州里賙助，一無所受。尋起令視事，濬屢陳誠欵，請終喪制，優詔不許。及至京，上見其毀瘵過甚，為之改容，顧謂羣臣曰：「吾見薛濬哀毀，不覺悲感傷懷。」嗟異久之。

濬竟不勝喪，病且卒。其弟謨時為晉王府兵曹參軍事，在揚州，濬遺書與謨曰：

吾以不造，幼丁艱酷，窮遊約處，屢絕簞瓢。晚生早孤，不聞詩、禮，賴奉先人貽厥之訓，獲稟母氏聖善之規，負笈裹糧，不憚艱遠，從師就業，欲罷不能。砥行厲心，困而彌篤，服膺教義，爰至長成。自釋褐登朝，于茲二十三年矣。雖官非聞達，而祿喜逮親，庶保期頤，得終色養。何圖精誠無感，禍酷荐臻，兄弟俱被奪情，苫廬靡申哀訴。是用扣心泣血，貫氣摧魂者也。既而瘡巨釁深，不勝荼毒，啓手啓足，幸及全歸。使夫死而有知，得從先人於地下矣，豈非至願哉。但念爾伶俜孤宦，遠在邊服，顧此

恨恨，如何可言。適已有書，冀得與汝面訣，忍死待汝，已歷一旬。汝既未來，便成今古，緬然永別，爲恨何言。勉之哉，勉之哉！

書成而絕[三]。時年四十二。有司以聞，高祖爲之屑涕，降使齎冊書弔祭曰：「皇帝咨故考功侍郎薛濬。於戲！惟爾操履貞和，器業詳敏，允膺列宿，勤誊克彰。及邁私艱，奄從毀滅。嘉爾誠孝，感于朕懷，奠酹有加，抑惟朝典。故遣使人，指申往命，魂而有靈，歆茲榮渥。嗚呼哀哉！」

濬性清儉，死之日，家無遺資。濬初爲童兒時，與宗中諸兒遊戲于澗濱。見一黃蛇有角及足，召羣兒共視，了無見者。濬以爲不祥，歸，大憂悴。母逼而問之，濬以實對。時有胡僧詣宅乞食，濬母怖而告之，僧曰：「此乃兒之吉應。且是兒也，早有名位，然壽不過六七耳。」言終而出，忽然不見，時咸異之。既而終於四十二，六七之言，於是驗矣。子乾福，武安郡司倉書佐。

王頒

王頒字景彥，太原祁人也。祖神念，梁左衛將軍。父僧辯，太尉。頒少倜儻，有文武

幹局。其父平侯景，留頠質於荊州，遇元帝爲周師所陷，頠因入關。聞其父爲陳武帝所殺，號慟而絕，食頃乃蘇，哭泣不絕聲，毀瘠骨立。至服闋，常布衣蔬食，藉藁而臥。周明帝嘉之，召授左侍上士，累遷漢中太守，尋拜儀同三司。

開皇初，以平蠻功，加開府，封蛇丘縣公。獻取陳之策，上覽而異之，召與相見，言畢而歔欷，上爲之改容。及大舉伐陳，頠自請行，率徒數百人，從韓擒先鋒夜濟。力戰被傷，恐不堪復鬬，悲感嗚咽。夜中因睡，夢有人授藥，比寤而瘡不痛，時人以爲孝感。及陳滅，頠密召父時士卒，得千餘人，對之涕泣。其間壯士或問頠曰：「郎君來破陳國，滅其社稷，讎恥已雪，而悲哀不止者，將爲霸先早死，不得手刃之邪？請發其丘壟，斲櫬焚骨，亦可申孝心矣。」頠頓顙陳謝，額盡流血，答之曰：「其爲帝王，墳塋甚大，恐一宵發掘，不及其屍，更至明朝，事乃彰露，若之何？」諸人請具鍫鍤，一旦皆萃。於是夜發其陵，剖棺，見陳武帝鬚並不落，其本皆出自骨中。頠遂焚骨取灰，投水而飲之。既而自縛，歸罪於晉王。王表其狀，高祖曰：「朕以義平陳，王頠所爲，亦孝義之道也，朕何忍罪之！」舍而不問。有司錄其戰功，將加柱國，賜物五千段，頠固辭曰：「臣緣國威靈，得雪怨恥，本心徇私，非是爲國，所加官賞，終不敢當。」高祖從之。拜代州刺史，甚有惠政。母憂去職。後爲齊州刺史，卒官，時年五十二。弟頊，見文學傳。

楊慶

楊慶字伯悦，河間人也。祖玄，父剛，並以至孝知名。慶美姿儀，性辯慧。年十六，齊國子博士徐遵明見而異之。及長，頗涉書記。年二十五，郡察孝廉，以侍養不行。其母有疾，不解襟帶者七旬。及居母憂，哀毀骨立，負土成墳。齊文宣帝表其門閭，賜帛三十匹，縣十屯，粟五十石。高祖受禪，屢加褒賞，擢授儀同三司，版授平陽太守。年八十五，終於家。

郭儁

郭儁字弘義，太原文水人也。家門雍睦，七葉共居，犬豕同乳，烏鵲通巢，時人以爲義感之應。州縣上其事，上遣平昌公宇文弼詣其家勞問之。治書御史柳彧巡省河北，表其門閭。漢王諒爲并州總管，聞而嘉歎，賜兄弟二十餘人衣各一襲。

田翼

田翼，不知何許人也。性至孝，養母以孝聞。其後母臥疾歲餘，翼親易燥濕，母食則食，母不食則不食。母患暴痢，翼謂中毒，遂親嘗惡。及母終，翼一慟而絕，其妻亦不勝哀而死。鄉人厚共葬之。

紐回

紐回字孝政〔三〕，河東安邑人也。性至孝，周武成中，父母喪，廬於墓側，負土成墳。廬前生麻一株，高丈許，圍之合拱，枝葉鬱茂，冬夏恒青。有鳥棲其上，回舉聲哭，鳥即悲鳴，時人異之。周武帝表其閭，擢授甘棠令。開皇初，卒。

子士雄，少質直孝友，喪父，復廬於墓側，負土成墳。其庭前有一槐樹，先甚鬱茂，及士雄居喪，樹遂枯死。服闋還宅，死樹復榮〔四〕。高祖聞之，歎其父子至孝，下詔褒揚，號其所居爲累德里。

劉士儁

劉士儁，彭城人也。性至孝，丁母喪，絕而復蘇者數矣。勺飲不入口者七日，廬於墓

側，負土成墳，列植松柏。狐狼馴擾，爲之取食。高祖受禪，表其門閭。

郎方貴

郎方貴，淮南人也。少有志尚，與從父弟雙貴同居。開皇中，方貴嘗因出行遇雨，淮水汎長，於津所寄渡，船人怒之，撾方貴臂折。至家，其弟雙貴驚問所由，方貴具言之。雙貴恚恨，遂向津毆船人致死。守津者執送之縣官，案問其狀，以方貴爲首，當死，雙貴從坐，當流。兄弟二人爭爲首坐，縣司不能斷，送詣州。兄弟各引咎，州不能定，二人爭欲赴水而死。州狀以聞，上聞而異之，特原其罪，表其門閭，賜物百段。後爲州主簿。

翟普林

翟普林，楚丘人也。性仁孝，事親以孝聞。州郡辟命，皆固辭不就，躬耕色養，鄉鄰謂爲楚丘先生。後父母疾，親易燥濕，不解衣者七旬。大業初，父母俱終，哀毀殆將滅性，廬於墓側，負土爲墳。盛冬不衣繒絮，唯著單縗而已。家有一烏犬，隨其在墓，若普林哀臨，犬亦悲號，見者嗟異焉。有二鵲巢其廬前柏樹，每入其廬，馴狎無所驚懼。大業中，司隸

巡察，奏其孝感，擢授孝陽令。

李德饒

李德饒，趙郡柏人人也。祖徹，魏尚書右丞。父純，開皇中爲介州長史。德饒少聰敏好學，有至性，宗黨咸敬之。弱冠爲校書郎，仍直內史省，參掌文翰。轉監察御史，糾正不避貴戚。大業三年，遷司隸從事，每巡四方，理雪冤枉，褒揚孝悌。雖位秩未通，其德行爲當時所重，凡與交結，皆海內髦彥。性至孝，父母寢疾，輒終日不食，十旬不解衣。及丁憂，水漿不入口五日，哀慟歐血數升。及送葬之日，會仲冬積雪，行四十餘里，單縗徒跣，號踴幾絕。會葬者千餘人，莫不爲之流涕。後甘露降於庭樹，有鳩巢其廬。納言楊達巡省河北，詣其廬弔慰之，因改所居村名孝敬村，里爲和順里。

後爲金河長，未之官，值羣盜蜂起，賊帥格謙、孫宣雅等十餘頭，聚衆於渤海。時有勅許其歸首，謙等懼不敢降，以德饒信行有聞，遣使奏曰：「若使德饒來者，即相率歸首。」帝於是遣德饒往渤海慰諭諸賊。行至冠氏，會他盜攻陷縣城，德饒見害。

其弟德佋，性重然諾。大業末，爲離石郡司法書佐，太守楊子崇特禮之。及義兵起，

子崇遇害，棄尸城下，德佋赴哭盡哀，收瘞之。至介休，詣義師，請葬子崇。大將軍嘉之，因贈子崇官，令德佋爲使者，往離石禮葬子崇焉。

華秋

華秋，汲郡臨河人也。幼喪父，事母以孝聞。家貧，傭賃爲養。其母遇患，秋容貌毀悴，鬚鬢頓改，州里咸嗟異之。及母終之後，遂絕櫛沐，髮盡禿落。廬於墓側，負土成墳，有人欲助之者，秋輒拜而止之。大業初，調狐皮，郡縣大獵。有一兔，人逐之，奔入秋廬中，匿秋膝下。獵人至廬所，異而免之。自爾此兔常宿廬中，馴其左右。郡縣嘉其孝感，具以狀聞。煬帝降使勞問，表其門閭。後羣盜起，常往來廬之左右，咸相誡曰：「勿犯孝子。」鄉人賴秋而全者甚衆。

徐孝肅

徐孝肅，汲郡人也。宗族數千家，多以豪侈相尚，唯孝肅性儉約，事親以孝聞。雖在幼齒，宗黨間每有爭訟，皆至孝肅所平論之，爲孝肅所短者，無不引咎而退。孝肅早孤，不

識父，及長，問其母父狀。因求畫工，圖其形像，構廟置之而定省焉，朔望享祭。養母至孝，數十年，家人未見其有忿恚之色。及母老疾，孝肅親易燥濕，憂悴數年，見者無不悲悼。母終，孝肅茹蔬飲水，盛冬單縟，毀瘠骨立。祖父母、父母墓皆負土成墳，廬於墓所四十餘載，被髮徒跣，遂以身終。

其弟德備，聰敏，通涉五經，河朔間稱爲儒者。德備終，子處默又廬於墓側，奕葉稱孝焉。

史臣曰：昔者弘愛敬之理，必籍王公大人，近古敦孝友之情，多茅屋之下。而彥師、道頣，或家傳纓冕，或身誓山河，遂乃負土成墳，致毀滅性。雖乖先王之制〔五〕，亦觀過以知仁矣。郎貴昆弟，爭死而身全，田翼夫妻俱喪而名立，德饒仁懷羣盜，德紹義感興王〔六〕，亦足稱也。紐回、劉儁之倫，翟林、華秋之輩，或茂草嘉樹榮枯於庭宇，或走獸翔禽馴狎於廬墓，非夫孝悌之至，通於神明者乎！

校勘記

〔二〕號其所住爲孝終里　上文稱陸彥師「與兄印廬於墓次，負土成墳」，朝廷因旌表其閭爲孝終

里。陸卬兄弟爲陸俟之孫。唐人陸孝斌爲陸俟八世孫，文苑英華卷九二八張説陸孝斌碑載，孝斌「曾祖彥昇，北齊以文藝高選，任祕書郎，以至德表所居，號終孝里」。彥昇即彥師昆季，惟「孝終里」作「終孝里」。

〔二〕書成而絶　「而絶」二字原闕，據宋甲本、至順本、汲本補。　按，册府卷八五二總録部友悌作「書成已絶」。

〔三〕紐回字孝政　「紐回」，北史卷八四孝行紐因傳作「紐因」，册府卷一三八帝王部旌表作「紆回」，卷七五七總録部孝感作「細回」。

〔四〕死樹復榮　「樹」，宋甲本、汲本作「槐」。　按，北史卷八四孝行紐因傳、册府卷一三八帝王部旌表、卷七五七總録部孝感亦作「槐」。

〔五〕雖乖先王之制　宋甲本「制」上有「典」字。　按，北史卷八四孝行「論曰」亦有「典」字。

〔六〕德劭義感興王　「德」字原闕，據宋甲本補。

隋書卷七十三

列傳第三十八

循吏

古之善牧人者，養之以仁，使之以義，教之以禮，隨其所便而處之，因其所欲而與之，從其所好而勸之。如父母之愛子，如兄之愛弟，聞其飢寒爲之哀，見其勞苦爲之悲，故人敬而悅之，愛而親之。若子產之理鄭國，子賤之居單父，賈琮之牧冀州，文翁之爲蜀郡，皆可以恤其災患，導以忠厚，因而利之，惠而不費。其暉映千祀，聲芳不絕，夫何爲哉？用此道也。然則五帝、三王不易人而化，皆在所由化之而已。故有無能之吏，無不可化之人。

高祖膺運撫圖，除凶靜亂，日旰忘食，思邁前王。然不敦詩書，不尚道德，專任法令，嚴察臨下。吏存苟免，罕聞寬惠，乘時射利者，多以一切求名。暨煬帝嗣興，志存遠略，車

轍馬跡，將徧天下，綱紀弛紊，四維不張。其或善於侵漁，彊於剝割，絕億兆之命，遂一人之求者，謂之奉公，即時升擢。其或顧名節，存綱紀，抑姦攘之心，以從百姓之欲者，則謂之附下，旋及誅夷。夫吏之侵漁，得其所欲，雖重其禁，猶或爲之。吏之清平，失其所欲，雖崇其賞，猶或不爲。況於上賞其姦，下得其欲，求其廉潔，不亦難乎！彥光等立嚴察之朝，屬昏狂之主，執心平允，終行仁恕，餘風遺愛，沒而不忘，寬惠之音，足以傳於來葉。故列其行事，以繫循吏之篇爾。

梁彥光

梁彥光字脩芝〔一〕，安定烏氏人也。祖茂，魏秦、華二州刺史〔二〕。父顯，周荊州刺史。

彥光少岐嶷，有至性，其父每謂所親曰：「此兒有風骨，當興吾宗。」七歲時，父遇篤疾，醫云餌五石可愈。時求紫石英不得〔三〕。彥光憂瘁不知所爲，忽於園中見一物，彥光所不識，怪而持歸，即紫石英也。親屬咸異之，以爲至孝所感。魏大統末，入太學，略涉經史，有規檢，造次必以禮。解褐祕書郎，時年十七。周受禪，遷舍人上士。武帝時，累遷小馭下大夫。母憂去職，毀瘁過禮。未幾，起令視事，帝見其毀甚，嗟歎久之，頻蒙慰諭。後轉

小內史下大夫。建德中，為御正下大夫。從帝平齊，以功授開府、陽城縣公，邑千戶。宣帝即位，拜華州刺史，進封華陽郡公，增邑五百戶，以陽城公轉封一子。尋進位上大將軍，遷御正上大夫。

及高祖受禪，以為岐州刺史，兼領岐州宮監，增邑五百戶，通前二千戶。甚有惠政，嘉禾連理，出於州境。開皇二年，上幸岐州，悅其能，乃下詔曰：「賞以勸善，義兼訓物。彥光操履平直，識用凝遠，布政岐下，威惠在人，廉慎之譽，聞於天下。三載之後，自當遷陟，恐其匱乏，且宜旌善。可賜粟五百斛，物三百段，御傘一枚，庶使有感朕心，日增其美。四海之內，凡曰官人，慕高山而仰止，聞清風而自勵。」未幾，又賜錢五萬。

俄拜柱國、青州刺史，屬帝崩，不之官。

後數歲，轉相州刺史。彥光前在岐州，其俗頗質，以靜鎮之，合境大化，奏課連最，為天下第一。及居相部，如岐州法。鄴都雜俗，人多變詐，為之作歌，稱其不能理化。上聞而譴之，竟坐免。歲餘，拜趙州刺史，彥光言於上曰：「臣前待罪相州，百姓呼為戴帽餳。臣自分廢黜，無復衣冠之望，不謂天恩復垂收採。請復為相州，改絃易調，庶有以變其風俗，上答隆恩。」上從之，復為相州刺史。豪猾者聞彥光自請而來，莫不嗤笑。彥光下車，發摘姦隱，有若神明，於是狡猾之徒莫不潛竄，合境大駭。初，齊亡後，衣冠士人多遷關內，唯技巧、商販及樂戶之家移實州郭。由是人情險詖，妄起風謠，訴訟官人，萬端千變。

彦光欲革其弊，乃用秩俸之物，招致山東大儒，每鄉立學，非聖哲之書不得教授。常以季月召集之，親臨策試。有勤學異等，聰令有聞者，升堂設饌，其餘並坐廊下。有好諍訟，惰業無成者，坐之庭中，設以草具。及大比當舉〔四〕，行賓貢之禮，又於郊外祖道，并以財資之。於是人皆剋勵，風俗大改。有滏陽人焦通，性酗酒，事親禮闕，為從弟所訟。彦光弗之罪，將至州學，令觀於孔子廟。于時廟中有韓伯瑜母杖不痛，哀母力弱，對母悲泣之像。通遂感悟，既悲且愧，若無自容。彦光訓諭而遣之。後改過勵行，卒為善士。以德化人，皆此類也。吏人感悅，略無諍訟。後數歲，卒官，時年六十。贈冀、定、青、瀛四州刺史，謚曰襄。子文謙嗣。

文謙弘雅有父風，以上柱國嫡子，例授儀同。開皇十五年，拜上州刺史。煬帝即位，轉饒州刺史。歲餘，為鄱陽太守，稱為天下之最。徵拜戶部侍郎。遼東之役，領武賁郎將，尋以本官兼檢校太府、衛尉二少卿。明年，又領武賁郎將，為盧龍道軍副。會楊玄感作亂，其弟武賁郎將玄縱先隸文謙，玄感反問未至而玄縱逃走，文謙不之覺，坐是配防桂林而卒，時年五十六。

少子文讓，初封陽城縣公，後為鷹揚郎將。從衛玄擊楊玄感於東都，力戰而死，贈通議大夫。

樊叔略

樊叔略，陳留人也。父歡〔五〕，仕魏爲南兗州刺史、阿陽侯〔六〕。屬高氏專權，將謀興復之計，爲高氏所誅。叔略時在髫齔，遂被腐刑，給使殿省。内不自安，遂奔關西。周太祖見而器之，引置左右。尋授都督，襲爵爲侯。累遷驃騎大將軍、開府儀同三司。護誅後，齊王憲引爲園苑監。時憲素有吞關東之志，兼督内外。叔略因事數進兵謀，憲甚奇之。建德五年，從武帝伐齊，叔略部率精鋭，每戰身先士卒。以功加上開府，進封清鄉縣公，邑千四百户。拜汴州刺史，號爲明決。宣帝時，於洛陽營建東京，以叔略有巧思，拜營構監，宫室制度皆叔略所定。功未就而帝崩。尉迥之亂，高祖令叔略鎮大梁。迥將宇文威來寇，叔略擊走之。以功拜大將軍，復爲汴州刺史。

高祖受禪，加位上大將軍，進爵安定郡公。在州數年，甚有聲譽。鄴都俗薄，號曰難化，朝廷以叔略所在著稱，遷相州刺史，政爲當時第一。上降璽書褒美之，賜物三百段，粟五百石，班示天下。百姓爲之語曰：「智無窮，清鄉公。上下正，樊安定。」徵拜司農卿，吏

宰宇文護執政，引爲中尉。叔略多計數，曉習時事，護漸委信之，兼督内外。叔略因事數進

氏所忌。内不自安，遂奔關西。周太祖見而器之，引置左右。尋授都督，襲爵爲侯。大冢

人莫不流涕，相與立碑頌其德政。自為司農，凡種植，叔略別為條制，皆出人意表。朝廷有疑滯，公卿所未能決者，叔略輒為評理。雖無學術，有所依據，然師心獨見，闇與理合。甚為上所親委，高熲、楊素亦禮遇之。叔略雖為司農，往往參督九卿事。性頗豪侈，每食必方丈，備水陸。十四年，從祠太山，行至洛陽，上令錄囚徒。具狀將奏，晨起，至獄門，於馬上暴卒，時年五十九。上悼惜久之，贈亳州刺史，謚曰襄。

趙軌

趙軌，河南洛陽人也。父肅，魏廷尉卿。軌少好學，有行檢。周蔡王引為記室，以清苦聞。遷衛州治中。

高祖受禪，轉齊州別駕，有能名。其東鄰有桑，葚落其家，軌遣人悉拾還其主，誡其諸子曰：「吾非以此求名，意者非機杼之物，不願侵人。汝等宜以為誡。」在州四年，考績連最。持節使者郃陽公梁子恭狀上，高祖嘉之，賜物三百段，米三百石，徵軌入朝。父老相送者，各揮涕曰：「別駕在官，水火不與百姓交，是以不敢以壺酒相送。公清若水，請酌一杯水奉餞。」軌受而飲之〔七〕。既至京師，詔與奇章公牛弘撰定律令格式。

時衞王爽爲原州總管，上見爽年少，以軌所在有聲，授原州總管司馬。在道夜行，其左右馬逸入田中，暴人禾。軌駐馬待明，訪禾主酬直而去。原州人吏聞之，莫不改操。後數年，遷硤州刺史，撫緝萌夷，甚有恩惠。尋轉壽州總管長史。芍陂舊有五門堰，蕪穢不修。軌於是勸課人吏，更開三十六門，灌田五千餘頃，人賴其利。秩滿歸鄉里，卒于家，時年六十二。子弘安、弘智，並知名。

房恭懿

房恭懿字慎言，河南洛陽人也。父謨，齊吏部尚書。恭懿性沉深，有局量，達於從政。仕齊，釋褐開府參軍事，歷平恩令、濟陰守，並有能名。會齊亡，不得調。尉迥之亂，恭懿預焉，迥敗，廢于家。

開皇初，吏部尚書蘇威薦之，授新豐令，政爲三輔之最。上聞而嘉之，賜物四百段，恭懿以所得賜分給窮乏。未幾，復賜米三百石，恭懿又以賑貧人。上聞而止之。時雍州諸縣令每朔朝謁，上見恭懿，必呼至榻前，訪以理人之術。蘇威重薦之，超授澤州司馬，有異績，賜物百段，良馬一匹。

遷德州司馬，在職歲餘，盧愷復奏恭懿政為天下之最。上甚異之，復賜百段，因謂諸州朝集使曰：「如房恭懿志存體國，愛養我百姓，此乃上天宗廟之所祐助，豈朕寡薄能致之乎！朕即拜為刺史。」

岂止為一州而已，當令天下模範之，卿等宜師教也。」上又曰：「房恭懿所在之處，百姓視之如父母。朕若置之而不賞，上天宗廟其當責我。內外官人宜知我意。」於是下詔曰：「德州司馬房恭懿出宰百里，毗贊二藩，善政能官，標映倫伍。班條按部，寔允僉屬，委以方岳，聲實俱美。可使持節、海州諸軍事、海州刺史。」

未幾，會國子博士何妥奏恭懿尉迥之黨，不當仕進，威、愷二人朋黨，曲相薦舉。上大怒，恭懿竟得罪，配防嶺南。未幾，徵還京師，行至洪州，遇患卒。論者于今冤之。

公孫景茂

公孫景茂字元蔚，河間阜城人也。容貌魁梧，少好學，博涉經史。在魏，察孝廉，射策甲科，為襄城王長史，兼行參軍。遷太常博士，多所損益，時人稱為書庫。後歷高唐令、大理正，俱有能名。及齊滅，周武帝聞而召見，與語器之，授濟北太守。以母憂去職。

開皇初，詔徵入朝，訪以政術，拜汝南太守。郡廢，轉曹州司馬。在職數年，以老病乞

骸骨,優詔不許。俄遷息州刺史,法令清靜,德化大行。時屬平陳之役,征人在路,有疾病者,景茂撤減俸祿,爲饘粥湯藥,分賑濟之,賴全活者以千數。上聞而嘉之,詔宣告天下。

十五年,上幸洛陽,景茂謁見,時年七十七。上命升殿坐,問其年幾。景茂以實對。上哀其老,嗟嘆久之。景茂再拜曰:「呂望八十而遇文王,臣踰七十而逢陛下。」上甚悅,賜物三百段。詔曰:「景茂脩身絜己,着宿不虧,作牧化人,聲績顯著。年終考校,獨爲稱首,宜升戎秩,兼進藩條。可上儀同三司、伊州刺史。」

明年,以疾徵,吏人號泣於道。及疾愈,復乞骸骨,又不許,轉道州刺史。悉以秩俸買牛犢雞豬,散惠孤弱不自存者。好單騎巡人家,至戶入,閱視百姓產業。有脩理者,於都會時乃褒揚稱述。如有過惡,隨即訓導,而不彰也。由是人行義讓,有無均通,男子相助耕耘,婦人相從紡績。大村或數百戶,皆如一家之務。其後請致事,上優詔聽之。

仁壽中,上明公楊紀出使河北,見景茂神力不衰,還以狀奏。於是就拜淄州刺史,賜以馬輿,便道之官。前後歷職,皆有德政,論者稱爲良牧。

大業初卒官,年八十七。謚曰康。身死之日,諸州人吏赴喪者數千人,或不及葬,皆望墳慟哭,野祭而去。

辛公義

辛公義，隴西狄道人也。祖徽，魏徐州刺史。父季慶，青州刺史。公義早孤，爲母氏所養，親授書傳。周天和中，選良家子任太學生，以勤苦著稱。武帝時，召入露門學，令受道義。每月集御前令與大儒講論，數被嗟異，時輩慕之。建德初，授宣納中士。從平齊，累遷掌治上士、掃寇將軍。高祖作相，授內史上士，參掌機要。開皇元年，除主客侍郎，攝內史舍人事，賜爵安陽縣男，邑二百戶。每陳使來朝，常奉詔接宴。轉駕部侍郎，使往江陵安輯邊境。七年，使勾檢諸馬牧，所獲十餘萬匹。高祖喜曰：「唯我公義，奉國罄心。」從軍平陳，以功除岷州刺史。土俗畏病，若一人有疾，即合家避之，父子夫妻不相看養，孝義道絕，由是病者多死。公義患之，欲變其俗。因分遣官人巡檢部內，凡有疾病，皆以牀輿來，安置聽事。暑月疫時，病人或至數百，廳廊悉滿。公義親設一榻，獨坐其間，終日連夕，對之理事。所得秩俸，盡用市藥，爲迎醫療之，躬勸其飲食，於是悉差，方召其親戚而諭之曰：「死生由命，不關相着[八]。前汝棄之，所以死耳。今我聚病者，坐臥其間，若言相染，那得不死，病兒復差！汝等勿復信之。」諸病家子孫慚謝而去。後人有遇病

者，爭就使君，其家無親屬，因留養之[九]。始相慈愛，此風遂革，合境之內呼爲慈母。

後遷牟州刺史，下車，先至獄中，因露坐牢側[一〇]，親自驗問。十餘日間，決斷咸盡，方還大廳。受領新訟，皆不立文案，遣當直佐寮一人，側坐訊問。事若不盡，應須禁者，公義即宿廳事，終不還閤。人或諫之曰：「此事有程，使君何自苦也！」答曰：「刺史無德可以導人，尚令百姓係於囹圄，豈有禁人在獄而心自安乎？」罪人聞之，咸自款服。後有欲諍訟者，其鄉間父老遽相曉曰：「此蓋小事，何忍勤勞使君。」訟者多兩讓而止。時山東霖雨，自陳、汝至于滄海，皆苦水災。境內犬牙，獨無所損。山出黃銀，獲之以獻。詔水部郎婁崱就公義禱焉，乃聞空中有金石絲竹之響。

仁壽元年，追充揚州道黜陟大使。豫章王暕恐其部內官寮犯法，未入州境，預令屬公義。公義答曰：「奉詔不敢有私。」及至揚州，皆無所縱捨，暕銜之。及煬帝即位，揚州長史王弘入爲黃門侍郎，因言公義之短，竟去官。吏人守闕訴冤，相繼不絕。後數歲，帝悟，除內史侍郎。丁母憂。未幾，起爲司隸大夫，檢校右禦衛武賁郎將。從征至柳城郡卒，時年六十二。子融。

柳儉

柳儉字道約，河東解人也。祖元璋，魏司州大中正、相華二州刺史。父裕，周聞喜令。

儉有局量，立行清苦，爲州里所敬，雖至親昵，無敢狎侮。周代歷宣納上士、畿伯大夫。及高祖受禪，擢拜水部侍郎，封率道縣伯。未幾，出爲廣漢太守，甚有能名。俄而郡廢。時高祖初有天下，勵精思政，妙簡良能，出爲牧宰，以儉仁明著稱，擢拜蓬州刺史。獄訟者庭遣，不爲文書，約束佐史，從容而已。獄無繫囚。蜀王秀時鎮益州，列上其事，遷邛州刺史。在職十餘年，萌夷悅服。蜀王秀之得罪也，儉坐與交通，免職。及還鄉里，乘弊車羸馬，妻子衣食不贍，見者咸歎服焉。

煬帝嗣位，徵之。于時以功臣任職，牧州領郡者，並帶戎資，唯儉起自良吏[二]。帝嘉其績用，特授朝散大夫，拜弘化太守，賜物一百段而遣之。儉清節逾勵。大業五年入朝，郡國畢集，帝謂納言蘇威、吏部尚書牛弘曰：「其中清名天下第一者爲誰？」威等以儉對。帝又問其次，威以涿郡丞郭絢、潁川郡丞敬肅等二人對。帝賜儉帛二百匹，絢肅各一百匹[三]。令天下朝集使送至郡邸，以旌異焉。論者美之。及大業末，盜賊蜂起，數被攻逼。

儉撫結人夷，卒無離叛，竟以保全。及義兵至長安，尊立恭帝，儉與留守李粲縞素，於州南向慟哭。既而歸京師，相國賜儉物三百段，就拜上大將軍。歲餘，卒于家，時年八十九。

郭絢

郭絢，河東安邑人也。家素寒微。初爲尚書令史，後以軍功拜儀同，歷數州司馬長史，皆有能名。大業初，刑部尚書宇文弼巡省河北，引絢爲副。煬帝將有事於遼東，以涿郡爲衝要，訪可任者。聞絢有幹局，拜涿郡丞，吏人悅服。數載，遷爲通守，兼領留守。及山東盜賊起，絢逐捕之，多所剋獲。時諸郡無復完者，唯涿郡獨全。後將兵擊竇建德於河間，戰死，人吏哭之，數月不息。

敬肅

敬肅字弘儉，河東蒲坂人也。少以貞介知名，釋褐州主簿。開皇初，爲安陵令，有能名，擢拜秦州司馬，轉幽州長史〔三〕。仁壽中，爲衞州司馬，俱有異績。煬帝嗣位，遷潁川郡丞。大業五年，朝東都，帝令司隸大夫薛道衡爲天下羣官之狀〔四〕。道衡狀稱肅曰：

「心如鐵石，老而彌篤。」時左翊衛大將軍宇文述當塗用事，其邑在潁川，每有書屬蕭。蕭未嘗開封，輒令使者持去。述賓客有放縱者，以法繩之，無所寬貸。由是述銜之。八年，朝於涿郡，帝以其年老，有治名，將擢爲太守者數矣，輒爲述所毀，不行。大業末，乞骸骨，優詔許之。去官之日，家無餘財。歲餘，終于家，時年八十。

劉曠

劉曠，不知何許人也。性謹厚，每以誠恕應物。開皇初，爲平鄉令，單騎之官。人有諍訟者，輒丁寧曉以義理，不加繩劾，各自引咎而去。所得俸祿，賑施窮乏。百姓感其德化，更相篤勵，曰：「有君如此，何得爲非！」在職七年，風教大洽，獄中無繫囚，爭訟絕息，囹圄盡皆生草，庭可張羅。及去官，吏人無少長，號泣於路，將送數百里不絕。遷爲臨潁令，清名善政，爲天下第一。尚書左僕射高熲言其狀，上召之，及引見，勞之曰：「天下縣令固多矣，卿能獨異於衆，良足美也！」顧謂侍臣曰：「若不殊獎，何以爲勸！」於是下優詔，擢拜莒州刺史。

王伽

王伽，河間章武人也。開皇末，爲齊州行參軍，初無足稱。後被州使送流囚李參等七十餘人詣京師。時制，流人並枷鎖傳送。伽行次滎陽，哀其辛苦，悉呼而謂之曰：「卿輩既犯國刑，虧損名教，身嬰縲絏，此其職也。今復重勞援卒，豈獨不媿於心哉！」參等辭謝。伽曰：「汝等雖犯憲法，枷鎖亦大辛苦。吾欲與汝等脫去，行至京師總集，能不違期不？」皆拜謝曰：「必不敢違。」伽於是悉脫其枷，停援卒，與期曰：「某日當至京師，如致前却，吾當爲汝受死。」舍之而去。流人咸悅，依期而至，一無離叛。上聞而驚異之，召見與語，稱善久之。於是悉召流人，并令攜負妻子俱入，賜宴於殿庭而赦之。乃下詔曰：「凡在有生，含靈稟性，咸知好惡，並識是非。若臨以至誠，明加勸導，則俗必從化，人皆遷善。往以海內亂離，德教廢絕，官人無慈愛之心，兆庶懷姦詐之意，所以獄訟不息，澆薄難治。朕受命上天，安養萬姓，思遵聖法，以德化人，朝夕孜孜，意在於此。而伽深識朕意，誠心宣導。參等感悟，自赴憲司。明是率土之人非爲難教，良是官人不加曉示〔五〕，致令陷罪，無由自新。若使官盡王伽之儔，人皆李參之輩，刑厝不用，其何遠哉！」於是擢伽爲雍令，政有能名。

魏德深

魏德深，本鉅鹿人也。祖沖，仕周爲刑部大夫、建州刺史，因家弘農。父毗，鬱林令。

德深初爲文帝挽郎，後歷馮翊書佐、武陽司户書佐，以能遷貴鄉長。爲政清淨，不嚴而治。會興遼東之役，徵稅百端，使人往來，責成郡縣。于時王綱弛紊，吏多贓賄，所在徵斂，下不堪命。唯德深一縣，有無相通，不竭其力，所求皆給，百姓不擾，稱爲大治。于時盜賊羣起，武陽諸城多被淪陷，唯貴鄉獨全。郡丞元寶藏受詔逐捕盜賊，每戰不利，則器械必盡，輒徵發於人，動以軍法從事，如此者數矣。其鄰城營造，皆聚於聽事，吏人遞相督責，晝夜喧囂，猶不能濟。德深各問其所欲，任隨便修營，官府寂然，恒若無事。唯約束長吏，所修不須過勝餘縣，使百姓勞苦。然在下各自竭心，常爲諸縣之最。尋轉館陶長，貴鄉吏人聞之，相與言及其事，皆歔欷流涕，語不成聲。及將赴任，傾城送之，號泣之聲，道路不絕。

既至館陶，闔境老幼皆如見其父母。有猾人員外郎趙君實，與郡丞元寶藏深相交結，前後令長未有不受其指麾者。自德深至縣，君實屏處於室，未嘗輒敢出門。逃竄之徒，歸來如市。貴鄉父老冒涉艱險，詣闕請留德深，有詔許之。館陶父老復詣郡相訟，以貴鄉文

書為詐。郡不能決。會持節使者韋霽、杜整等至，兩縣詣使訟之，乃斷從貴鄉。貴鄉吏人歌呼滿道，互相稱慶。館陶眾庶合境悲哭，因而居住者數百家[二六]。

寶藏深害其能。會越王侗徵兵於郡，寶藏遂令德深率兵千人赴東都。俄而寶藏以武陽歸李密。德深所領，皆武陽人也，以本土從賊，念其親戚，輒出都門東向慟哭而反。人或謂之曰：「李密兵馬近在金墉，去此二十餘里。汝必欲歸，誰能相禁，何為自苦如此！」其人皆垂泣曰：「我與魏明府同來，不忍棄去，豈以道路艱難乎！」其得人心如此。後與賊戰，沒於陣，貴鄉、館陶人庶至今懷之。

時有櫟陽令渤海高世衡、蕭令彭城劉高、城皋令弘農劉熾，俱有恩惠。大業之末，長史多贓汙，衡、高及熾清節逾厲，風教大洽，獄無繫囚，為吏人所稱。

史臣曰：古語云，善為水者，引之使平，善化人者，撫之使靜。水平則無損於隄防，人靜則不犯於憲章。然則易俗移風，服教從義，不資於明察，必藉於循良者也。彥光等皆內懷直道，至誠待物，故得所居而化，所去見思。至於景茂之遏惡揚善，公義之撫視疾病，劉曠之化行所部，德深之愛結人心，雖信臣、杜詩、鄭渾、朱邑，不能繼也。詩云：「愷悌君子，人之父母。」豈徒言哉！恭懿所在尤異，屢簡帝心，追既往之一眚，遂流亡於道路，惜

乎！柳儉去官，妻子不贍，趙軌秩滿，酌水餞離，清矣！

校勘記

（一）梁彥光字脩芝　梁彥光墓誌云「公諱脩芝，字彥光」。

（二）祖茂魏秦華二州刺史　梁彥光墓誌云「曾祖茂，魏鎮西大將軍、秦州刺史、臨涇郡開國公。祖育，平西將軍、華州刺史」。疑本傳誤以「曾祖」爲「祖」，又誤將曾祖、祖二人歷官合併在了一起。

（三）時求紫石英不得　御覽卷九八七藥部四紫石英引隋書作「時求紫石英、五色文石於太行不得」，多出「五色文石於太行」七字。

（四）及大比當舉　「比」，宋甲本作「成」。按，北史卷八六循吏樊叔略傳作「成」。

（五）父歡　「歡」，北史卷八六循吏樊叔略傳作「觀」。

（六）阿陽侯　宋甲本、至順本作「河陽侯」。按，北史卷八六循吏樊叔略傳亦作「河陽侯」。

（七）軌受而飲之　「受」原作「授」，據汲本改。

（八）不關相着　「着」，汲本作「看」，與隋書詳節卷一八辛公義傳同。北史卷八六循吏辛公義傳、通志卷一七〇循吏辛公義傳作「著」。按，上文稱「父子夫妻不相看養」，作「看」與上文更契合。

[九]　其家無親屬因留養之　北史卷八六循吏辛公義傳、通志卷一七〇循吏辛公義傳作「其家親屬固留養之」，册府卷六七五牧守部仁惠作「其家親屬因留養之」。

[一〇]　因露坐牢側　「因」，原作「囚」。據北史卷八六循吏辛公義傳、御覽卷六三九刑法部五聽訟引隋書、通志卷一七〇循吏辛公義傳改。

[一一]　唯儉起自良吏　「起」字原闕，據宋甲本補。按，北史卷八六循吏柳儉傳、通志卷一七〇循吏柳儉傳、册府卷六七三牧守部襃寵亦有「起」字。

[一二]　絢蕭各一百四　「絢」，原作「約」，據宋甲本、至順本、汲本改。按，北史卷八六循吏柳儉傳、隋書詳節卷一八亦作「絢」。本卷下文有郭絢傳。

[一三]　轉幽州長史　「幽州」，北史卷八六循吏敬肅傳作「豳州」。按，下文稱「仁壽中，爲衞州司馬」，知事在文帝仁壽前。本書卷二九地理志上北地郡「後魏置豳州，西魏改爲寧州。大業初復曰豳州」。是隋大業前無幽州。當從北史作「豳州」，作「幽州」誤。

[一四]　帝令司隷大夫薛道衡爲天下羣官之狀　「羣」，北史卷八六循吏敬肅傳、册府卷六三五銓選部考課作「郡」。按，「羣」或作「群」，「群」、「郡」形近易訛。姑存疑。

[一五]　良是官人不加曉示　「曉示」，宋甲本作「示曉」。按，北史卷八六循吏王伽傳亦作「示曉」。

[一六]　因而居住者數百家　北史卷八六循吏魏德深傳、通志卷一七〇循吏魏德深傳「因」下有「從」字，文意較長。

隋書卷七十四

列傳第三十九

酷吏

夫為國之體有四焉：一曰仁義，二曰禮制，三曰法令，四曰刑罰。仁義禮制，政之本也，法令刑罰，政之末也。無本不立，無末不成。然教化遠而刑罰近，可以助化而不可以專行，可以立威而不可以繁用。老子曰：「其政察察，其人缺缺。」又曰：「法令滋章，盜賊多有。」然則令之煩苛，吏之嚴酷，不能致理，百代可知。考覽前載，有時而用之矣。昔秦任獄吏，赭衣滿道。漢革其風，矯枉過正，禁網疎闊，遂漏吞舟，大姦巨猾，犯義侵禮。故剛克之吏，摧拉凶邪，一切禁姦，以救時弊，雖乖教義，或有所取焉。

高祖膺期，平一江左，四海九州，服教從義。至於威行郡國，力折公侯，乘傳賦人，探

丸斫吏者，所在蔑聞焉。無曩時之弊，亦已明矣。士文等功不足紀，才行無聞，遭遇時來，

叨竊非據，肆其褊性，多行無禮，君子小人，咸罹其毒。居其下者，

視之如蛇虺，過其境者，逃之如寇讎。與人之恩，心非好善，加人之罪，事非疾惡。其所笞

辱，多在無辜，察其所爲，豺狼之不若也。無禁姦除猾之志，肆殘虐幼賤之心，君子惡之，

故編爲酷吏傳也。

庫狄士文

庫狄士文，代人也。祖干，齊左丞相。父敬，武衞將軍、肆州刺史。士文性孤直，雖鄰

里至親莫與通狎。少讀書□。在齊，襲封章武郡王，官至領軍將軍。周武帝平齊，山東

衣冠多迎周師，唯士文閉門自守。帝奇之，授開府儀同三司、隨州刺史。

高祖受禪，加上開府，封湖陂縣子，尋拜貝州刺史。性清苦，不受公料，家無餘財。其

子常噉官廚餅，士文枷之於獄累日，杖之一百，步送還京。僮隸無敢出門，所買鹽菜，必於

外境。凡有出入，皆封署其門，親舊絶跡，慶弔不通。法令嚴肅，吏人股戰，道不拾遺。有

細過，必深文陷害。嘗入朝，遇上置酒高會，賜公卿入左藏，任取多少。人皆極重，士文獨

口銜絹一匹，兩手各持一匹。上問其故，士文曰：「臣口手俱滿，餘無所須。」上異之，別加賞物，勞而遣之。士文至州，發擿姦隱，長吏尺布升粟之贓，無所寬貸。得千餘人而奏之[三]，上悉配防嶺南，親戚相送，哭泣之聲偏於州境。至嶺南，遇瘴癘死者十八九，於是父母妻子唯哭士文。士文聞之，令人捕捉，枷捶盈前，而哭者彌甚。有京兆韋焜爲貝州司馬，河東趙達爲清河令，二人並苛刻，唯長史有惠政。時人爲之語曰：「刺史羅刹政，司馬蝮蛇瞋，長史含笑判，清河生喫人。」上聞而歎曰：「士文之暴，過於猛獸。」竟坐免。

未幾，以爲雍州長史，士文謂人曰：「我向法深，不能窺候要貴，必死此官矣。」及下車，執法嚴正，不避貴戚，賓客莫敢至門，人多怨望。士文從父妹爲齊氏嬪，有色，齊滅之後，賜薛國公長孫覽爲妾。覽妻鄭氏性妬，譖之於文獻后，后令覽離絕。士文恥之，不與相見。後應州刺史唐君明居母憂，娉以爲妻，由是士文、君明並爲御史所劾。士文性剛，在獄數日，憤恚而死。家無餘財，有子三人，朝夕不繼，親友無内之者。

田式

田式字顯標，馮翊下邽人也。祖安興，父長樂，仕魏，俱爲本郡太守。式性剛果，多武

藝，拳勇絕人。周明帝時，年十八，授都督，領鄉兵。後數載，拜渭南太守，政尚嚴猛，吏人重足而立，無敢違法者。遷本郡太守，親故屏跡，請託不行。武帝聞而善之，進位儀同三司，賜爵信都縣公，擢拜延州刺史。從帝平齊，以功加上開府，徙爲建州刺史[三]，改封梁泉縣公。

高祖總百揆，尉迥作亂鄴城，從韋孝寬擊之。以功拜大將軍，進爵武山郡公。及受禪，拜襄州總管，專以立威爲務。每視事于外，必盛氣以待其下，官屬股慄，無敢仰視。有犯禁者，雖至親昵，無所容貸。其女婿京兆杜寧，自長安省之，式誡寧無出外。寧久之不得還，竊上北樓，以暢羈思。式知之，笞寧五十。其所愛奴，嘗詣式白事，有蟲上其衣衿，揮袖拂去之。式以爲慢己，立榜殺之。或僚吏姦贓，部內劫盜者，無問輕重，悉禁地牢中，寢處糞穢，令其苦毒，自非身死，終不得出。每赦書到州，式未暇讀，先召獄卒，殺重囚，然後宣示百姓。其刻暴如此。由是爲上所譴，除名爲百姓。式慙恚不食，妻子至其所，輒怒，唯侍僮二人給使左右。從家中索椒，欲以自殺，家人不與。陰遣所侍僮詣市買毒藥，妻子又奪而棄之。式恚卧。其子信時爲儀同，至式前流涕曰：「大人既是朝廷舊臣，又無大過。比見公卿放辱者多矣，旋復升用，大人何能久乎？乃至於此！」式欷然而起，抽刀斫信，信遽走避之，刃中於閾。上知之，以式爲罪己之深，復其官爵。尋拜廣州總管，卒官。

燕榮

燕榮字貴公，華陰弘農人也〔四〕。父偘，周大將軍。榮性剛嚴，有武藝，仕周爲內侍上士。從武帝伐齊，以功授開府儀同三司，封高邑縣公。高祖受禪，進位大將軍，封落叢郡公，拜晉州刺史。從河間王弘擊突厥，以功拜上柱國，遷青州總管。榮在州，選絕有力者爲伍伯，吏人過之者，必加詰問，輒楚撻之，創多見骨。姦盜屏迹，境內肅然。他州縣人行經其界者，畏若寇讎，不敢休息。上甚善之。後因入朝覲，特加勞勉。榮以母老，請每歲入朝，上許之。及辭，上賜宴于內殿，詔王公作詩以餞之。伐陳之役，以爲行軍總管，率水軍自東萊傍海，入太湖，取吳郡。既破丹陽，吳人共立蕭瓛爲主，阻兵於晉陵，爲宇文述所敗，退保包山。榮率精甲五千躡之，瓛敗走，爲榮所執，晉陵、會稽悉平。檢校揚州總管。尋徵爲右武候將軍。突厥寇邊，以爲行軍總管，屯幽州。母憂去職。明年，起爲幽州總管。

榮性嚴酷，有威容，長史見者，莫不惶懼自失。范陽盧氏，代爲著姓，榮皆署爲吏卒以屈辱之。鞭笞左右，動至千數，流血盈前，飲噉自若。嘗按部，道次見叢荊，堪爲笞棰，命取之，輒以試人。人或自陳無咎，榮曰：「後若有罪，當免爾。」及後犯細過，將榎之，人曰：

「前日被杖，使君許有罪宥之。」榮曰：「無過尚爾，況有過邪！」榜捶如舊。榮每巡省管內，聞官人及百姓妻女有美色，輒舍其室而淫之。貪暴放縱日甚。是時元弘嗣被除爲幽州長史，懼爲榮所辱，固辭。上知之，勅榮曰：「弘嗣杖十已上罪，皆須奏聞。」榮忿曰：「豎子何敢弄我！」於是遣弘嗣監納倉粟，罷得一糠一粃，輒罰之。每笞雖不滿十，然一日之中，或至三數。如是歷年，怨隙日構，榮遂收付獄，禁絕其粮。弘嗣飢餒，抽衣絮，雜水咽之。其妻詣闕稱冤，上遣考功侍郎劉士龍馳驛鞫問。奏榮虐毒非虛，又贓穢狼籍，遂徵還京師，賜死。先是，榮家寢室無故有蛆數斛，從地墳出。未幾，榮死於蛆出之處。有子詢。

趙仲卿

趙仲卿，天水隴西人也[五]。父綱[六]，周大將軍。仲卿性麤暴，有膂力，周齊王憲甚禮之。從擊齊，攻臨秦、統戎、威遠、伏龍、張壁等五城，盡平之。又擊齊將段孝先於姚襄城，苦戰連日，破之。以功授大都督，尋典宿衛。平齊之役，以功遷上儀同，兼趙郡太守。王謙作亂，仲卿使在利州，即與總管豆盧勣發兵拒守。爲謙所攻，仲卿督兵出戰，前後一十七陣。及謙平，進位大將軍，封長垣縣公，邑千戶。

高祖受禪，進爵河北郡公。開皇三年，突厥犯塞，以行軍總管從河間王弘出賀蘭山。仲卿別道俱進，無虜而還。復鎮平涼，尋拜石州刺史。法令嚴猛，纖微之失，無所容捨，鞭笞長吏，輒至二百。官人戰慄，無敢違犯，盜賊屏息，皆稱其能。遷兗州刺史，未之官，拜朔州總管。于時塞北盛興屯田，仲卿總統之。微有不理者，仲卿輒召主掌，撻其胸背，或解衣倒曳於荊棘中。時人謂之猛獸。事多克濟，由是收穫歲廣，邊戍無餽運之憂。

會突厥啓民可汗求婚於國，上許之。仲卿因是間其骨肉，遂相攻擊。十七年，啓民窘迫，與隋使長孫晟投通漢鎮。仲卿率騎千餘馳援之，達頭不敢逼。潛遣人誘致啓民所部，至者二萬餘家。其年，從高潁指白道以擊達頭。仲卿率兵三千爲前鋒，至族蠡山，與虜相遇，交戰七日，大破之。追奔至乞伏泊〔七〕，復破之，虜千餘口，雜畜萬計。突厥悉衆而至，仲卿爲方陣，四面拒戰。經五日，會高潁大兵至，合擊之，虜乃敗走。追度白道，踰秦山七百餘里。

時突厥降者萬餘家，上命仲卿處之恒安。以功進位上柱國，賜物三千段。朝廷慮達頭掩襲啓民，令仲卿屯兵二萬以備之，代州總管韓洪、永康公李藥王、蔚州刺史劉隆等，將步騎一萬鎮恒安。達頭騎十萬來寇，韓洪軍大敗，仲卿自樂寧鎮邀擊，斬首虜千餘級。明年，督役築金河、定襄二城，以居啓民。時有表言仲卿酷暴者，上令御史王偉按之，並實，惜其功不罪也。因勞之曰：「知公清正，爲下所惡。」賜物五百段。仲卿益恣，由是免官。

仁壽中，檢校司農卿。蜀王秀之得罪，奉詔往益州窮按之。秀賓客經過之處，仲卿必深文致法，州縣長吏坐者太半。上以爲能，賞婢奴五十口〔八〕，黄金二百兩，米粟五千石，奇寶雜物稱是。

煬帝嗣位，判兵部、工部二曹尚書事。其年，卒，時年六十四。謚曰肅。贈物五百段。

子弘嗣。

崔弘度 弟弘昇

崔弘度字摩訶衍，博陵安平人也。祖楷，魏司空。父說，周敷州刺史。弘度膂力絶人，儀貌魁岸，鬚面甚偉。性嚴酷。年十七，周大冢宰宇文護引爲親信。尋授都督，累轉大都督。時護子中山公訓爲蒲州刺史，令弘度從焉。嘗與訓登樓，至上層，去地四五丈，俯臨之，訓曰：「可畏也。」弘度曰：「此何足畏！」歘然擲下，至地無損傷。訓以其拳捷，大奇之。後以戰勳，授儀同。從武帝滅齊，進位上開府，鄴縣公，賜物三千段，粟麥三千石，奴婢百口，雜畜千計。尋從汝南公宇文神舉破盧昌期於范陽。

宣帝嗣位，從郕國公韋孝寬經略淮南。弘度與化政公宇文忻、司水賀婁子幹至肥口，

陳將潘琛率兵數千來拒戰，隔水而陣。忻遣弘度諭以禍福，琛至夕而遁。進攻壽陽，降陳守將吳文立，弘度功最[九]。以前後勳，進位上大將軍，襲父爵安平縣公。及尉迴作亂，以弘度爲行軍總管，從韋孝寬討之。弘度募長安驍雄數百人爲別隊，所當無不披靡。弘度妹先適迴子爲妻，及破鄴城，迴窘迫升樓，弘度直上龍尾迫之。迴彎弓將射弘度，弘度脫兜鍪謂迴曰：「相識不？今日各圖國事，不得顧私。以親戚之情，謹遏亂兵，不許侵辱。事勢如此，早爲身計，何所待也？」迴擲弓於地，罵大丞相極口而自殺。弘度顧其弟弘昇曰：「汝可取迴頭。」弘昇遂斬之。進位上柱國。時行軍總管例封國公，弘度不時殺迴，致縱惡言。由是降爵一等，爲武鄉郡公。

開皇初，突厥入寇，弘度以行軍總管出原州以拒之。虜退，弘度進屯靈武。月餘而還，拜華州刺史。納其妹爲秦孝王妃。尋遷襄州總管。弘度素貴，御下嚴急，動行捶罰，吏人齎氣，聞其聲，莫不戰慄。所在之處，令行禁止[一〇]，盜賊屏跡。梁主蕭琮來朝[一一]，上以弘度爲江陵總管，鎮荊州。弘度未至，而琮叔父巖擁居人以叛，弘度追之不及。陳人憚弘度，亦不敢窺荊州。平陳之役，以行軍總管從秦孝王出襄陽道。及陳平，賜物五千段。高智慧等作亂，復以行軍總管出泉門道，隸於楊素。弘度與素，品同而年長，素每屈下之。一旦隸素，意甚不平，素言多不用。素亦優容之。及還，檢校原州事，仍領行軍總管以備

胡，無虜而還，上甚禮之。復以其弟弘昇女爲河南王妃。

仁壽中，檢校太府卿。自以一門二妃，無所降下，每誡其寮吏曰：「人當誠恕，無得欺誑。」皆曰：「諾。」後嘗食鼈，侍者八九人，弘度一一問之曰：「鼈美乎？」人懼之，皆云：「鼈美。」弘度大罵曰：「傭奴何敢誑我？汝初未食鼈，安知其美？」俱杖八十。官屬百工見之者，莫不流汗，無敢欺隱。時有屈突蓋爲武候驃騎，亦嚴刻，長安爲之語曰：「寧飲三升酢〔二〕，不見崔弘度。寧茹三升艾，不逢屈突蓋。」然弘度理家如官，子弟班白，動行捶楚，閨門整肅，爲當時所稱。未幾，秦王妃以罪誅，河南王妃復被廢黜。弘度憂恚，謝病於家，諸弟乃與之別居，彌不得志。

煬帝即位，河南王爲太子，帝將復立崔妃，遣中使就第宣旨。使者詣弘昇家，弘度不之知也。使者返，帝曰：「弘度有何言？」使者曰：「弘度稱有疾不起。」帝默然，其事竟寢。弘度憂憤，未幾，卒。

弘昇字上客。在周爲右侍上士。尉迥作亂相州，與兄弘度擊之，以功拜上儀同。尋加上開府，封黃臺縣侯，邑八百戶。高祖受禪，進爵爲公，授驃騎將軍。宿衛十餘年，以勤舊遷慈州刺史〔三〕。數歲，轉鄭州刺史。後以戚屬之故，待遇愈隆，遷襄州總管。及河南王妃罪廢，弘昇亦免官。

煬帝即位，歷冀州刺史、信都郡太守，進位金紫光祿大夫，轉涿郡太守。遼東之役，檢校左武衛大將軍事，指平壤[四]。與宇文述等同敗績，奔還，發病而卒，時年六十。

元弘嗣

元弘嗣，河南洛陽人也。祖剛，魏漁陽王。父經，周漁陽郡公。弘嗣少襲爵，十八爲左親衛。開皇九年，從晉王平陳，以功授上儀同。十四年，除觀州總管長史，在州專以嚴峻任事，吏人多怨之。二十年，轉幽州總管長史。于時燕榮爲總管，肆虐於弘嗣，每被笞辱。弘嗣心不伏，榮遂禁弘嗣於獄，將殺之。及榮誅死，弘嗣爲政，酷又甚之。每推鞫囚徒，多以酢灌鼻，或椓弋其下竅，無敢隱情，姦僞屏息。仁壽末，授木工監，脩營東都。

大業初，煬帝潛有取遼東之意，遣弘嗣往東萊海口監造船。諸州役丁苦其捶楚，官人督役，晝夜立於水中，略不敢息，自腰以下，無不生蛆，死者十三四。尋遷黃門侍郎，轉殿內少監。遼東之役，進位金紫光祿大夫。明年，帝復征遼東，會奴賊寇隴右，詔弘嗣擊之。及玄感作亂，逼東都，弘嗣屯兵安定。或告之謀應玄感者，代王侑遣使執之，送行在所。以無反形當釋，帝疑不解，除名，徙日南，道死，時年四十九。有子仁觀。

王文同

王文同，京兆頻陽人也〔一五〕。性明辯，有幹用。開皇中，以軍功拜儀同，尋授桂州司馬。煬帝嗣位，徵爲光禄少卿，以忤旨，出爲恒山郡丞。有一人豪猾，每持長吏長短，前後守令咸憚之。文同下車，聞其名，召而數之。因令左右剡木爲大橛，埋之於庭，出尺餘，四角各埋小橛。令其人踣心於木橛上，縛四支於小橛，以棒歐其背，應時潰爛。郡中大駭，吏人相視懾氣。

及帝征遼東，令文同巡察河北諸郡。文同見沙門齋戒菜食者，以爲妖妄，皆收繫獄。求沙門相聚講論，及長老比至河間，召諸郡官人，小有遲違者，輒皆覆面於地而箠殺之。又悉裸僧尼，驗有淫狀非童男女者數千共爲佛會者數百人，文同以爲聚結惑衆，盡斬之。帝聞而大怒，遣使者達奚善意人，復將殺之。郡中士女號哭於路，諸郡驚駭，各奏其事。馳鏁之，斬於河間，以謝百姓。讎人剖其棺，臠其肉而噉之，斯須咸盡。

史臣曰：御之良者，不在於煩策，政之善者，無取於嚴刑。故雖寬猛相資，德刑互設，

然不嚴而化，前哲所重。士文等運屬欽明，時無桀黜，未閑道德，實懷殘忍。賊人肌體，同諸木石，輕人性命，甚於芻狗。長惡不悛，鮮有不及，故或身嬰罪戮，或憂恚顛隕。凡百君子，以爲有天道焉。嗚呼！後來之士，立身從政，縱不能爲子高門以待封，其可令母掃墓而望喪乎？

校勘記

〔一〕少讀書　宋甲本此下有「傳」字。

〔二〕得千餘人而奏之　「奏」原作「表」，據宋甲本、至順本、汲本改。

〔三〕徙爲建州刺史　「建州」，原作「庭州」，據北史卷八七酷吏田式傳、通志卷一七一酷吏田式傳改。按，「北周無「庭州」。

〔四〕華陰弘農人也　華陰隋屬京兆郡，弘農不得屬華陰。魏書卷一〇六下地形志下：「華陰前漢屬京兆，後漢、晉屬恒農。」恒農即弘農。「弘農華陰」爲漢、晉舊望，此蓋誤倒。又，隋書詳節卷一九燕榮傳云「弘農人也」，無「華陰」二字。

〔五〕天水隴西人也　天水、隴西同爲隋郡，不得並稱。元和姓纂卷七天水西縣爲趙姓郡望。新唐書卷七三下宰相世系表三下，趙氏出自嬴姓，「世居隴西天水西縣」。北史卷六九趙文表傳

〔六〕「其先天水西人也」。「隴」字當衍。參見隋書求是卷四六。又，隋書詳節卷一九趙仲卿傳云
「天水人也」，無「隴西」二字。

〔七〕追奔至乞伏泊 「乞伏泊」，原作「乞伏泊」，據宋甲本、至順本改。按，北史卷六九趙剛傳附
趙仲卿傳、册府卷三五六將帥部立功、通志卷一七一酷吏趙仲卿傳同；宋甲本作「乞伏泊」。

〔八〕賞婢奴五十口 「婢奴」，隋書詳節卷一九趙仲卿傳、通志卷一七一酷吏趙仲卿傳亦作「奴婢」。

〔九〕弘度功最 「功」，原作「攻」，據宋甲本、南監本、北監本、汲本、殿本改。

〔一〇〕令行禁止 「止」，原作「上」，據宋甲本、至順本、汲本改。按，北史卷三一崔辯傳附崔弘度
傳、通志卷一七一酷吏崔弘度傳亦作「止」。

〔一一〕梁主蕭琮來朝 「梁主」，原作「梁王」，據本書卷一高祖紀上開皇七年、北史卷三一崔辯傳附
崔弘度傳、通志卷一七一酷吏崔弘度傳改。按，自西魏恭帝元年于謹平江陵，立蕭詧爲梁主，
稱皇帝、建年號，歷蕭巋、蕭琮不改（參見周書卷四八蕭詧傳），「梁王」誤。

〔一二〕寧飲三升酢 「升」，北史卷三一崔辯傳附崔弘度傳、册府卷四四八將帥部殘酷、卷九四一總
録部酷暴作「斗」。下文「三升艾」，北史、册府作「三斗艾」，不另出校。

〔一三〕以勳舊遷慈州刺史 「勳舊」，宋甲本、至順本作「勤舊」。

〔四〕指平壤 「指」，册府卷四四二將帥部敗衄作「至」。

〔五〕京兆頻陽人也 「頻」，原作「潁陽」，據北史卷八七酷吏王文同傳改。按，本書卷三〇地理志中，潁陽屬河南郡，與京兆無涉。本書卷二九地理志上，雍州華原縣有頻山，元和志卷二京兆府美原縣「秦、漢頻陽之地，以縣西北十一里有頻山，秦厲公於山南立縣，故曰頻陽。（中略）隋大業二年省，義寧二年再置」當即此縣。

隋書卷七十五

列傳第四十

儒林

儒之爲教大矣，其利物博矣！篤父子，正君臣，尚忠節，重仁義，貴廉讓，賤貪鄙，開政化之本源，鑿生民之耳目，百王損益，一以貫之。雖世或汙隆，而斯文不墜，經邦致治，非一時也。涉其流者，無祿而富，懷其道者，無位而尊。故仲尼頓挫於魯君，孟軻抑揚於齊后，荀卿見珍於疆楚，叔孫取貴於隆漢。其餘處環堵以驕富貴，安陋巷而輕王公者，可勝數哉！

自晉室分崩，中原喪亂，五胡交爭，經籍道盡。魏氏發迹代陰，經營河朔，得之馬上，茲道未弘。暨夫太和之後，盛修文教，搢紳碩學，濟濟盈朝，縫掖巨儒，往往傑出，其雅誥

奧義，宋及齊、梁不能尚也。南北所治，章句好尚，互有不同。江左周易則王輔嗣，尚書則孔安國，左傳則杜元凱。河、洛左傳則服子慎，尚書、周易則鄭康成。詩則並主於毛公，禮則同遵於鄭氏。大抵南人約簡，得其英華，北學深蕪，窮其枝葉。考其終始，要其會歸，其立身成名，殊方同致矣。

爰自漢、魏，碩學多清通，逮乎近古，巨儒必鄙俗。文、武不墜，弘之在人，豈獨愚蔽於當今，而皆明哲於往昔？在乎用與不用，知與不知耳。然蠹之弼諧庶績，必舉德於鴻儒，近代左右邦家，咸取士於刀筆。縱有學優入室，勤踰刺股，名高海內，擢第甲科，若命偶時來，未有望於青紫，或數將運舛，必委棄於草澤。然則古之學者，祿在其中，今之學者，困於貧賤，明達之人，志識之士，安肯滯於所習，以求貧賤者哉？此所以儒罕通人，學多鄙俗者也。昔齊列康莊之第，多士如林，燕起碣石之宮，羣英自遠。是知俗易風移，必由上之所好，非夫聖明御世，亦無以振斯頹俗矣。

自正朔不一，將三百年，師說紛綸，無所取正。高祖膺期纂曆，平一寰宇，頓天網以掩之，賁旌帛以禮之，設好爵以縻之，於是四海九州強學待問之士靡不畢集焉。天子乃整萬乘，率百寮，遵問道之儀，觀釋奠之禮。博士罄懸河之辯，侍中竭重席之奧，考正亡逸，研覈異同，積滯羣疑，渙然冰釋。於是超擢奇儁，厚賞諸儒，京邑達乎四方，皆啓黌校。齊、

魯、趙、魏，學者尤多，負笈追師，不遠千里，講誦之聲，道路不絕。中州儒雅之盛，自漢、魏以來，一時而已。及高祖暮年，精華稍竭，不悅儒術，專尚刑名，執政之徒，咸非篤好。暨仁壽間，遂廢天下之學，唯存國子一所，弟子七十二人。煬帝即位，復開庠序，國子郡縣之學，盛於開皇之初。徵辟儒生，遠近畢至，使相與講論得失於東都之下，納言定其差次，一以聞奏焉。于時舊儒多已凋亡，二劉拔萃出類，學通南北，博極今古，後生鑽仰，莫之能測。所製諸經義疏，搢紳咸師宗之。既而外事四夷，戎馬不息，師徒怠散，盜賊羣起，禮義不足以防君子，刑罰不足以威小人，空有建學之名，而無弘道之實。其風漸墜，以至滅亡，方領矩步之徒，亦多轉死溝壑。凡有經籍，自此皆湮沒於煨塵矣。遂使後進之士不復聞詩、書之言，皆懷攘奪之心〔一〕，相與陷於不義。傳曰：「學者將植，不學者將落。」然則盛衰是繫，興亡攸在，有國有家者可不慎歟！諸儒有身沒道存，遺風可想，皆採其餘論，綴之於此篇云。

元善

元善，河南洛陽人也。祖叉，魏侍中。父羅〔二〕，初爲梁州刺史，及又被誅，奔於梁，官至征北大將軍、青冀二州刺史。善少隨父至江南，性好學，遂通涉五經，尤明左氏傳。及

侯景之亂，善歸於周。武帝甚禮之，以爲太子宮尹，賜爵江陽縣公。每執經以授太子。開皇初，拜內史侍郎，上每望之曰：「人倫儀表也。」凡有敷奏，詞氣抑揚，觀者屬目。陳使袁雅來聘，上令善就館受書，雅出門不拜。善論舊事有拜之儀，雅不能對，遂拜，成禮而去。後遷國子祭酒。上嘗親臨釋奠，命善講孝經。於是敷陳義理，兼之以諷諫。上大悅曰：「聞江陽之說，更起朕心〔三〕。」賚絹百匹，衣一襲。

善之通博，在何妥之下，然以風流醞藉，俯仰可觀，音韻清朗，聽者忘倦，由是爲後進所歸。妥每懷不平，心欲屈善。因善講春秋，初發題，諸儒畢集。善私謂妥曰：「名望已定，幸無相苦。」妥然之。及就講肆，妥遂引古今滯義以難，善多不能對。善深銜之，二人由是有隙。

善以高熲有宰相之具，嘗言於上曰：「楊素麤疏，蘇威怯懦，元冑、元旻，正似鴨耳。可以付社稷者，唯獨高熲。」上初然之，及熲得罪，上以善之言爲熲游說，深責望之。善憂懼，先患消渴，於是疾動而卒，時年六十。

　　辛彥之

辛彥之，隴西狄道人也。祖世敍，魏涼州刺史。父靈輔[四]，周渭州刺史。彥之九歲而孤，不交非類，博涉經史，與天水牛弘同志好學。後入關，遂家京兆。周太祖見而器之，引爲中外府禮曹，賜以衣馬珠玉。時國家草創，百度伊始，朝貴多出武人，修定儀注，唯彥之而已。尋拜中書侍郎。及周閔帝受禪，彥之與少宗伯盧辯專掌儀制。明、武時，歷職典祀、太祝、樂部、御正四曹大夫，開府儀同三司。奉使迎突厥皇后還，賚馬二百匹，賜爵龍門縣公，邑千户。尋進爵五原郡公，加邑千户。宣帝即位，拜少宗伯。

高祖受禪，除太常少卿，改封任城郡公，進位上開府。尋轉國子祭酒。歲餘，拜禮部尚書，與祕書監牛弘撰新禮。吳興沈重名爲碩學，高祖嘗令彥之與重論議。重不能抗，於是避席而謝曰：「辛君所謂金城湯池，無可攻之勢。」高祖大悦。後拜隨州刺史。于時州牧多貢珍玩，唯彥之所貢，並供祭之物。高祖善之，顧謂朝臣曰：「人安得無學！彥之所貢，稽古之力也。」遷潞州刺史[五]，前後俱有惠政。彥之又崇信佛道，於城内立浮圖二所，並十五層。開皇十一年，州人張元暴死，數日乃蘇，云遊天上，見新構一堂，制極崇麗。元問其故，人云潞州刺史辛彥之有功德，造此堂以待之。彥之聞而不悦。其年卒官。諡曰宣。彥之撰墳典一部，六官一部，祝文一部，禮要一部，新禮一部，五經異義一部，並行於世。有子仲龕，官至猗氏令。

何妥

何妥字栖鳳，西城人也。父細胡[六]，通商入蜀，遂家郫縣，事梁武陵王紀，主知金帛，因致巨富，號爲西州大賈。妥少機警，八歲遊國子學，助教顧良戲之曰：「汝既姓何，是荷葉之荷，爲是河水之河？」應聲答曰：「先生姓顧，是眷顧之顧，是新故之故？」衆咸異之。十七，以技巧事湘東王，後知其聰明，召爲誦書左右。時蘭陵蕭眘亦有儁才，住青楊巷，妥住白楊頭，時人爲之語曰：「世有兩儁，白楊何妥，青楊蕭眘。」其見美如此。江陵陷，周武帝尤重之，授太學博士。宣帝初欲立五后，以問儒者，辛彦之對曰：「后與天子匹體齊尊，不宜有五。」妥駁曰：「帝嚳四妃，舜又二妃，亦何常數？」由是封襄城縣伯。

妥性勁急，有口才，好是非人物。時納言蘇威嘗言於上曰：「臣先人每誡臣云，唯讀孝經一卷，足可立身治國，何用多爲！」上亦然之。妥進曰：「蘇威所學，非止孝經。厥父若信有此言，威不從訓，是其不孝。若無此言，面欺陛下，是其不誠。不誠不孝，何以事君！且夫子有云：『不讀詩無以言，不讀禮無以立。』豈容蘇綽教子獨反聖人之訓乎？」威時兼領五職，上甚親重之，妥因

高祖受禪，除國子博士，加通直散騎常侍，進爵爲公。

奏威不可信任。又以掌天文律度，皆不稱職，妥又上八事以諫：

其一事曰：臣聞知人則哲，惟帝難之。孔子曰：「舉直錯諸枉則民服，舉枉錯諸直則民不服。」由此言之，政之治亂，必慎所舉，故進賢受上賞，蔽賢蒙顯戮。察今之舉人，良異于此，無論諂直，莫擇賢愚。心欲崇高，則起家喉舌之任，意須抑屈，必白首郎署之官。人之不服，實由於此。臣聞爵人於朝，與士共之，刑人於市，與眾棄之。伏見留心獄訟，愛人如子，每應決獄，無不詢訪羣公，刑之不濫，君之明也。刑既如此，爵亦宜然。若有懋功簡在帝心者，便可擢用。自斯以降，若選重官，必須參以眾議，勿信一人之舉。則上不偏私，下無怨望。

其二事曰：孔子云：「是察阿黨，則罪無掩蔽。」又曰：「君子周而不比，小人比而不周。」所謂比者，即阿黨也。謂心之所愛，既已光華榮顯，猶加提挈。心之所惡，既已沈滯屈辱，薄言必怒。提挈既成，必相掩蔽，則欺上之心生矣。屈辱既加，則有怨恨，謗讟之言出矣。伏願廣加逖訪，勿使朋黨路開，威恩自任。有國之患，莫大於此。

其三事曰：臣聞舜舉十六族，所謂八元、八愷也。計其賢明，理優今日，猶復擇才授任，不相侵濫，故得四門雍穆，庶績咸熙。今官員極多，用人甚少，有一人身上乃

兼數職，爲是國無人也？爲是人不善也？今萬乘大國，髦彥不少，縱有明哲，無由自達。東方朔言曰：「尊之則爲將，卑之則爲虜。」斯言信矣。今當官之人，不度德量力，既無呂望、傅說之能，自負傅巖、滋水之氣，不慮憂深責重，唯畏總領不多，安斯寵任，輕彼權軸，好致顛蹶，實此之由。《易》曰：「鼎折足，覆公餗，其形渥，凶。」言不勝其任也。臣聞窮力舉重，不能爲用。伏願更任賢良，分才參掌，使各行有餘力，則庶事康哉。

其四事曰：臣聞禮云：「析言破律，亂名改作，執左道以亂政者殺。」孔子曰：「仍舊貫，何必改作！」伏見比年以來，改作者多矣。至如范威漏刻，十載不成，趙翊尺稱，七年方決。公孫濟迂誕醫方，費逾巨萬，徐道慶迴互子午，糜耗飲食。常明破律，多歷歲時，王渥亂名，曾無紀極。張山居未知星位，前已躁藉太常，曹魏祖不識北辰，今復鱗轢太史。莫不用其短見，便自夸毗，邀射名譽，厚相誣罔。請今日已後，有如此者，若其言不驗，必加重罰，庶令有所畏忌，不敢輕奏狂簡。

其餘文多不載。時蘇威權兼數司，先嘗隱武功，故妥言自負傅巖、滋水之氣，以此激上。威勃然曰：「無何妥，不慮無博士！」妥應聲曰：「無蘇威，亦何憂無執事！」由是與威有隙〔七〕。

書奏，威大銜之。十二年，威定考文學，又與妥更相訶詆。

其後上令妥考定鍾律,妥又上表曰:

臣聞明則有禮樂,幽則有鬼神,然則動天地,感鬼神,莫近於禮樂。又云樂至則無怨,禮至則不爭,揖讓而治天下者,禮樂之謂也。臣聞樂有二,一曰姦聲,二曰正聲。夫姦聲感人而逆氣應之,逆氣成象而淫樂興焉。正聲感人,而順氣應之,順氣成象,而和樂興焉〔八〕。故樂行而倫清,耳目聰明,血氣和平,移風易俗,天下皆寧。孔子曰:「放鄭聲,遠佞人。」故鄭、衞、宋、趙之聲出,內則發疾,外則傷人。是以宮亂則荒,其君驕;商亂則陂,其官壞;角亂則憂,其人怨;徵亂則哀,其事勤;羽亂則危,其財匱。五者皆亂,則國亡無日矣。魏文侯問子夏曰:「吾端冕而聽古樂則欲寐,聽鄭、衞之音而不知倦,何也?」子夏對曰:「夫古樂者,始奏以文,復亂以武,修身及家,平均天下。鄭、衞之音者,姦聲以亂,溺而不止,獲雜子女〔九〕,不知父子。今君所問者樂也,所愛者音也。夫樂之與音,相近而不同,為人君者,謹審其好惡。」案聖人之作樂也,非止苟悅耳目而已矣。欲使在宗廟之內,君臣同聽之則莫不和敬;在鄉里之內,長幼同聽之則莫不和順;在閨門之內,父子同聽之則莫不和親。此先王立樂之方也。故知聲而不知音者,禽獸是也,知音而不知樂者,衆庶是也。故黃鍾大呂,弦歌干戚,僮子皆能舞之。能知樂者,其唯君子!不知聲者,不可與言音,不知

音者，不可與言樂，知樂則幾於道矣。紂爲無道，太師抱樂器以奔周。晉君德薄，師曠固惜清徵。

上古之時，未有音樂，鼓腹擊壤，樂在其間。易曰：「先王作樂崇德，殷薦之上帝，以配祖考。」至于黃帝作咸池，顓頊作六莖，帝嚳作五英，堯作大章，舜作大韶，禹作大夏，湯作大濩，武王作大武，從夏以來，年代久遠，唯有名字，其聲不可得聞。自殷至周，備于詩頌。故自聖賢已下，多習樂者，至如伏羲減瑟，文王足琴，仲尼擊磬，子路鼓瑟，漢高擊筑，元帝吹簫。漢高祖之初，叔孫通因秦樂人制宗廟之樂。迎神于廟門，奏嘉至之樂〔一〇〕，猶古降神之樂也。皇帝入廟門，奏永至之樂，以爲行步之節，猶采薺、肆夏也〔一一〕。乾豆上薦，奏登歌之樂，猶古清廟之歌也。登歌再終，奏休成之樂，美神饗也。皇帝就東廂坐定，奏永安之樂，美禮成也。其休成、永至二曲，叔孫通所制也。漢高祖廟奏武德、文始、五行之儛。當春秋時，陳公子完奔齊，陳是舜後，故齊有韶樂。孔子在齊聞韶，三月不知肉味是也。秦始皇滅齊，得齊韶樂。漢高祖滅秦，韶傳於漢，高祖改名文始，以示不相襲也。五行儛者，本周大武樂也，始皇改曰五行。及于孝文，復作四時之儛，以示天下安和，四時順也。孝景采武德儛以爲昭德，孝宣又采昭德以爲盛德，雖變其名，大抵皆因秦舊事。至於魏、晉，皆用古樂。魏之

三祖,並制樂辭。自永嘉播越,五都傾蕩,樂聲南度,是以大備江東。宋、齊已來,至于梁代,所行樂事,猶皆傳古,三雍四始,實稱大盛。及侯景篡逆,樂師分散,其四儛、三調悉度偽齊。齊氏雖知傳受,得曲而不用之於宗廟朝廷也。

臣少好音律,留意管絃,年雖耆老,頗皆記憶。及東土剋定,樂人悉返,訪其逗遛,果云是梁人所教。今三調、四儛並皆有手,雖不能精熟,亦頗具雅聲。若令教習傳授,庶得流傳古樂。然後取其會歸,撮其指要,因循損益,更制嘉名。歌盛德於當今,傳雅正於來葉,豈不美歟!謹具錄三調、四儛曲名,又製歌辭如別。其有聲曲流宕,不可以陳於殿庭者,亦悉附之於後。

書奏,別勅太常取妥節度。於是作清、平、瑟三調聲,又作八佾、鞞鐸巾拂四舞。先是,太常所傳宗廟雅樂,數十年唯作大呂,廢黃鍾。妥又以深乖古意,乃奏請用黃鍾。詔下公卿議,從之。

俄而妥子蔚爲秘書郎,有罪當刑,上哀之,減死論。是後恩禮漸薄。六年,出爲龍州刺史。時有負笈遊學者,妥皆爲講說教授之。爲刺史箴,勒于州門外。在職三年,以疾請還,詔許之。復知學事。時上方使蘇夔在太常,參議鍾律。夔有所建議,朝士多從之,妥獨不同,每言夔之短。高祖下其議,朝臣多排妥。妥復上封事,指陳得失,大抵論時政損益,并

指斥當世朋黨。於是蘇威及吏部尚書盧愷、侍郎薛道衡等皆坐得罪。除伊州刺史,不行,尋為國子祭酒。卒官。謚曰肅。撰周易講疏十三卷,孝經義疏三卷,莊子義疏四卷,及與沈重等撰三十六科鬼神感應等大義九卷,封禪書一卷,樂要一卷,文集十卷,並行於世。

蕭該

蘭陵蕭該者,梁鄱陽王恢之孫也。少封攸侯。梁荊州陷,與何妥同至長安。性篤學,詩、書、春秋、禮記並通大義,尤精漢書,甚為貴遊所禮。開皇初,賜爵山陰縣公,拜國子博士。奉詔書與妥正定經史,然各執所見,遞相是非,久而不能就,上譴而罷之。該後撰漢書及文選音義,咸為當時所貴。

包愷

東海包愷,字和樂。其兄愉,明五經,愷悉傳其業。又從王仲通受史記、漢書,尤稱精究。大業中,為國子助教。于時漢書學者,以蕭、包二人為宗匠。聚徒教授,著錄者數千人。卒,門人為起墳立碣焉。

房暉遠

房暉遠字崇儒，恒山真定人也。世傳儒學。暉遠幼有志行，治三禮、春秋三傳、詩、書、周易，兼善圖緯，恒以教授爲務。遠方負笈而從者，動以千計。齊南陽王綽爲定州刺史，聞其名，召爲博士。周武帝平齊，搜訪儒俊，暉遠首應辟命，授小學下士。

及高祖受禪，遷太常博士。太常卿牛弘每稱爲五經庫。吏部尚書韋世康薦之，爲太學博士。尋與沛公鄭譯修正樂章。丁母憂解任。後數歲，授殄寇將軍，復爲太常博士。未幾，擢爲國子博士。會上令國子生通一經者，並悉薦舉，將擢用之。既策問訖，博士不能時定臧否。祭酒元善怪問之，暉遠曰：「江南、河北，義例不同，博士不能偏涉。學生皆持其所短〔二〕，稱己所長，博士各各自疑，所以久而不決也。」祭酒因令暉遠考定之，暉遠覽筆便下，初無疑滯。或有不服者，暉遠問其所傳義疏，輒爲始末誦之，然後出其所短，自是無敢飾非者。所試四五百人，數日便決，諸儒莫不推其通博，皆自以爲不能測也。尋奉詔預修令式。高祖嘗謂羣臣曰：「自古天子有女樂乎？」楊素以下莫知所出，遂言無女樂。暉遠進曰：「臣聞『窈窕淑女，鍾鼓樂之』，此即王者房中之樂，著於雅頌，不得言無。」高

祖大悅。仁壽中卒官，時年七十二，朝廷嗟惜焉，贈賻甚厚，贈員外散騎常侍。

馬光

馬光字榮伯，武安人也。少好學，從師數十年，晝夜不息，圖書讖緯，莫不畢覽，尤明三禮，為儒者所宗。開皇初，高祖徵山東義學之士，光與張仲讓、孔籠、竇士榮[三]、張黑奴、劉祖仁等俱至，並授太學博士，時人號為六儒。然皆鄙野，無儀範，朝廷不之貴也。士榮尋病死。仲讓未幾告歸鄉里，著書十卷，自云此書若奏，我必為宰相。已而諸儒生以次論難者十餘人，州縣列上其狀，竟坐誅。孔籠、張黑奴、劉祖仁未幾亦被譴去。唯光獨存。嘗因釋奠，高祖親幸國子學，王公以下畢集。光升座講禮，啟發章門。於是諸儒生以次論難者十餘人，皆當時碩學，光剖析疑滯，雖辭非俊辨，而理義弘贍，論者莫測其淺深，咸共推服，上嘉而勞焉。山東三禮學者，自熊安生後，唯宗光一人。初，教授瀛、博間，門徒千數，至是多負笈從入長安。後數年，丁母憂歸鄉里，遂有終焉之志。以疾卒於家，時年七十三。

劉焯

劉焯字士元，信都昌亭人也。父洽，郡功曹。焯犀額龜背，望高視遠，聰敏沈深，弱不

好弄。少與河間劉炫結盟爲友，同受詩於同郡劉軌思〔四〕，受左傳於廣平郭懋常〔五〕，問禮

於阜城熊安生，皆不卒業而去。武強交津橋劉智海家素多墳籍，焯與炫就之讀書，向經十

載，雖衣食不繼，晏如也。遂以儒學知名，爲州博士。刺史趙煚引爲從事，舉秀才，射策甲

科。與著作郎王劭同修國史〔六〕，兼參議律曆，仍直門下省，以待顧問。俄除員外將軍。

後與諸儒於祕書省考定羣言，因假還鄉里，縣令韋之業引爲功曹。尋復入京，與左僕射楊

素、吏部尚書牛弘、國子祭酒蘇威、國子祭酒元善、博士蕭該何妥、太學博士房暉遠崔崇

德、晉王文學崔賾等於國子共論古今滯義，前賢所不通者。每升座，論難鋒起，皆不能屈，

楊素等莫不服其精博。六年，運洛陽石經至京師，文字磨滅，莫能知者，奉敕與劉炫等考

定。

　　後因國子釋奠，與炫二人論義，深挫諸儒，咸懷妬恨，遂爲飛章所謗，除名爲民。於是

優遊鄉里，專以教授著述爲務，孜孜不倦。賈、馬、王、鄭所傳章句，多所是非。九章算術、

周髀、七曜曆書十餘部，推步日月之經，量度山海之術，莫不覈其根本，窮其祕奧。著稽極

十卷，曆書十卷，五經述議，並行於世。劉炫聰明博學，名亞於焯，故時人稱二劉焉。天下

名儒後進，質疑受業，不遠千里而至者，不可勝數。論者以爲數百年已來，博學通儒，無能

出其右者。然懷抱不曠，又嗇於財，不行束脩者，未嘗有所教誨，時人以此少之。廢太子勇聞而召之，未及進謁，詔令事蜀王，非其好也，久之不至。王聞而大怒，遣人枷送於蜀，配之軍防。其後典校書籍。王以罪廢，焯又與諸儒脩定禮律，除雲騎尉。

煬帝即位，遷太學博士，俄以疾去職。數年，復被徵以待顧問，因上所著曆書，與太史令張冑玄多不同，被駁不用。大業六年卒[一七]，時年六十七。劉炫為之請諡，朝廷不許。

劉炫

劉炫字光伯，河間景城人也。少以聰敏見稱，與信都劉焯閉戶讀書，十年不出。炫眸子精明，視日不眩，強記默識，莫與為儔。左畫方，右畫圓，口誦，目數，耳聽，五事同舉，無有遺失。周武帝平齊，瀛州刺史宇文亢引為戶曹從事。後刺史李繪署禮曹從事，以吏幹知名。歲餘，奉勅與著作郎王劭同修國史。俄直門下省，以待顧問。又與諸術者修天文律曆，兼於内史省考定羣言，内史令博陵李德林甚禮之。炫雖徧直三省，竟不得官，為縣司責其賦役。炫自陳於内史[一八]，内史送詣吏部，吏部尚書韋世康問其所能[一九]。炫自為狀曰：「周禮、禮記、毛詩、尚書、公羊、左傳、孝經、論語孔、鄭、王、何、服、杜等注，凡十三

家，雖義有精粗，並堪講授。

心。天文律曆，窮覈微妙。至於公私文翰，未嘗假手。」吏部竟不詳試，然在朝知名之士十

餘人，保明炫所陳不謬，於是除殿內將軍。

時牛弘奏請購求天下遺逸之書，炫遂僞造書百餘卷，題爲連山易、魯史記等，錄上送

官，取稟而去〔二〇〕。後有人訟之，經赦免死，坐除名，歸于家，以教授爲務。太子勇聞而召

之，既至京師，勑令事蜀王秀，遷延不往。蜀王大怒，枷送益州。既而配爲帳內，每使執杖

爲門衛。俄而釋之，典校書史。炫因擬屈原卜居，爲筮塗以自寄。

及蜀王廢，與諸儒修定五禮，授旅騎尉。吏部尚書牛弘建議，以爲禮諸侯絕傍朞，大

夫降一等。今之上柱國，雖不同古諸侯，比大夫可也。官在第二品，宜降傍親一等。議者

多以爲然。炫駁之曰：「古之仕者，宗一人而已；庶子不得進。由是先王重適，其宗子有

分祿之義。族人與宗子雖疎遠，猶服縗三月，良由受其恩也。今之仕者，位以才升，不限

適庶，與古既異，何降之有。今之貴者，多忽近親，若或降之，民德之疎，自此始矣。」遂寢

其事。

開皇二十年，廢國子四門及州縣學，唯置太學博士二人，學生七十二人。炫上表言學

校不宜廢，情理甚切，高祖不納。開皇之末，國家殷盛，朝野皆以遼東爲意。炫以爲遼東

不可伐，作撫夷論以諷焉，當時莫有悟者。及大業之季，三征不克，炫言方驗。

煬帝即位，牛弘引炫脩律令。高祖之世，以刀筆吏類多小人，年久長姦，勢使然也。又以風俗陵遲，婦人無節。於是立格，州縣佐史，三年而代之，九品妻無得再醮。炫著論以爲不可。弘竟從之。諸郡置學官，及流外給廩，皆發自於炫。弘嘗從容問炫曰：「案周禮士多而府史少，今令史百倍於前，判官減則不濟，其故何也？」炫對曰：「案周成，歲終考其殿最，案不重校，文不繁悉，府史之任，掌要目而已。今之文簿，恒慮覆治，鍛鍊若其不密，萬里追證百年舊案，故諺云『老吏抱案死』。古今不同，若此之相懸也，事繁政弊，職此之由。」弘又問：「魏、齊之時，令史從容而已，今則不遑寧舍，其事何由？」炫對曰：「齊氏立州不過數十，三府行臺，遞相統領，文書行下，不過十條。今州三百，其繁一也。往者州唯置綱紀，郡置守丞，縣唯令而已。其所具寮，則長官自辟，受詔赴任，每州不過數十。今則不然，大小之官，悉由吏部，纖介之迹，皆屬考功，其繁二也。省官不如省事，省事不如清心。官事不省而望從容，其可得乎？」弘甚善其言而不能用。納言楊達舉炫博學有文章，射策高第，除太學博士。歲餘，以品卑去任，還至長平，奉勅追詣行在所，或言其無行，帝遂罷之，歸于河間。

于時羣盜蜂起，穀食踊貴，經籍道息，教授不行。炫與妻子相去百里，聲問斷絕，鬱鬱

不得志，乃自爲贊曰：

通人司馬相如、揚子雲、馬季長、鄭康成等，皆自敍風徽，傳芳來葉。余豈敢仰均先達，貽笑從昆〔二〕。徒以日迫桑榆，大命將近，故友飄零，門徒雨散，溘死朝露，埋魂朔野，親故莫照其心，後人不見其迹，殆及餘喘，薄言胸臆，貽及行邁，傳示州里，使夫將來俊哲知余鄙志耳。

余從綰髮以來，迄於白首，嬰孩爲慈親所恕，棰楚未嘗加，從學爲明師所矜，榎楚弗之及。暨乎敦敍邦族，交結等夷，重物輕身，先人後己。昔在幼弱，樂參長者，爰及耆艾，數接後生。學則服而不厭，誨則勞而不倦，幽情寡適，心事方違〔三〕。內省生平，顧循終始，其大幸有四，其深恨有一。性本愚蔽，家業貧窶，爲父兄所饒，廁縉紳之末，遂得博覽典誥，窺涉今古，小善著於丘園，虛名聞於邦國，其幸一也。隱顯人間，沈浮世俗，數忝徒勞之職，久執城旦之書，名不挂於白簡，事不染於丹筆，立身立行，慚恧實多，啓手啓足，庶幾可免，其幸二也。以此庸虛，屢動神眷，以此卑賤，每升天府，齊鑣驥騄，比翼鵷鴻，整綃素於鳳池，記言動於麟閣，參謁宰輔，造請羣公，厚禮殊恩，增榮改價，其幸三也。晝漏方盡，大耋已嗟，退反初服，歸骸故里，翫文史以怡神，閱魚鳥以散慮，觀省野物，登臨園沼，緩步代車，無罪爲貴，其幸四也。仰休明之

盛世，慨道教之陵遲，蹈先儒之逸軌，傷羣言之蕪穢，馳騖墳典，釐改僻謬，修撰始畢，圖事適成，天違人願，途不我與。世路未夷，學校盡廢，道不備於當時，業不傳於身後。銜恨泉壤，實在茲乎？其深恨一也。

時在郡城，糧餉斷絕，其門人多隨盜賊，哀炫窮乏，詣郡城下索炫，郡官乃出炫與之。炫為賊所將，過城下堡。未幾，賊為官軍所破，炫飢餓無所依，復投縣城。長吏意炫與賊相知，恐為後變，遂閉門不納。是時夜冰寒，因此凍餒而死，時年六十八。其後門人諡曰宣德先生。

炫性躁競，頗俳諧，多自矜伐，好輕侮當世，為執政所醜，由是官塗不遂。著論語述議十卷，春秋攻昧十卷，五經正名十二卷，孝經述議五卷，春秋述議四十卷，尚書述議二十卷，毛詩述議四十卷，注詩序一卷，筭術一卷，並行於世。

褚輝

吳郡褚輝字高明，以三禮學稱於江南。煬帝時，徵天下儒術之士，悉集内史省，相次講論。輝博辯，無能屈者，由是擢為太學博士。撰禮疏一百卷。

餘杭顧彪字仲文，明尚書、春秋。煬帝時爲祕書學士，撰古文尚書疏二十卷。

魯世達

餘杭魯世達，煬帝時爲國子助教，撰毛詩章句義疏四十一卷〔三〕，行於世。

張沖〔二四〕

吳郡張沖，字叔玄。仕陳爲左中郎將，非其好也，乃覃思經典，撰春秋義略，異於杜氏七十餘事，喪服義三卷，孝經義三卷，論語義十卷，前漢音義十二卷。官至漢王侍讀。

王孝籍

平原王孝籍，少好學，博覽羣言，徧治五經，頗有文翰。與河間劉炫同志友善。開皇

中，召入祕書，助王劭修國史。劭不之禮，在省多年，而不免輸稅。孝籍鬱鬱不得志，奏記

於吏部尚書牛弘曰：

竊以毒螫瘭膚，則申旦不寐，飢寒切體，亦卒歲無聊。何則？痛苦難以安，貧窮易爲蹙。況懷抱之內，冰火鑠脂膏〔二五〕，腠理之間，風霜侵骨髓，安可齰舌緘脣，吞聲飲氣，惡呻吟之響，忍酸辛之酷哉！

伏惟明尚書公動哀矜之色，開寬裕之懷，咳唾足以活枯鱗，吹噓可用飛窮羽。芬椒蘭之氣，暖布帛之詞，許小人之請，聞大君之聽。雖復山川不遠，鬼神在茲，信而有徵，言無不履，猶恐拯溺遲於援手，救經緩於扶足〔二六〕，待越人之舟楫，求魯匠之雲梯，則必懸於槁樹之枝，没於深淵之底矣。夫以一介貧人，七年直省，課役不免，慶賞不霑。賣貢禹之田，供釋之之費，有弱子之累，乏强兄之産。加以老母在堂〔二七〕，光陰遲暮，寒暑違闕，關山超遠，蓄臂爲期，前塗逾邈，倚閭之望，朝夕已勤。謝相如之病，無官可以免，發梅福之狂，非仙所能避。愁疾甚乎厲鬼，人生異夫金石，營魂且散，恐筮予無徵，齎恨入冥，則虛緣恩顧，此乃王稽所以致言，應侯爲之不樂也。潛鬢髮之內，居眉睫之間，子野未曾聞，離朱所不見，沈淪東觀，留滯南史，終無薦引，永同埋殯。三世不移，雖由寂寞，十年不調，實乏知己。

夫不世出者，聖明之君也，不萬一者，誠賢之臣也。以夫不世出而逢不萬一，此小人所以爲明尚書幸也。坐人物之源，運銓衡之柄，反披狐白，不好緇衣，此小人爲明尚書不取也。昔荆玉未剖，刖卞和之足，百里未用，碎禽息之首。居得言之地，有能用之資，增耳目之明，無手足之戚，憚而弗爲，孰知其解！夫官或不稱其能，士或未申其屈，一夫竊議，語流天下。勞不見圖，安能無望！儻病未及死，狂還克念[二八]，汗窮愁之簡，屬離憂之詞，託志於前修[二九]，通心於來哲，使千載之下哀其不遇，追咎執事，有點清塵，則不肖之軀，死生爲累，小人之罪，方且未刊[三〇]。願少加憐愍，留心無忽！

弘亦知其有學業，而竟不得調。

後歸鄉里，以教授爲業，終于家。注尚書及詩，遭亂零落。

史臣曰：古語云：「容體不足觀，勇力不足恃，族姓不足道，先祖不足稱。然而顯聞四方，流聲後胤者，其唯學乎？」信哉斯言也。暉遠、榮伯之徒，篤志不倦，自求諸己，遂能聞道下風，稱珍席上。或聚徒千百，或服冕乘軒，見重明時，實惟稽古之力也。江陽從容雅望，風韻閑遠，清談高論，籍甚當年。彥之敦經悦史，砥身礪行，志存典制，動蹈規矩。

列傳第四十 儒林

一九三五

何妥通涉儒爽，神情警悟，雅有口才，兼擅詞筆，然許以為直，失儒者之風焉。劉焯道冠縉

紳，數窮天象，既精且博，洞幽究微，鉤深致遠，源流不測，數百年來，斯人而已。劉炫學實

通儒，才堪成務，九流、七略，無不該覽。雖探賾索隱，不逮於焯，裁成義說，文雅過之。並

道亞生知，時不我與，或纔登於下士，或餒棄於溝壑，惜矣。子夏有言：「死生有命，富貴

在天。」天之所與者聰明，所不與者貴仕，上聖且猶不免，焯、炫其如命何！

校勘記

（一）皆懷攘奪之心　「奪」，原作「寇」，宋甲本作「敓」。「敓」即古「奪」字，今據改。北史卷八一儒

林傳上作「竊」。

（二）祖叉魏侍中父羅　魏書卷一六道武七王京兆王黎傳附元羅傳，北史卷一六道武七王京兆王

黎傳附元羅傳，元羅是元叉之弟，非父子。北史同卷元善傳，元善父為梁征北大將軍、青冀二

州刺史元舒。

（三）更起朕心　「起」，至順本作「啓」。

（四）父靈輔　「靈輔」，北史卷八二儒林下辛彥之傳作「靈補」。

（五）遷潞州刺史　「潞州」，原作「洛州」，據宋甲本改。按，北史卷八二儒林下辛彥之傳、冊府卷

八二一總録部崇釋教亦作「潞州」。本卷下文稱「人云潞州刺史辛彦之有功德」，可證。

〔六〕父細胡　「細胡」，北史卷八二儒林下何妥傳、通志卷一七四儒林何妥傳作「細脚胡」。

〔七〕由是與威有隙　「與」字原闕，據宋甲本、至順本補。按，册府卷九一八總録部忿爭亦有「與」字。

〔八〕「夫姦聲感人而逆氣應之」至「順氣成象而和樂興焉」　原作「夫姦聲感人而逆氣應之順氣成象」，今據册府卷五六八掌禮部作樂，在「逆氣應之」下補「逆氣成象而淫樂興焉正聲感人而順氣應之」十八字，「順氣成象」下補「而和樂興焉」五字。語出禮記樂記。

〔九〕獲雜子女　「獲」，原作「優」，據宋甲本、至順本改。按，北史卷八二儒林下何妥傳亦作「獲」。

〔一0〕迎神于廟門奏嘉至之樂　此上原有「迎神于道門奏嘉至之樂」十字，據宋甲本、至順本改。按，北史卷八二儒林下何妥傳删。按，漢書卷二二禮樂志：「大祝迎神于廟門，奏嘉至，猶古降神之樂也。」御覽卷五六六樂部四歷代樂引漢書、册府卷五六五掌禮部作樂同。

〔一一〕猶采薺肆夏也　北史卷八二儒林下何妥傳「猶」下有「古」字。

〔一二〕學生皆持其所短　「持」，原作「恃」，據宋甲本、至順本改。按，北史卷八二儒林下房暉遠傳、册府卷六0一學校部辯博、卷六四三貢舉部考試、御覽卷二三六職官部三四博士引隋書、隋書詳節卷一九房暉遠傳亦作「持」。

〔三〕寶士榮　北史卷八二儒林下馬光傳、錦繡萬花谷後集卷一一待詔金馬門條引隋書作「寶仕榮」。

〔四〕同受詩於同郡劉軌思　「受」，原作「授」，據北史卷八二儒林下劉焯傳、册府卷八一一總錄部遊學、通志卷一七四儒林劉焯傳、隋書詳節卷一九劉焯傳改。

〔五〕受左傳於廣平郭懋常　「郭懋常」，原作「郭懋當」，據至順本、南監本、北監本、汲本、殿本改。按，北史卷八二儒林下劉焯傳、册府卷八一一總錄部遊學、通志卷一七四儒林劉焯傳、隋書詳節卷一九劉焯傳作「郭懋嘗」。按，「常」「通」「當」或涉與「嘗」形近而誤。

〔六〕與著作郎王劭同修國史　「修」，原作「應」，據宋甲本、至順本改。按，北史卷八二儒林下劉焯傳、册府卷五五四國史部選任、隋書詳節卷一九劉焯傳亦作「修」。

〔七〕大業六年卒　本書卷一八律曆志下，劉焯卒於大業四年。

〔八〕炫自陳於内史　「炫」，原作「茲」，據宋甲本、至順本改。按，北史卷八二儒林下劉炫傳、册府卷七八六總錄部博學、卷九一五總錄部廢滯亦作「炫」。

〔九〕吏部尚書韋世康問其所能　「韋世康」，原作「韋世惠」，據宋甲本、至順本、汲本改。按，北史卷八二儒林下劉炫傳、册府卷七八六總錄部博學、卷九一五總錄部廢滯亦作「韋世康」。又，本書卷四七韋世康傳，世康開皇初爲吏部尚書。

〔一〇〕取稟而去　宋甲本、至順本、汲本作「賞」。按，北史卷八二儒林下劉炫傳、御覽卷六一九學校

部一三圖書下採求遺逸引隋書、册府卷九二四總錄部詐偽、隋書詳節卷一九劉炫傳亦作「賞」。

〔三〕 貽笑從昆 「從」，北史卷八二儒林下劉炫傳、册府卷九〇九總錄部窮愁作「後」。按，上句稱「仰均先達」，疑作「後」是。

〔三〕 心事方違 「方」，北史卷八二儒林下劉炫傳、册府卷九〇九總錄部窮愁作「多」。按，上句稱「幽情寡適」，疑作「多」是。

〔三〕 撰毛詩章句義疏四十一卷 「一」，宋甲本、至順本、南監本作「二」，本書卷三二一經籍志一作「四十卷」。

〔三〕 張沖 原作「張仲」，殿本考證：「監本『沖』俱訛『仲』，惟目錄作『沖』。北史本傳亦作『沖』。」唐書藝文志載張沖春秋左氏義略三十卷，亦與本傳合。本書經籍志載春秋義略三十卷，注：『陳右將軍張沖撰。』本傳載沖仕陳爲左中郎將，官秩不符，或歷官不備載耳。本書潘徽傳，受書於張沖。俱作『沖』。又南齊張沖字思約，亦吳郡人，官至征虜將軍，封定襄侯，又一張沖也。」今據改。

〔三五〕 冰火鑠脂膏 「冰」，至順本、汲本作「水」。按，文苑英華卷六九一王孝籍上牛弘書亦作「水」。

〔三六〕 救經緩於扶足 「經」，文苑英華卷六九一王孝籍上牛弘書作「縊」。

〔三一〕 加以老母在堂　「加」原作「叨」，據宋甲本、殿本改。　按，北史卷八二儒林下王孝籍傳亦作「加」。

〔三〇〕 狂還克念　「狂」，至順本作「枉」，文苑英華卷六九一王孝籍上牛弘書作「往」。　按，「往還」文意較長，疑「狂」、「枉」俱涉形近誤。

〔二九〕 託志於前修　「託」原作「記」，據宋甲本改。　按，北史卷八二儒林下王孝籍傳、文苑英華卷六九一王孝籍上牛弘書亦作「託」。

〔三〇〕 方且未刊　「刊」，北史卷八二儒林下王孝籍傳作「刑」，文苑英華卷六九一王孝籍上牛弘書作「成」。

隋書卷七十六

列傳第四十一

文學

易曰：「觀乎天文，以察時變，觀乎人文，以化成天下。」傳曰：「言，身之文也，」言而不文，行之不遠。」故堯曰則天，表文明之稱，周云盛德，著煥乎之美。然則文之爲用，其大矣哉！上所以敷德教於下，下所以達情志於上，大則經緯天地，作訓垂範，次則風謠歌頌，匡主和民。或離讒放逐之臣，塗窮後門之士，道軻軻而未遇，志鬱抑而不申，憤激委約之中，飛文魏闕之下，奮迅泥滓，自致青雲，振沈溺於一朝，流風聲於千載，往往而有。是以凡百君子，莫不用心焉。

自漢、魏以來，迄乎晉、宋，其體屢變，前哲論之詳矣。暨永明、天監之際，太和、天保

之間，洛陽、江左，文雅尤盛。于時作者，濟陽江淹、吳郡沈約、樂安任昉、濟陰溫子昇、河間邢子才、鉅鹿魏伯起等，並學窮書圃，思極人文，縟綵鬱於雲霞，逸響振於金石。英華秀發，波瀾浩蕩，筆有餘力，詞無竭源。方諸張、蔡、曹、王，亦各一時之選也。聞其風者，聲馳景慕，然彼此好尚，互有異同。江左宮商發越，貴於清綺，河朔詞義貞剛，重乎氣質。氣質則理勝其詞，清綺則文過其意，理深者便於時用，文華者宜於詠歌，此其南北詞人得失之大較也。若能掇彼清音，簡茲累句，各去所短，合其兩長，則文質斌斌，盡善盡美矣。梁自大同之後，雅道淪缺，漸乖典則，爭馳新巧。簡文、湘東，啟其淫放，徐陵、庾信，分路揚鑣。其意淺而繁，其文匿而彩，詞尚輕險，情多哀思。格以延陵之聽，蓋亦亡國之音乎！周氏吞併梁、荊，此風扇於關右，狂簡斐然成俗，流宕忘反，無所取裁。

　高祖初統萬機，每念雕蟲爲樸，發號施令，咸去浮華。煬帝初習藝文，有非輕側之論，暨乎即位，一變其風。其與越公書、建東都詔，冬至受朝詩及擬飲馬長城窟，並存雅體，歸於典制。雖意在驕淫，而詞無浮蕩，故當時綴文之士，遂得依而取正焉。所謂能言者未必能行，蓋亦君子不以人廢言也。

　爰自東帝歸秦，逮乎青蓋入洛，四隩咸泉，九州攸同，江、漢英靈，燕、趙奇俊，並該天網之中，俱爲大國之寶。言刈其楚，片善無遺，潤木圓流，不能十數，才之難也，不其然

乎！時之文人，見稱當世，則范陽盧思道、安平李德林、河東薛道衡、趙郡李元操、鉅鹿魏澹、會稽虞世基、河東柳䛒、高陽許善心等，或鷹揚河朔，或獨步漢南，俱騁龍光，並驅雲路，各有本傳，論而敍之。其潘徽、萬壽之徒，或學優而不切，或才高而無貴仕，其位可得而卑，其名不可埋沒。今總之於此，爲文學傳云。

劉臻

劉臻字宣摰[一]，沛國相人也。父顯，梁尋陽太守。臻年十八，舉秀才，爲邵陵王東閣祭酒。元帝時，遷中書舍人。江陵陷沒，復歸蕭詧，以爲中書侍郎。周冢宰宇文護辟爲中外府記室，軍書羽檄，多成其手。後爲露門學士，授大都督，封饒陽縣子，歷藍田令，幾伯下大夫。

高祖受禪[二]，進位儀同三司。左僕射高熲之伐陳也，以臻隨軍，典文翰，進爵爲伯。皇太子勇引爲學士，甚褻狎之。臻無吏幹，又性恍惚，耽悅經史，終日覃思，至於世事，多所遺忘。有劉訥者，亦任儀同，俱爲太子學士，情好甚密。臻住城南，訥住城東，臻嘗欲尋訥，謂從者曰：「汝知劉儀同家乎？」從者不知尋訥，謂臻還家，答曰：「知。」於是引之而

去，既扣門，臻尚未悟，謂至訥家。乃據鞍大呼曰〔三〕：「劉儀同可出矣。」其子迎門，臻驚曰：「此汝亦來耶？」其子答曰：「此是大人家。」於是顧眄，久之乃悟，叱從者曰〔四〕：「汝大無意，吾欲造劉訥耳。」性好嘲蚘，以音同父諱，呼爲扁螺。其疎放多此類也。精於兩漢書，時人稱爲漢聖。開皇十八年卒，年七十二〔五〕。有集十卷行於世。

王頍

王頍字景文，齊州刺史頒之弟也。年數歲，值江陵陷，隨諸兄入關。少好遊俠，年二十，尚不知書。爲其兄顒所責怒，於是感激，始讀孝經、論語，晝夜不倦。遂讀左傳、禮、易、詩、書，乃歎曰：「書無不可讀者！」勤學累載，遂遍通五經，究其旨趣，大爲儒者所稱。解綴文，善談論。年二十二，周武帝引爲露門學士。每有疑決〔六〕，多頍所爲。而頍性識甄明，精力不倦，好讀諸子，偏記異書〔七〕，當代稱爲博物。又曉兵法，益有縱橫之志，每歎不逢時，常以將相自許。

開皇五年，授著作佐郎。尋令於國子講授。會高祖親臨釋奠，國子祭酒元善講孝經，頍與相論難，詞義鋒起，善往往見屈。高祖大奇之，超授國子博士〔八〕。後坐事解職，配防

嶺南。數載，授漢王諒府諮議參軍，王甚禮之。時諒見房陵及秦、蜀二王相次廢黜，潛有異志。頴遂陰勸諒繕治兵甲。及高祖崩，諒遂舉兵反，多頴之計也。頴後數進奇策，諒不能用。楊素至蒿澤，將戰，頴謂其子曰：「氣候殊不佳，兵必敗。」既而兵敗，頴將歸突厥，至山中，徑路斷絕，知必不免，謂其子曰：「吾之計數，不減楊素，但坐言不見從，遂至於此。不能坐受擒執，以成豎子名也。吾死之後，汝慎勿過親故。」於是自殺，瘞之石窟中。其子數日不得食，遂過其故人，竟爲所擒。楊素求頴屍，得之，斬首，梟於太原。時年五十四。撰五經大義三十卷，有集十卷，並因兵亂，無復存者。

崔儦

崔儦字岐叔，清河武城人也。祖休，魏青州刺史。父仲文，齊高陽太守。世爲著姓。儦年十六，太守請爲功曹，不就。少與范陽盧思道、隴西辛德源同志友善。每以讀書爲務，負恃才地，忽略世人。大署其戶曰：「不讀五千卷書者，無得入此室。」數年之間，遂博覽羣言，多所通涉。解屬文，在齊舉秀才，爲員外散騎侍郎，遷殿中侍御史。尋與熊安生、馬敬德等議五禮，兼脩律令。尋兼散騎侍郎，聘于陳。使還，待詔文林館。歷殿中、膳部

員外,三曹郎中。儦與頓丘李若俱見稱重,時人爲之語曰:「京師灼灼,崔儦、李若。」齊亡,歸鄉里,仕郡爲功曹,州補主簿。

開皇四年,徵授給事郎,尋兼内史舍人。越國公楊素時方貴倖,重儦門地,爲子玄縱娶其女爲妻。聘禮甚厚。親迎之始,公卿滿座,素令騎迎儦,儦故敝其衣冠,騎驢而至。素推令上座,儦有輕素之色,禮甚倨,言又不遜。素忿然拂衣而起,竟罷座。後數日,儦方來謝,素待之如初。仁壽中,卒於京師,時年七十二。子世濟。

諸葛潁

諸葛潁字漢[九],丹陽建康人也。祖銓,梁零陵太守。父規,義陽太守。潁年八歲,能屬文[一〇],起家梁邵陵王參軍事,轉記室。侯景之亂,奔齊,待詔文林館。歷太學博士、太子舍人。周武平齊,不得調,杜門不出者十餘年。習周易、圖緯、倉、雅、莊子[一一],頗得其要。清辯有俊才,晉王廣素聞其名,引爲參軍事,轉記室。及王爲太子,除藥藏監。煬帝即位,遷著作郎,甚見親倖。出入臥内,帝每賜之曲宴,輒與皇后嬪御連席共榻。潁因間

隙[二]，多所讒毀，是以時人謂之「冶葛」。後錄恩舊，授朝散大夫[三]。帝常賜潁詩，其卒章曰：「參翰長洲苑，侍講肅成門。名理窮研覈，英華恣討論。實錄資平允，傳芳導後昆。」其見待遇如此。從征吐谷渾，加正議大夫。後從駕北巡，卒於道，年七十七。潁性褊急，與柳䛒每相忿閱，帝屢責怒之，而猶不止。於後帝亦薄之。有集二十卷，撰鑾駕北巡記三卷，幸江都道里記一卷，洛陽古今記一卷，馬名錄二卷，並行於世。有子嘉會。

孫萬壽

孫萬壽字仙期，信都武強人也。祖寶，魏散騎常侍。父靈暉，齊國子博士。萬壽年十四，就阜城熊安生受五經，略通大義，兼博涉子史。善屬文，美談笑，博陵李德林見而奇之。在齊，年十七，奉朝請。

高祖受禪，滕穆王引爲文學，坐衣冠不整，配防江南。行軍總管宇文述召典軍書。萬壽本自書生，從容文雅，一旦從軍，鬱鬱不得志，爲五言詩贈京邑知友曰：

賈誼長沙國，屈平湘水濱，江南瘴癘地，從來三逐臣[四]。粵余非巧宦，少小拙謀

身。欲飛無假翼，思鳴不值晨。如何載筆士，翻作負戈人！飄飄如木偶[一五]，棄置同

芻狗。失路乃西浮，非狂亦東走。晚歲出函關，方春度京口。石城臨獸據，天津望牛

斗。牛斗盛妖氛，梟鏡已成羣。郗超初入幕，王粲始從軍。裹糧楚山際，被甲吳江濆。

吳江一浩蕩，楚山何糾紛。驚波上濺日，喬木下臨雲。繫越恒資辯，喻蜀幾飛文。魯

連唯救患，吾彥不爭勳。羈遊歲月久，歸思常搔首。非關不樹萱，豈爲無杯酒！數載

辭鄉縣，三秋別親友。壯志後風雲，衰鬢先蒲柳。

心緒亂如絲，空懷疇昔時。昔時遊帝里，弱歲逢知己。旅食南館中，飛蓋西園

裏。河間本好書，東平唯愛士。英辯接天人，清言洞名理。鳳池時寓直，麟閣常遊止。

勝地盛賓僚，麗景相攜招。舟汎昆明水，騎指渭津橋。被除臨灞岸，供帳出東郊。宜

城醞始熟，陽翟曲新調。繞樹烏啼夜，雛麥雉飛朝。細塵梁下落，長袖掌中嬌。懽娛

三樂至，懷抱百憂銷。夢想猶如昨，尋思久寂寥。一朝牽世網，萬里逐波潮。迴輪常

自轉，懸斾不堪搖。

登高視衿帶，鄉關白雲外。迴首望孤城，愁人益不平。華亭宵鶴唳，幽谷早鶯

鳴。斷絕心難續，惆悵魂屢驚。羣紀通家好，鄒魯故鄉情。若值南飛雁，時能訪死生。

此詩至京，盛爲當時之所吟誦，天下好事者多書壁而翫之。

後歸鄉里，十餘年不得調。仁壽初，徵拜豫章王長史，非其好也。王轉封于齊，即爲齊王文學。當時諸王官屬多被夷滅，由是彌不自安，因謝病免。久之，授大理司直，卒於官，時年五十二。有集十卷行於世。

王貞

王貞字孝逸，梁郡陳留人也[六]。少聰敏，七歲好學，善毛詩、禮記、左氏傳、周易，諸子百家[七]，無不畢覽。善屬文詞，不治產業，每以諷讀爲娛。開皇初，汴州刺史樊叔略引爲主簿，後舉秀才，授縣尉，非其好也，謝病于家。

煬帝即位，齊王暕鎮江都，聞其名，以書召之曰：

夫山藏美玉，光照廊廡之間，地蘊神劍，氣浮星漢之表。是知毛遂穎脫，義感平原，孫慧文詞，來迁東海[八]。顧循寡薄，有懷髦彥，籍甚清風，爲日久矣，未獲披覿，良深佇遲。比高天流火，早應涼飆，陵雲仙掌，方承清露，想攝衛攸宜，與時休適。前園後圃，從容丘壑之情，左琴右書，蕭散煙霞之外。茂陵謝病，非無封禪之文，彭澤遺榮[九]，先有歸來之作。優游儒雅，何樂如之！

余屬當藩屏，宣條揚、越，坐棠聽訟，事絕詠歌，攀桂摛詞，眷言高邈。至於揚旌北渚，飛蓋西園，託乘乏應、劉，置醴闕申、穆，背淮之賓，徒聞其語，趨燕之客，罕值其人。卿道冠鷹揚，聲高鳳舉，儒、墨泉海，詞章苑囿，棲遲衡泌，懷寶迷邦，徇茲獨善，良以於邑。今遣行人，具宣往意，側望起予，甚於飢渴，想便輕舉，副此虛心。無信投石之談，空慕鑿坏之逸，書不盡言，更憑詞費。

及貞至，王以客禮待之，朝夕遣問安不。又索文集，貞啓謝曰：

屬賀德仁宣教，須少來所有拙文。昔公旦之才藝，能事鬼神，夫子之文章，性與天道，雅志傳於游、夏，餘波鼓於屈、宋，雕龍之迹，具在風騷，而前賢後聖，代相師祖。賞逐時移，出門分路[一○]，變清音於正始，體高致於元康，咸言坐握蛇珠，誰許獨爲麟角。

孝逸生於戰爭之季，長於風塵之世，學無半古，才不逮人。往屬休明，寸陰已昃，雖居可封之屋，每懷貧賤之恥。適鄢郢而迷塗，入邯鄲而失步，歸來反覆，心灰遂寒。豈謂橫議過實，虛塵睿覽，枉高車以載鼷，費明珠以彈雀，遂得裹糧三月，重高門之餘地，背淮千里，望章臺之後塵。與懸黎而並肆，將駿驥而同皁，終朝擊缶，匪黃鍾之所諧，日暮却行，何前人之能及！

顧想平生，觸塗多感[二一]，但以積年沈痼，遺忘日久，

拙思所存，纔成三十三卷。仰而不至，方見學仙之遠，窺而不覩，始知游聖之難。咫

尺天人，周章不暇，怖甚真龍之降，慙過白豕之歸，伏紙陳情，形神悚越。

齊王覽所上集，善之，賜良馬四匹。貞復上江都賦，王賜錢十萬貫，馬二匹。未幾，以疾甚

還鄉里，終于家。

虞綽 辛大德

虞綽字士裕，會稽餘姚人也。父孝曾，陳始興王諮議。綽身長八尺，姿儀甚偉，博學

有俊才，尤工草隷。陳左衛將軍傅縡有盛名於世，見綽詞賦，歎謂人曰：「虞郎之文，無以

尚也！」仕陳，爲太學博士，遷永陽王記室。

及陳亡，晉王廣引爲學士。大業初，轉爲祕書學士，奉詔與祕書郎虞世南、著作佐郎

庾自直等撰長洲玉鏡等書十餘部。綽所筆削，帝未嘗不稱善，而官竟不遷。初爲校書郎，

以藩邸左右，加宣惠尉。遷著作佐郎，與虞世南、庾自直、蔡允恭等四人常居禁中，以文翰

待詔，恩盼隆洽。

從征遼東，帝舍臨海頓，見大鳥，異之〔三〕，詔綽爲銘。其辭曰：

維大業八年，歲在壬申，夏四月丙子，皇帝底定遼碣，班師振旅，龍駕南轅，鸞旗

西邁〔三〕，行宮次于柳城縣之臨海頓焉。山川明秀，寔仙都也。旌門外設，款跨重阜，同軒皇之

帳殿周施，降望大壑。息清蹕，下輕輿，警百靈，綏萬福，踐素砂，步碧沚。同軒皇之

襄野，邁漢宗於河上，想汾射以開襟，望蓬瀛而載佇。宜然齊肅，藐屬殊庭，兼以聖德

遐宣，息別風與淮雨，休符潛感，表重潤於夷波。璧日曜光，卿雲舒采，六合開朗，十

洲澄鏡。少選之間，儵焉靈感，忽有祥禽，皎同鶴鷺，出自霄漢，翻然雙下。高逾一

丈，長乃盈尋，靡霜暉於羽翮，激丹華於觜距。鸞翔鳳時，鵲起鴻騫，或蹁或啄，載飛

載止，徘徊馴擾，咫尺乘輿。不藉揮琴，非因拊石，樂我君德，是用來儀。斯固類仙人

之驥驥，冠羽族之宗長，西王青鳥，東海赤雁，豈可同年而語哉！竊以銘基華岳，事

乖靈異，紀迹鄒山，義非盡美，猶方冊不泯，遺文可觀。況盛德成功，若斯懿鑠，懷真

味道，加此感通，不鐫名山，安用銘異！臣拜稽首，敢勒銘云：

來蘇興怨，帝自東征，言復禹績，乃御軒營。六師薄伐，三韓肅清，龔行天罰，赫

赫明明。文德上暢，靈武外薄，車徒不擾，苛慝靡作。凱歌載路，成功允鑠，反旆還

軒，遵林並壑。停輿海澨，駐驛巖阯，宵想遐凝，藐屬千里。金臺銀闕，雲浮岳峙，有

感斯應，靈禽效祉。飛來清漢，俱集華泉，好音玉響，皓質冰鮮。狎仁馴德，習習翻

翩，絕迹無泯，於萬斯年。

帝覽而善之，命有司勒於海上。以度遼功，授建節尉。

綽恃才任氣，無所降下。著作郎諸葛潁以學業倖於帝，綽每輕侮之，由是有隙。帝嘗問綽於潁，潁曰：「虞綽儱人也。」帝頷之。時禮部尚書楊玄感稱爲貴倨，虛襟禮之，與結布衣之友。綽數從之遊。其族人虞世南誡之曰：「上性猜忌，而君過厚玄感。若與絕交者，帝知君改悔，可以無咎；不然，終當見禍。」綽不從。尋有告綽以禁內兵書借玄感，帝甚銜之。及玄感敗後，籍没其家，妓妾並入宮。帝因問之，玄感平常時與何人交往，其妾以虞綽對。帝令大理卿鄭善果窮治其事，綽曰：「羈旅薄遊，與玄感文酒談款，實無他謀。」帝怒不解，徙綽且末。綽至長安而亡，吏逮之急，於是潛度江，變姓名，自稱吳卓。遊東陽，抵信安令天水辛大德，大德舍之。歲餘，綽與人爭田相訟，有識綽者而告[二四]，竟爲吏所執，坐斬江都，時年五十四。所有詞賦，並行於世。

大德爲令，誅翦羣盜，甚得民和。與綽俱爲使者所執，其妻泣曰：「每諫君無匿學士，今日之事，豈不哀哉！」大德笑曰：「我本圖脫長者，反爲人告之，吾罪也。」會有詔，死罪得以擊賊自効。信安吏民詣使者叩頭曰：「辛君人命所懸，辛君若去，亦無信安矣。」使者留之以討賊。帝怒，斬使者，大德獲全。

王冑

王冑字承基，琅邪臨沂人也。祖筠，梁太子詹事。父祥，陳黃門侍郎。冑少有逸才，仕陳，起家鄱陽王法曹參軍，歷太子舍人、東陽王文學。及陳滅，晉王廣引爲學士。仁壽末，從劉方擊林邑，以功授帥都督。大業初，爲著作佐郎，以文詞爲煬帝所重。帝常自東都還京師，賜天下大酺，因爲五言詩，詔冑和之。其詞曰：「河、洛稱朝市，崤、函實奧區。周營曲阜作，漢建奉春謨。大君苞二代，皇居盛兩都。招搖正東指，天駟廼西驅。展軨齊玉軑，式道耀金吾。千門駐罕罼，四達儼車徒。是節春之暮，神皋華實敷。皇情感時物，睿思屬粉榆。詔問百年老，恩隆五日酺。小人荷鎔鑄，何由答大鑪。」帝覽而善之，因謂侍臣曰：「氣高致遠，歸之於冑；詞清體潤，其在世基；意密理新，推庾自直。過此者，未可以言詩也。」與虞綽齊名，同志友善，于時後進之士咸以二人爲準的。從征遼東，進授朝散大夫。帝所有篇什，多令繼和。

冑性疏率不倫，自恃才大〔二五〕，鬱鬱於薄宦，每負氣陵傲，忽略時人。爲諸葛潁所嫉，屢譖之於帝，帝愛其才而不罪。禮部尚書楊玄感虛襟與交，數遊其第。及玄感敗，與虞綽

俱從邊。胄遂亡匿，潛還江左，爲吏所捕，坐誅，時年五十六。所著詞賦，多行於世。

胄兄奭，字元恭，博學多通。少有盛名於江左。仕陳，歷太子洗馬、中舍人。陳亡，與胄俱爲學士。煬帝即位，授祕書郎，卒官。

庾自直

庾自直，潁川人也。父持，陳羽林監。自直少好學，沉靜寡欲。仕陳，歷豫章王府外兵參軍、宣惠記室。

陳亡，入關，不得調。晉王廣聞之，引爲學士。大業初，授著作佐郎。自直解屬文，五言詩尤善。性恭慎，不妄交遊，特爲帝所愛。帝有篇章，必先示自直，令其詆訶。自直所難，帝輒改之，或至於再三，俟其稱善，然後方出。其見親禮如此。後以本官知起居舍人事。化及作逆，以之北上，自載露車中，感激發病卒。有文集十卷行於世。

潘徽

潘徽字伯彥，吳郡人也。性聰敏，少受禮於鄭灼，受毛詩於施公，受書於張沖，講莊、

老於張譏，並通大義。尤精三史。善屬文，能持論。陳尚書令江總引致文儒之士，徽一詣總，總甚敬之。釋褐新蔡王國侍郎，選爲客館令。隋遣魏澹聘于陳，陳人使徽接對之。澹將反命，爲啓於陳主曰：「敬奉弘慈，曲垂饘送。」徽以爲「伏奉」爲重，「敬奉」爲輕，却其啓而不奏。澹立議曰：「曲禮注曰：『禮主於敬。』詩曰：『維桑與梓，必恭敬止。』孝經曰：『宗廟致敬。』又云：『不敬其親，謂之悖禮。』孔子敬天之怒，成湯聖敬日躋。宗廟極重，上天極高，父極尊，君極貴，四者咸同一敬，五經未有異文，不知以敬爲輕，竟何所據？」徽難之曰：「向所論敬字，本不全以爲輕，但施用處殊，義成通別。禮主於敬，此是通言，猶如男子『冠而字之』，注云『成人敬其名也』。春秋有冀缺，夫妻亦云『相敬』。至若『敬謝諸公』[二六]，固非尊地，『公子敬愛』，止施賓友，『敬問』、『敬報』，彌見雷同，『敬聽』、『敬酬』，何關貴隔！當知敬之爲義，雖是不輕，但敬之於語，則有時混漫。今云『敬奉』，所以成疑。於子則有敬名之義，在夫亦有敬妻之說，此可復並謂極重乎？既一隅，未爲深據。」澹不能對，遂從而改焉。

及陳滅，爲州博士，秦孝王俊聞其名，召爲學士。嘗從俊朝京師，在塗，令徽於馬上爲賦，行一驛而成，名曰述思賦[二七]。俊覽而善之。復令爲萬字文，并遣撰集字書，名爲韻纂。徽爲序曰：

文字之來尚矣。初則羲皇出震，觀象緯以法天，次則史頡佐軒，察蹄迹而取地。

於是八卦爰始，爻文始作[二八]，繩用既息，墳籍生焉。至如龍筴授河，龜威出洛，綠綈

白檢、述勳，華之運，金繩玉字，表殷、夏之符，銜甲示於姬壇，吐卷徵於孔室，莫不理

包遠邇，迹會幽明，仰協神功，俯照人事。其制作也如彼，其祥瑞也如此，故能宣流萬

代，正名百物，爲生民之耳目，作後王之模範，頌美形容，垂芬篆素。

暨大隋之受命也，追蹤三五，並曜參辰，外振武功，内修文德。飛英聲而勒嵩、

岱，彰大定而銘鍾鼎，春千秋羽，盛禮樂於膠庠，省俗觀風，採歌謠於唐、衛。我秦王

殿下，降靈霄極，禀秀天機，質潤珪璋，文兼黼黻。楚詩早習，頗屬懷於言志，沛易先

通，每留神於索隱。尊儒好古，三雍之對已週，博物多能，百家之工彌洽。遨遊必名

教，漁獵唯圖史。加以降情引汲，擇善芻微，築館招賢，攀枝佇異。剖連城於井里，貫

束帛於丘園，薄技無遺，片言便賞。所以人加脂粉，物競琢磨，俱報稻粱，各施鳴吠。

于時歲次鶉火，月躔夷則，驂駕夷隙，靈光意靜。前臨竹沼，却倚桂巖，泉石瑩仁

智之心，煙霞發文彩之致，賓僚霧集，教義風靡。乃討論羣藝，商略衆書，以爲小學之

家，尤多舛雜，雖復周禮、漢律，務在貫通，而巧説邪辭，遞生同異。且文訛篆隸，音謬

楚、夏、三蒼、急就之流，微存章句，説文、字林之屬，唯別體形。至於尋聲推韻，良爲

疑混，酌古會今，未臻功要。末有李登聲類、呂靜韻集，始判清濁，纔分宮羽，而全無引據，過傷淺局，詩賦所須，卒難爲用。遂躬紆睿旨，標摘是非，撮舉宏綱，裁斷篇部。總會舊轍，創立新意，聲別相從，即隨注釋。詳之話訓，證以經史，備包騷雅，博牽子集，汗簡云畢，題爲韻纂，凡三十卷，勒成一家。方可藏彼名山，副諸石室，見羣玉之爲淺，鄙懸金之不定。爰命末學，製其都序。徽業術已寡，思理彌殫，心若死灰，文慙生氣。徒以犬馬識養，飛走懷仁，敢執顛沛之辭，遂操狂簡之筆。而齊、魯富經學，楚、鄭多良士，西河之彥，幸不讁於索居，東里之才，請能加於潤色。

未幾，俊薨，晉王廣復引爲揚州博士，令與諸儒撰江都集禮一部。復令徽作序曰：

禮之爲用至矣。大與天地同節，明與日月齊照，源開三本，體合四端。巢居穴處之前，即萌其理，龜文鳥迹以後，稍顯其事。雖情存簡易[二九]，意非玉帛，而夏造殷因，可得知也。至如秩宗三禮之職，司徒五禮之官，邦國以和，人神惟敬，道德仁義，非此莫成，進退俯仰，去茲安適！若璽印塗，猶防止水，豈直譬彼耕耨，均斯粉澤而已哉！自世屬坑焚，時移漢、魏，叔孫通之碩解，高堂隆之博識，專門者霧集，制作者風馳，節文頗備，枝條互起。皇帝負扆垂旒，辨方正位，纂勛、華之歷象，綴文、武之憲章。車書之所會通，觸境斯應，雲雨之所霑潤，無思不偪。東探石簣之符，西盡羽陵

之策，鳴鑾太室，偃伯靈臺，樂備五常，禮兼八代。

上柱國、太尉、揚州總管，晉王握珪璋之寶，履神明之德，隆化讚傑，藏用顯仁。戎衣而籠關塞，朝服而掃江湖，收杞梓之才，闢康莊之館。加以佃漁六學，網羅百氏，繼稷下之絶軌，弘泗上之淪風，賾無隱而不探，事有難而必綜。至於采標綠錯，華垂丹篆，刑名長短，儒、墨是非，書圃翰林之域，理窟談叢之內，謁者所求之餘，侍醫所校之逸，莫不澄涇辨渭，拾珠棄蚌。以爲質文遞改，損益不同，明堂、曲臺之記，南宮、東觀之說，鄭、王、徐、賀之答，崔、譙、何、庾之論，簡牒雖盈，菁華蓋鮮。乃以宣條暇日，聽訟餘晨，娛情窺寶之鄉，凝相觀濤之岸，總括油素，躬披緗縹，芟蕪刈楚，振領提綱，去其繁雜，撮其指要，勒成一家，名曰江都集禮。凡十二帙，一百二十卷，取方月數，用比星周，軍國之義存焉，人倫之紀備矣。

昔者龜、蒙令后，睢、渙名藩，誠復出警入蹕，擬乘輿之制度，建韡載旍，用天子之禮樂。求諸述作，未聞茲典。方可韜之類水，副彼名山，見刻石之非工，嗤懸金之已陋。是知沛王通論，不獨擅於前脩，寧朔新書，更追慚於往冊。徽幸棲仁岳，忝遊聖海，謬承恩獎，敢敍該博之致云。

煬帝嗣位，詔徽與著作佐郎陸從典、太常博士褚亮、歐陽詢等助越公楊素撰魏書，會

素薨而止。授京兆郡博士。楊玄感兄弟甚重之，數相來往。及玄感敗，凡交關多罹其患。徽以玄感故人，為帝所不悅，有司希旨，出徽為西海郡威定縣主簿。意甚不平，行至隴西，發病卒。

杜正玄 弟正藏

杜正玄字慎徽，其先本京兆人，八世祖曼，為石趙從事中郎，因家於鄴。自曼至正玄，世以文學相授。正玄尤聰敏，博涉多通。兄弟數人，俱未弱冠，並以文章才辯籍甚三河之間。開皇末，舉秀才，尚書試方略，正玄應對如響，下筆成章。僕射楊素負才傲物，正玄抗辭酬對，無所屈撓，素甚不悅。久之，會林邑獻白鸚鵡，素促召正玄，使者相望。及至，即令作賦。正玄倉卒之際，援筆立成。素見文不加點，始異之。因令更擬諸雜文筆十餘條，又皆立成，而辭理華贍，素乃嘆曰：「此真秀才，吾不及也！」授晉王行參軍，轉豫章王記室，卒官。弟正藏。

正藏字為善〔三〇〕，尤好學，善屬文。弱冠舉秀才，授純州行參軍，歷下邑正。大業中，

學業該通，應詔舉秀才，兄弟三人俱以文章一時詣闕，論者榮之。著碑誄銘頌詩賦百餘篇。又著文章體式，大爲後進所寶，時人號爲文軌，乃至海外高麗、百濟，亦共傳習，稱爲杜家新書。

常得志

京兆常得志，博學善屬文，官至秦王記室。及王薨，過故宮，爲五言詩，辭理悲壯，甚爲時人所重。復爲兄弟論，義理可稱。

尹式

河間尹式，博學解屬文，少有令問。仁壽中，官至漢王記室，王甚重之。及漢王敗，式自殺。其族人正卿、彥卿俱有儁才，名顯於世。

劉善經

河間劉善經，博物洽聞，尤善詞筆。歷仕著作佐郎〔二〕、太子舍人。著酬德傳三十卷，諸劉譜三十卷，四聲指歸一卷，行於世。

祖君彥

范陽祖君彥，齊尚書僕射孝徵之子也〔二二〕。容貌短小，言辭訥澀，有才學。大業末，官至東平郡書佐。郡陷於翟讓，因爲李密所得。密甚禮之，署爲記室，軍書羽檄，皆成於其手。及密敗，爲王世充所殺。

孔德紹

會稽孔德紹，有清才，官至景城縣丞。竇建德稱王，署爲中書令，專典書檄。及建德敗，伏誅。

劉斌

南陽劉斌，頗有詞藻，官至信都郡司功書佐。竇建德署爲中書舍人。建德敗，復爲劉

閬中書侍郎，與劉閭亡歸突厥，不知所終。

史臣曰：魏文有言「古今文人，類不護細行，鮮能以名節自立」，信矣！王冑、虞綽之輩，崔儦、孝逸之倫，或矜氣負才，遺落世事，或學優命薄，調高位下，心鬱抑而孤憤，志盤桓而不定，嘯傲當世，脫略公卿。是知跅弛見遺，嫉邪忤物，不獨漢陽趙壹、平原禰衡而已。故多離咎悔，鮮克有終。然其學涉稽古，文詞辨麗，並鄧林之一枝，崑山之片玉矣。有隋總一寰宇，得人為盛，秀異之貢，不過十數。正玄昆季三人預焉，華萼相耀，亦為難兄弟矣。

校勘記

（一）劉臻字宣摯 「劉臻」，劉大臻墓誌作「劉大臻」。

（二）高祖受禪 「受」，原作「授」，據宋甲本、至順本、南監本、北監本、汲本、殿本改。

（三）乃據鞍大呼曰 「鞍」，原作「桉」，據宋甲本改。按，北史卷八三文苑劉臻傳亦作「鞍」。

（四）叱從者曰 「叱」上原有「此」字，據宋甲本、至順本、南監本、北監本、汲本、殿本刪。

（五）開皇十八年卒年年七十二 劉大臻墓誌作「以開皇十六年三月遘疾彌留，至于大漸」，「以其月

〔一六〕八三文苑王貞傳亦作「梁郡」。

〔一五〕梁郡陳留人也 「梁郡」，原作「梁都」，據宋甲本、南監本、北監本、汲本、殿本改。按，北史卷八三文苑陳留人也 「梁郡」，原作「梁都」，據宋甲本、南監本、北監本、汲本、殿本改。按，北史卷

〔一五〕飄飄如木偶 「飄飄」，宋甲本、至順本作「飄颻」。

〔一四〕從來三逐臣 「三」，宋甲本、至順本、南監本、北監本、汲本、殿本作「多」。

〔一三〕授朝散大夫 「朝散大夫」，宋甲本、至順本、南監本、北監本、汲本、殿本作「朝請大夫」。

〔一二〕穎因間隙 「間」，宋甲本、至順本作「閑」。按，册府卷九二四總錄部傾險亦作「閑」。

〔一一〕莊子 宋甲本作「莊老」。按，北史卷八三文苑諸葛穎傳亦作「莊老」。

〔一○〕穎年八歲能屬文 「八歲」，宋甲本作「十八」。按，北史卷八三文苑諸葛穎傳亦作「十八」。

〔九〕諸葛穎字漢 「諸葛穎」，原作「諸葛潁」，據宋甲本改。按，北史卷八三文苑諸葛穎亦作「諸葛穎」。下文同改，不另出校。

〔八〕超授國子博士 「超」，原作「起」，據北史卷八四孝行王頒傳附王頍傳、御覽卷二三六職官部三四博士引隋書、册府卷五九七學校部選任、卷六○一學校部辯博改。

〔七〕偏記異書 「偏」，北史卷八四孝行王頒傳附王頍傳作「徧」，文意較勝。

〔六〕每有疑決 「疑」，宋甲本、至順本作「議」。按，北史卷八四孝行王頒傳附王頍傳亦作「議」。

〔五〕廿五日奄捐館舍，春秋七十三 當從誌，「十八年」應作「十六年」，「七十二」應是「七十三」。

〔一七〕諸子百家　宋甲本作「諸史百家」。按，北史卷八三文苑王貞傳亦作「諸史百家」。

〔一八〕孫慧文詞來迁東海　「迁」，南監本、北監本、汲本、殿本作「遷」，宋甲本、至順本、冊府卷二九二宗室部禮士作「于」，隋書詳節卷二一〇王貞傳作「干」。按，孫慧即孫惠。晉書卷七一孫惠傳云：「後東海王越舉兵下邳，惠乃詭稱南嶽逸士秦祕之，以書干越。」疑作「干」是。「于」、「迁」涉形近而訛，「從」迁誤。

〔一九〕彭澤遺榮　「遺」，冊府卷二九二宗室部禮士作「辭」。

〔二〇〕出門分路　「分」，至順本作「外」。汲本「分」下小注云：「宋本作『外』。」

〔二一〕觸塗多感　「感」，冊府卷二九二宗室部禮士作「慰」，隋書詳節卷二一〇王貞傳作「畏」。

〔二二〕見大鳥異之　御覽卷九一四羽族部一鳥引隋書作「見大鳥丈餘，縞身朱足，游泳自若，上異之」。多出「丈餘縞身朱足游泳自若上」十一字。

〔二三〕鷽旗西邁　「旗」下原有「遷」字，據宋甲本、北監本、汲本、殿本刪。按，隋書詳節卷二一〇虞綽傳正作「鷽旗西邁」。

〔二四〕有識綽者而告　宋甲本作「因有識綽者而告之」。按，北史卷八三文苑虞綽傳、冊府卷九四九總錄部亡命亦作「因有識綽者而告之」。

〔二五〕自恃才大　宋甲本、北史卷八三文苑王胄傳作「自恃才伐」。冊府卷四七八臺省部簡傲作「恃才自伐」，疑是。

〔三六〕至若敬謝諸公 「敬」字原闕，據宋甲本補。按，北史卷八三文苑潘徽傳、隋書詳節卷二一〇潘徽傳亦有「敬」字。

〔三七〕名曰述思賦 「述思賦」，宋甲本作「述恩賦」。按，北史卷八三文苑潘徽傳、隋書詳節卷二一〇潘徽傳作「爻文斯作」。

〔三八〕爻文始作 宋甲本作「六爻始作」，隋書詳節卷二一〇潘徽傳作「爻文斯作」。

〔三九〕雖情存簡易 「存」，宋甲本作「有」。

〔四〇〕正藏字爲善 此上原有「杜」字，據宋甲本刪。

〔四一〕歷仕著作佐郎 「歷仕」，宋甲本、至順本、汲本作「仕歷」。

〔四二〕齊尚書僕射孝徵之子也 「孝徵」，原作「孝徵」，據北史卷四七祖瑩傳附祖珽傳改。按，君彥父祖珽，字孝徵。

列傳第四十二

隱逸

自肇有書契，綿歷百王，雖時有盛衰，未嘗無隱逸之士。故易稱「遯世無悶」，又曰「不事王侯」；詩云「皎皎白駒，在彼空谷」；禮云「儒有上不臣天子，下不事王侯」；語曰「舉逸民，天下之人歸心焉」。雖出處殊途，語默異用，各言其志，皆君子之道也。洪崖兆其始，箕山扇其風，七人作乎周年，四皓光乎漢日，魏、晉以降，其流逾廣。其大者則輕天下，細萬物，其小者則安苦節，甘賤貧。或與世同塵，隨波瀾以俱逝，或違時矯俗，望江湖而獨往，狎玩魚鳥，左右琴書，拾遺粒而織落毛，飲石泉而蔭松柏。放情宇宙之外，自足懷抱之中，然皆欣欣於獨善，鮮汲汲於兼濟。而受命哲王，守文令主，莫不束帛交馳，蒲輪結

轍，奔走巖谷，唯恐不逮者，何哉？以其道雖未弘，志不可奪，縱無舟檝之功，終有賢貞之操。足以立懦夫之志，息貪競之風，與夫苟得之徒，不可同年共日。所謂無用以爲用，無爲而無不爲者也。故敍其人，列其行，以備隱逸篇云。

李士謙

李士謙字子約，趙郡平棘人也。髫齔喪父，事母以孝聞。母曾歐吐，疑爲中毒，因跪而嘗之。伯父魏岐州刺史瑒，深所嗟尚，每稱曰：「此兒吾家之顏子也。」年十二，魏廣平王贊辟開府參軍事。後丁母憂，居喪骨立。有姊適宋氏，不勝哀而死。士謙服闋，捨宅爲伽藍，脫身而出。詣學請業，研精不倦，遂博覽羣籍，兼善天文術數。齊吏部尚書辛術召署員外郎，趙郡王叡舉德行，皆稱疾不就。和士開亦重其名，將諷朝廷，擢爲國子祭酒。士謙知而固辭，得免。隋有天下，畢志不仕。

自以少孤，未嘗飲酒食肉，口無殺害之言。至於親賓來萃，輒陳罇俎，對之危坐，終日不倦。李氏宗黨豪盛，每至春秋二社，必高會極歡，無不沉醉諠亂。嘗集士謙所，盛饌盈前，而先爲設黍，謂羣從曰：「孔子稱黍爲五穀之長，荀卿亦云食先黍稷，古人所尚，容可

違乎？」少長肅然，不敢弛惰，退而相謂曰：「既見君子，方覺吾徒之不德也。」士謙聞而自

責曰：「何乃爲人所疎，頓至於此！」家富於財，躬處節儉，每以振施爲務。州里有喪事不

辦者，士謙輒奔走赴之，隨乏供濟。有兄弟分財不均，至相閱訟，士謙聞而出財，補其少者，

令與多者相埒。兄弟媿懼，更相推讓，卒爲善士。有牛犯其田者，士謙牽置涼處飼之，過於

本主。望見盜刈其禾黍者，默而避之。其家僮嘗執盜粟者，士謙慰諭之曰：「窮困所致，義

無相責。」遽令放之。其奴嘗與鄉人董震因醉角力，震扼其喉，斃於手下。震惶懼請罪，士

謙謂之曰：「卿本無殺心，何爲相謝！然可遠去，無爲吏之所拘。」性寬厚，皆此類也。

其後出粟數千石，以貸鄉人，值年穀不登，債家無以償，皆來致謝。士謙曰：「吾家餘

粟，本圖振贍，豈求利哉！」於是悉召債家，爲設酒食，對之燔契，曰：「債了矣，幸勿爲念

也。」各令罷去。明年大熟，債家爭來償謙，謙拒之，一無所受。佗年又大飢，多有死者，士

謙罄竭家資，爲之糜粥，賴以全活者將萬計。收埋骸骨，所見無遺。至春，又出粮種，分給

貧乏。趙郡農民德之，撫其子孫曰：「此乃李參軍遺惠也。」或謂士謙曰：「子多陰德。」士

謙曰：「所謂陰德者何？猶耳鳴，己獨聞之，人無知者。今吾所作，吾子皆知，何陰德之

有！」

士謙善談玄理，嘗有一客在坐，不信佛家應報之義，以爲外典無聞焉。士謙喻之曰：

「積善餘慶，積惡餘殃，高門待封，掃墓望喪，豈非休咎之應邪？ 佛經云輪轉五道，無復窮已，此則賈誼所言，千變萬化，未始有極，忽然爲人之謂也。 佛道未東，而賢者已知其然矣。 至若鯀爲黃熊，杜宇爲鶗鴂，褒君爲龍，牛哀爲獸，小人爲猿，彭生爲豕，如意爲犬，黃母爲黿，宣武爲鱉，鄧艾爲牛，徐伯爲魚，鈴下爲烏，書生爲蛇，羊祜前身，李氏之子，此非佛家變受異形之謂邪？」客曰：「邢子才云，豈有松柏後身化爲樗櫟，僕以爲然。」士謙曰：「此不類之談也。 變化皆由心而作，木豈有心乎？」客又問三教優劣，士謙曰：「佛，日也；道，月也；儒，五星也。」客亦不能難而止。

　士謙平生時爲詠懷詩，輒毀棄其本，不以示人。 又嘗論刑罰，遺文不具，其略曰：「帝王制法，沿革不同，自可損益，無爲頓改。 今之贓重者死，是酷而不懲也。 語曰：『人不畏死，不可以死恐之。』愚謂此罪宜從肉刑，刖其一趾，再犯者斷其右腕。 流刑刖去右手三指，又犯者下其腕。 小盜宜黥，又犯則落其所用三指，又不悛下其腕，無不止也。 無賴之人，竄之邊裔，職爲亂階，適所以召戎矣，非求治之道也。 博弈淫遊，盜之萌也，禁而不止，黥之則可。」有識者頗以爲得治體。

　開皇八年，終於家，時年六十六。 趙郡士女聞之，莫不流涕曰：「我曹不死，而令李參軍死乎！」會葬者萬餘人。 鄉人李景伯等以士謙道著丘園，條其行狀，詣尚書省請先生之

謚，事寢不行，遂相與樹碑於墓。

其妻范陽盧氏，亦有婦德，及夫終後，所有賄贈，一無所受，謂州里父老曰：「參軍平生好施，今雖殞歿，安可奪其志哉！」於是散粟五百石以振窮乏。

崔廓 子賾

崔廓字士玄，博陵安平人也。父子元，齊燕州司馬。廓少孤貧而母賤，由是不爲邦族所齒。初爲里佐，屢逢屈辱，於是感激，逃入山中。遂博覽書籍，多所通涉，山東學者皆宗之。既還鄉里，不應辟命。與趙郡李士謙爲忘年之友〔　〕，每相往來，時稱崔、李。及士謙死，廓哭之慟，爲之作傳，輸之秘府。士謙妻盧氏寡居，每有家事，輒令人諮廓取定。廓嘗著論，言刑名之理，其義甚精，文多不載。大業中，終于家，時年八十。有子曰賾。

賾字祖濬，七歲能屬文，容貌短小，有口才。開皇初，秦孝王薦之，射策高第，詔與諸儒定禮樂，授校書郎。尋轉協律郎，太常卿蘇威雅重之。母憂去職，性至孝，水漿不入口者五日。徵爲河南、豫章二王侍讀，每更日來往二王之第。及河南爲晉王，轉記室參軍，

自此去豫章。王重之不已，遺賾書曰：

昔漢氏西京，梁王建國，平臺、東苑，慕義如林。馬卿辭武騎之官，枚乘罷弘農之守。每覽史傳，嘗切怪之，何乃脫略官榮，棲遲藩邸？以今望古，方知雅志。彼二子者，豈徒然哉！

足下博聞强記，鉤深致遠，視漢臣之三篋，似涉蒙山[二]，對梁相之五車，若吞雲夢。吾兄欽賢重士，敬愛忘疲，先築郭隗之宮，常置穆生之醴。今者重開土宇，更誓山河，地方七百[三]，牢籠曲阜，城兼七十，包舉臨淄，大啓南陽，方開東閣。想得奉飛蓋，曳長裾，藉玳筵，躡珠履，歌山桂之偃蹇，賦池竹之檀欒。其崇貴也如彼，其風流也如此，幸甚幸甚，何樂如之！高視上京，有懷德祖，才謝天人，多慚子建，書不盡意，寧俟繁辭。

賾答曰：

一昨伏奉教書，榮貺非恒，心靈自失。若乃理高象、繫，管輅思而不解，事富山海，郭璞注而未詳。至於五色相宣，八音繁會，鳳鳴不足喻，龍章莫之比。吳札之論周頌，詎盡揄揚，郢客之奏陽春，誰堪赴節！伏惟令王殿下，凜潤天潢，承輝日觀，雅道貴於東平，文藝高於北海。漢則馬遷、蕭望，晉則裴楷、張華，雞樹騰聲，鵷池播美，

望我清塵，悠然路絕。

祖瀍燕南贅客，河朔惰遊，本無意於希顏，豈有心於慕藺！未嘗聚螢映雪，懸頭刺股，讀論唯取一篇，披莊不過盈尺。復況桑榆漸暮，藜藿屢空，舉燭無成，穿楊盡棄。但以燕求馬首，薛養雞鳴，謬齒鴻儀，虛班驥皁。挾太山而超北海，比報德而非難，埋崐崘以爲池，匹酬恩而反易。忽屬周桐錫瑞，唐水承家，門有將相，樹宜桃李。真龍將下，誰好有名，濫吹先逃，何須別聽！但慈旨抑揚，損上益下，江海所以稱王，丘陵爲之不逮〔四〕。曹植黨預聞高論，則不隕令名，楊脩若切在下風〔五〕，亦詎虧淳德。無任荷戴之至，謹奉啓以聞。

豫章得書，賫米五十石，并衣服錢帛。

時晉邸文翰，多成其手。王入東宮，除太子齋帥〔六〕，俄遷舍人。及元德太子薨，以疾歸于家。後徵授起居舍人。

大業四年，從駕汾陽宮，次河陽鎮。藍田令王曇於藍田山得一玉人，長三尺四寸，著大領衣，冠幘，奏之。詔問羣臣，莫有識者，賾答曰：「謹按漢文已前，未有冠幘，即是文帝以來所制作也。臣見魏大司農盧元明撰嵩高山廟記云，有神人，以玉爲形，像長數寸，或出或隱，出則令世延長。伏惟陛下應天順民，定鼎嵩、洛，岳神自見。臣敢稱慶。」因再拜，

百官畢賀，天子大悅，賜縑二百匹。從駕登太行山，詔問頠曰：「何處有羊腸坂？」頠對曰：「臣按漢書地理志，上黨壺關縣有羊腸坂。」帝曰：「是也。」帝因謂牛弘曰：「崔祖濬所謂問一知二。」五年，受詔與諸儒撰區宇圖志二百五十卷，奏之。帝不善之，更令虞世基、許善心衙撰地書云，太原北九十里有羊腸坂。帝曰：「不是。」又答曰：「臣按皇甫士安爲六百卷。以父憂去職，尋起令視事。遼東之役，授鷹揚長史，置遼東郡縣名，皆頠之議也。奉詔作東征記。九年，除越王長史。于時山東盜賊蜂起，帝令撫慰高陽、襄國，歸首者八百餘人。十二年，從駕江都。宇文化及之弑帝也，引爲著作郎，稱疾不起。在路發疾，卒於彭城，時年六十九。

頠與洛陽元善、河東柳𧦦、太原王劭、吳興姚察、琅邪諸葛潁、信都劉焯、河間劉炫相善，每因休假，清談竟日。所著詞賦碑誌十餘萬言，撰洽聞志七卷，八代四科志三十卷，未及施行，江都傾覆，咸爲煨燼。

徐則

徐則，東海郯人也。幼沈靜，寡嗜欲。受業於周弘正，善三玄，精於議論，聲擅都邑，

則歎曰：「名者實之賓，吾其爲賓乎！」遂懷棲隱之操，杖策入縉雲山。後學數百人，苦請

教授，則謝而遣之。不娶妻，常服巾褐。陳太建時，應召來憩於至真觀。朞月，又辭入天

台山，因絕穀養性，所資唯松水而已〔七〕，雖隆冬沍寒，不服綿絮。太傅徐陵爲之刊山

立頌。

初在縉雲山，太極真人徐君降之曰：「汝年出八十，當爲王者師，然後得道也。」晉王

廣鎮揚州，知其名，手書召之曰：「夫道得衆妙，法體自然，包涵二儀，混成萬物，人能弘

道，道不虛行。先生履德養空，宗玄齊物，深明義味，曉達法門。悦性沖玄，怡神虛白，餐松

餌朮，棲息煙霞。望赤城而待風雲，遊玉堂而駕龍鳳，雖復藏名台岳，猶且騰實江淮，藉甚嘉

猷，有勞寤寐。欽承素道，久積虛襟，側席幽人，夢想巖穴。古今雖異，山谷不殊，市朝之隱，

道體休怠。昔商山四皓，輕舉漢庭，淮南八公，來儀藩邸。霜風已冷，海氣將寒，偃息茂林，

前賢已説，導凡述聖，非先生而誰！故遣使人往彼延請，想無勞束帛〔八〕，貴然來思，不待

蒲輪，去彼空谷。希能屈己，竚望披雲。」則謂門人曰：「吾今年八十一，王來召我，徐君之

旨，信而有徵。」於是遂詣揚州。晉王將請受道法，則辭以時日不便。其後夕中，命侍者取

香火，如平常朝禮之儀。至于五更而死，支體柔弱如生，停留數旬，顏色無變。

晉王下書曰：「天台真隱東海徐先生，虛確居宗，沖玄成德，齊物處外，檢行安身。草

褐蒲衣，餐松餌术，棲隱靈岳，五十餘年。卓矣仙才，飄然勝氣[九]，千尋萬頃，莫測其涯。寡人欽承道風，久餐德素，頻遣使乎，遠此延屈，冀得虔受上法，式建良緣。至止甫爾，未淹旬日，厭塵羽化，反真靈府。身體柔軟，顏色不變，經方所謂屍解地仙者哉！誠復師禮未申，而心許有在，雖忘怛化，猶愴于懷，喪事所資，隨須供給。霓裳羽蓋，既且騰雲，空椁餘衣，詎藉墳壠！但杖舄猶存，示同俗法，宜遣使人送還天台定葬。」是時自江都至於天台，在道多見則徒步，云得放還。至其舊居，取經書道法分遺弟子，仍令淨掃一房，曰：「若有客至，宜延之於此。」然後跨石梁而去，不知所之。須臾，屍柩至，方知其靈化。時年八十二。晉王聞而益異之，賵物千段，遣畫工圖其狀貌，令柳䛒爲之讚曰：「可道非道，常道無名。上德不德，至德無盈。玄風扇矣，而有先生。夙鍊金液，怡神玉清。石髓方軟，雲丹欲成。言追葛稚，將侶茅嬴。我王遙屬，爰感靈誠。柱下暫啓，河上沉精。留符告信，化杖飛聲。永思靈迹，曷用攄情？時披素繪，如臨赤城。」

　　時有建安宋玉泉、會稽孔道茂、丹陽王遠知等，亦行辟穀，以松水自給，皆爲煬帝所重。

　　張文詡

張文詡，河東人也。父琚，開皇中爲洹水令，以清正聞。有書數千卷，教訓子姪，皆以明經自達。文詡博覽文籍，特精三禮，其周易、詩、書及春秋三傳，並皆通習。每好鄭玄注解，以爲通博，其諸儒異説，亦皆詳究焉。高祖引致天下名儒碩學之士，其房暉遠、張仲讓、孔籠之徒，並延之於博士之位。文詡時遊太學，暉遠等莫不推伏之，學内翕然，咸共宗仰。其門生多詣文詡，請質凝滯，文詡輒博引證據，辨説無窮，唯其所擇。治書侍御史皇甫誕一時朝彦，恒執弟子之禮。適至南臺，遽飾所乘馬，就學邀屈。文詡每牽馬步進，意在不因人以自致也。右僕射蘇威聞其名而召之，與語，大悦，勸令從官。文詡意不在仕，固辭焉。

仁壽末，學廢，文詡策杖而歸，灌園爲業。州郡頻舉，皆不應命。事母以孝聞。每以德化人，鄉黨頗移風俗。嘗有人夜中竊刈其麥者，見而避之，盜因感悟，棄麥而謝。文詡慰諭之，自誓不言，固令持去。經數年，盜者向鄉人説之，始爲遠近所悉。鄰家築牆，心有不直，文詡因毀舊堵以應之。文詡嘗有腰疾，會醫者自言善禁，文詡令禁之，遂爲刃所傷，至於頓伏牀枕。醫者叩頭請罪，文詡遽遣之，因爲其隱，謂妻子曰：「吾昨風眩，落坑所致。」其掩人之短，皆此類也。州縣以其貧素，將加振贍，輒辭不受。每閑居無事，從容長歎曰：「老冉冉而將至，恐脩名之不立！」以如意擊几，皆有處所，時人方之閔子騫、原憲

焉。終於家，年四十。鄉人爲立碑頌，號曰張先生。

史臣曰：古之所謂隱逸者，非伏其身而不見也，非閉其言而不出也，非藏其智而不發也。蓋以恬淡爲心，不皦不昧，安時處順，與物無私者也。士謙等忘懷縲絏，畢志丘園，隱不違親，貞不絕俗，不教而勸，虛往實歸，愛之如父母，懷之如親戚，非有自然之純德，其孰能至於斯乎？然士謙聞譽不喜，文詡見傷無慍，徐則志在沉冥，不可親疏，莫能貴賤，皆抱樸之士矣。崔廓感於屈辱，遂以肥遯見稱，祖濬文籍之美，足以克隆先構，父子雖動靜殊方，其於成名一也，美哉！

校勘記

〔二〕　與趙郡李士謙爲忘年之友　「年」，至順本、汲本作「言」。按，北史卷八八隱逸崔廓傳、御覽卷五〇六逸民部六逸民六引隋書、宋本冊府卷八八二總錄部交友、隋書詳節卷二〇崔廓傳亦作「言」。

〔三〕　似涉蒙山　「涉」，至順本作「陟」。按，北史卷八八隱逸崔廓傳附崔賾傳、冊府卷二九二宗室部禮士亦作「陟」。

〔三〕　地方七百　宋本册府卷二九二宗室部禮士作「地方百二」，明本册府作「地方二百里」，隋書詳節卷二〇崔廓傳作「地方千里」。

〔四〕　丘陵爲之不逮　「逮」，册府卷二九二宗室部禮士作「讓」。

〔五〕　楊脩若切在下風　「切」，册府卷二九二宗室部禮士作「竊」。

〔六〕　除太子齋帥　「太子齋帥」，原作「太子齋帥」，據至順本、汲本改。按，北史卷八八隱逸崔廓傳附崔賾傳亦作「太子齋帥」。本書卷二八百官志下「太子齋帥，上戍主，爲正七品」。

〔七〕　所資唯松水而已　「水」，北史卷八八隱逸徐則傳、通志卷一七八隱逸徐則傳作「尤」。

〔八〕　想無勞束帛　「帛」，原作「帶」，據至順本、汲本改。按，北史卷八八隱逸徐則傳、册府卷八二二總録部尚黄老亦作「帛」。

〔九〕　飄然勝氣　「勝」，北史卷八八隱逸徐則傳作「騰」。

隋書卷七十八

列傳第四十三

藝術

夫陰陽所以正時日，順氣序者也；卜筮所以決嫌疑，定猶豫者也；醫巫所以禦妖邪，養性命者也；音律所以和人神，節哀樂者也；相術所以辯貴賤，明分理者也；技巧所以利器用，濟艱難者也。此皆聖人無心，因民設教，救恤災患，禁止淫邪。自三五哲王，其所由來久矣。

然昔之言陰陽者，則有箕子、裨竈、梓慎、子韋；曉音律者，則師曠、師摯、伯牙、杜夔；敘卜筮，則史扁、史蘇、嚴君平、司馬季主；論相術，則内史叔服、姑布子卿、唐舉、許負；語醫，則文摯、扁鵲、季咸、華佗；其巧思，則奚仲、墨翟、張平子、馬德衡。凡此諸君者，仰觀

俯察，探賾索隱，咸詣幽微，思侔造化，通靈入妙，殊才絕技。或弘道以濟時，或隱身以利物，深不可測，固無得而稱焉。近古涉乎斯術者，鮮有存夫貞一，多肆其淫僻，厚誣天道。或變亂陰陽，曲成君欲，或假託神怪，熒惑民心。遂令時俗妖訛，不獲返其真性，身罹災毒，莫得壽終而死。藝成而下，意在茲乎？

歷觀經史百家之言，無不存夫藝術，或敍其玄妙，或記其迂誕，非徒用廣異聞，將以明乎勸戒。是以後來作者，或相祖述〔一〕，故今亦採其尤著者，列爲藝術篇云。

庾季才　子質

庾季才字叔奕，新野人也。八世祖滔，隨晉元帝過江，官至散騎常侍，封遂昌侯，因家于南郡江陵縣。祖詵，梁處士，與宗人易齊名。父曼倩，光祿卿。季才幼穎悟，八歲誦尚書，十二通周易，好占玄象。居喪以孝聞。梁廬陵王續辟荊州主簿〔二〕，湘東王繹重其術藝，引授外兵參軍。西臺建，累遷中書郎，領太史，封宜昌縣伯。季才固辭太史，元帝曰：「漢司馬遷歷世尸掌，魏高堂隆猶領此職，不無前例，卿何憚焉。」帝亦頗明星曆，因共仰觀，從容謂季才曰：「朕猶慮禍起蕭牆，何方可息？」季才曰：「頃天象告變，秦將入郢，陛

下宜留重臣，作鎮荆陝，整旆還都，以避其患。假令羯寇侵軼，止失荆湘，在於社稷，可得無慮。必久停留，恐非天意也。」帝初然之，後與吏部尚書宗懍等議，乃止。俄而江陵陷滅，竟如其言。

周太祖一見季才，深加優禮，令參掌太史。每有征討，恒預侍從。賜宅一區，水田十頃，并奴婢牛羊什物等，謂季才曰：「卿是南人，未安北土，故有此賜者，欲絕卿南望之心。」初，郢都之陷也，衣冠士人多沒爲賤。季才散所賜物，購求宜盡誠事我，當以富貴相答。」文帝問：「何能若此？」季才曰：「僕聞魏克襄陽，先昭異度，晉平建業，喜得士衡。伐國求賢，古之道也。今郢都覆敗，君信有罪，搢紳何咎，皆爲賤隷！鄙人羈旅，不敢獻親故。文帝問：「何能若此？」季才曰：「僕聞魏克襄陽，先昭異度，晉平建業，喜得士衡。伐國求賢，古之道也。今郢都覆敗，君信有罪，搢紳何咎，皆爲賤隷！鄙人羈旅，不敢獻言，誠切哀之，故贖購耳。」太祖乃悟曰：「吾之過也。微君遂失天下之望！」因出令免梁俘爲奴婢者數千口。

武成二年，與王褒、庾信同補麟趾學士。累遷稍伯大夫、車騎大將軍、儀同三司。其後大冢宰宇文護執政，謂季才同補麟趾學士。累遷稍伯大夫、車騎大將軍、儀同三司。其後大冢宰宇文護執政，謂季才曰：「比日天道，有何徵祥？」季才對曰：「荷恩深厚，若不盡言，便同木石。頃上台有變，不利宰輔，公宜歸政天子，請老私門。此則自享期頤，而受旦、奭之美，子孫藩屏，終保維城之固。不然者，非復所知。」護沈吟久之，謂季才曰：「吾本意如此，但辭未獲免耳。公既王官，可依朝例，無煩別參寡人也。」自是漸疎，不復別見。

及護滅之後，閱其書記，武帝親自臨檢，有假託符命，妄造異端者，皆致誅戮。唯得季才書兩紙，盛言緯候災祥，宜反政歸權。帝謂少宗伯斛斯徵曰：「庾季才至誠謹慤，甚得人臣之禮。」因賜粟三百石，帛二百段。遷太史中大夫，詔撰靈臺祕苑，加上儀同，封臨潁伯，邑六百戶。宣帝嗣位，加驃騎大將軍、開府儀同三司，增邑三百戶。

及高祖爲丞相，嘗夜召季才而問曰：「吾以庸虛，受茲顧命，天時人事，卿以爲何如？」季才曰：「天道精微，難可意察，切以人事卜之，符兆已定。季才縱言不可，公豈復得爲箕、潁之事乎？」高祖默然久之，因舉首曰：「吾今譬猶騎獸，誠不得下矣。」因賜雜綵五十四，絹二百段，曰：「愧公此意，宜善爲思之。」大定元年正月，季才言曰：「今月戊戌平旦，青氣如樓闕，見於國城之上，俄而變紫，逆風西行。氣經云：『天不能無雲而雨，皇王不能無氣而立。』今王氣已見，宜即應之。二月日出卯入酉，居天之正位，謂之二八之門。日者，人君之象，人君正位，宜用二月。其月十三日甲子，甲爲六甲之始，子爲十二辰之初，甲數九，子數又九，九爲天數。其日即是驚蟄，陽氣壯發之時。昔周武王以二月甲子定天下，享年八百，漢高帝以二月甲午即帝位，享年四百，故知甲子、甲午爲得天數。今二月甲子，宜應天受命。」上從之。

開皇元年，授通直散騎常侍。高祖將遷都，夜與高潁、蘇威二人定議，季才旦而奏

曰：「臣仰觀玄象，俯察圖記，龜兆允襲，必有遷都。且堯都平陽，舜都冀土，是知帝王居止，世代不同。且漢營此城，經今將八百歲，水皆鹹鹵，不甚宜人，願陛下協天人之心，爲遷徙之計。」高祖愕然，謂頴等曰：「是何神也！」遂發詔施行，賜絹三百段，馬兩匹，進爵爲公。謂季才曰：「朕自今已後，信有天道矣。」於是令季才與其子質撰垂象、地形等志，上謂季才曰：「天地祕奧，推測多途，執見不同，或致差舛。朕不欲外人干預此事，故使公父子共爲之也。」及書成奏之，賜米千石，絹六百段。

九年〔三〕，出爲均州刺史。策書始降，將就藩，時議以季才術藝精通，有詔還委舊任。季才以年老，頻表去職，每降優旨不許。會張胄玄曆行，及袁充言日景長。上以問季才，季才因言充謬。上大怒，由是免職，給半禄歸第。所有祥異，常使人就家訪焉。仁壽三年卒，時年八十八。

季才局量寬弘，術業優博，篤於信義，志好賓遊。常吉日良辰，與琅琊王褒、彭城劉毅、河東裴政及宗人信等，爲文酒之會。次有劉臻、明克讓、柳䛒之徒，雖爲後進，亦申遊歇。撰靈臺祕苑一百二十卷，垂象志一百四十二卷，地形志八十七卷，並行於世。

庾質字行脩，少而明敏，早有志尚。八歲誦梁世祖玄覽、言志等十賦，拜童子郎。仕

周齊煬王記室。開皇元年，除奉朝請，歷鄠陵令，遷隴州司馬。大業初，授太史令。操履貞慤，立言忠鯁，每有災異，必指事面陳。而煬帝性多忌刻，齊王暕亦被猜嫌。質子儉時爲齊王屬，帝謂質曰：「汝不能一心事我，乃使兒事齊王，何向背如此邪？」質曰：「臣事陛下，子事齊王，實是一心，不敢有二。」帝怒不解，由是出爲合水令。

八年，帝親伐遼東，徵詣行在所。至臨渝謁見，帝謂質曰：「朕承先旨，親事高麗，度其土地人民，纔當我一郡，卿以爲剋不？」質對曰：「以臣管窺，伐之可剋，切有愚見，不願陛下親行。」帝作色曰：「朕今總兵至此，豈可未見賊而自退也？」質又曰：「陛下若行，慮損軍威。臣猶願安駕住此，命驍將勇士指授規模，倍道兼行，出其不意。事宜在速，緩必無功。」帝不悅曰：「汝既難行，可住此也。」及師還，授太史令。九年，復征高麗，又問質曰：「今段復何如？」對曰：「臣實愚迷，猶執前見。陛下若親動萬乘，糜費實多。」帝怒曰：「我自行尚不能剋，直遣人去，豈有成功也！」帝遂行。既而禮部尚書楊玄感據黎陽反，兵部侍郎斛斯政奔高麗，帝大懼，遽而西還，謂質曰：「卿前不許我行，當爲此耳。今者玄感其成事乎？」質曰：「玄感地勢雖隆，德望非素，因百姓之勞苦，冀僥倖而成功。今天下一家，未易可動。」帝曰：「熒惑入斗如何？」對曰：「斗，楚之分，玄感之所封也。今火色衰謝，終必無成。」

十年，帝自西京將往東都，質諫曰：「比歲伐遼，民實勞敝，陛下宜鎮撫關內，使百姓畢力歸農。三五年間，令四海少得豐實，然後巡省，於事爲宜。陛下思之。」帝不悅，質辭疾不從。帝聞之，怒，遣使馳傳，鎖質詣行在所。至東都，詔令下獄，竟死獄中。

子儉，亦傳父業，兼有學識。仕歷襄武令、元德太子學士、齊王屬。義寧初，爲太史令。

時有盧太翼、耿詢，並以星曆知名。

盧太翼

盧太翼字協昭，河間人也，本姓章仇氏。七歲詣學，日誦數千言，州里號曰神童。及長，閑居味道，不求榮利。博綜羣書，爰及佛道，皆得其精微。尤善占候算曆之術。隱於白鹿山，數年徙居林慮山茱萸巘，請業者自遠而至，初無所拒，後憚其煩，逃於五臺山。地多藥物，與弟子數人廬於巖下，蕭然絕世，以爲神仙可致。皇太子勇聞而召之，太翼知太子必不爲嗣，謂所親曰：「吾拘逼而來，不知所稅駕也！」及太子廢，坐法當死，高祖惜其才而不害，配爲官奴。久之，乃釋。其後目盲，以手摸書而知其字。

仁壽末，高祖將避暑仁壽宮，太翼固諫不納，至于再三。太翼曰：「臣愚豈敢飾詞，但恐是行鑾輿不反。」高祖大怒，繫之長安獄，期還而斬之。高祖至宮寢疾，臨崩，謂皇太子曰：「章仇翼，非常人也，前後言事，未嘗不中。吾來日道當不反，今果至此，爾宜釋之。」及煬帝即位，漢王諒反，帝以問之。答曰：「上稽玄象，下參人事，何所能為？」未幾，諒果敗。帝常從容言及天下氏族，謂太翼曰：「卿姓章仇，四岳之冑，與盧同源。」於是賜姓為盧氏。大業九年，從駕至遼東，太翼言於帝曰：「黎陽有兵氣。」後數日而玄感反書聞，帝甚異之，數加賞賜。太翼所言天文之事，不可稱數，關諸祕密，世莫得聞。後數載，卒於洛陽。

耿詢

耿詢字敦信，丹陽人也。滑稽辯給，伎巧絕人。陳後主之世，以客從東衡州刺史王勇於嶺南。勇卒，詢不歸，遂與諸越相結，皆得其歡心。會郡俚反叛，推詢為主。柱國王世積討禽之，罪當誅。自言有巧思，世積釋之，以為家奴。久之，見其故人高智寶以玄象直太史，詢從之受天文籌術。詢創意造渾天儀，不假人力，以水轉之，施於闇室中，使智寶外

候天時，合如符契。世積知而奏之，高祖配詢爲官奴，給使太史局。後賜蜀王秀，從往益州，秀甚信之。及秀廢，復當誅，何稠言於高祖曰：「耿詢之巧思若有神，臣誠爲朝廷惜之。」上於是特原其罪。詢作馬上刻漏，世稱其妙。

煬帝即位，進欹器，帝善之，放爲良民。歲餘，授右尚方署監事。七年，車駕東征，詢上書曰：「遼東不可討，師必無功。」帝大怒，命左右斬之，何稠苦諫得免。及平壤之敗，帝以詢言爲中，以詢守太史丞。宇文化及弑逆之後，從至黎陽，謂其妻曰：「近觀人事，遠察天文，宇文必敗，李氏當王，吾知所歸矣。」詢欲去之，爲化及所殺。著鳥情占一卷，行於世。

韋鼎

韋鼎字超盛，京兆杜陵人也。高祖玄，隱於商山，因而歸宋。祖叡，梁開府儀同三司。父正，黃門侍郎。鼎少通悅，博涉經史，明陰陽逆刺，尤善相術。仕梁，起家湘東王法曹參軍。遭父憂，水漿不入口者五日，哀毀過禮，殆將滅性。服闋，爲邵陵王主簿。侯景之亂，鼎兄昂卒於京城，鼎負屍出，寄于中興寺。求棺無所得，鼎哀憤慟哭，忽見江中有物，流至鼎所，鼎切異之。往見，乃新棺也，因以充殮。元帝聞之，以爲精誠所感。侯景平，司徒王

僧辯以爲戶曹屬，歷太尉掾、大司馬從事、中書侍郎。

陳武帝在南徐州，鼎望氣知其當王，遂寄孥焉。因謂陳武帝曰：「明年有大臣誅死，

後四歲，梁其代終，天之曆數當歸舜後。昔周滅殷氏，封媯滿于宛丘，其裔子孫因爲陳氏。

僕觀明公天縱神武，繼絕統者，無乃是乎！」武帝陰有圖僧辯意，聞其言，大喜，因而定策。

及受禪，拜黃門侍郎，俄遷司農卿，司徒右長史、貞威將軍，領安右晉安王長史、行府國事，

轉廷尉卿。太建中，爲聘周主使，加散騎常侍。尋爲祕書監、宣遠將軍、轉臨海王長史、行

吳興郡事。入爲太府卿。至德初，鼎盡質貨田宅，寓居僧寺。友人大匠卿毛彪問其故，答

曰：「江東王氣盡於此矣。吾與爾當葬長安。期運將及，故破產耳。」

初，鼎之聘周也，嘗與高祖相遇，鼎謂高祖曰：「觀公容貌，故非常人，而神監深遠，亦

非羣賢所逮也。不久必大貴，貴則天下一家，歲一周天，老夫當委質。公相不可言，顧深

自愛。」及陳平，上馳召之，授上儀同三司，待遇甚厚。上每與公宴賞，鼎恒預焉。高祖

嘗從容謂之曰：「韋世康與公相去遠近？」鼎對曰：「臣宗族分派，南北孤絕，自生以來，

未嘗訪問。」帝曰：「公百世卿族，何得爾也。」乃命官給酒肴，遣世康與鼎還杜陵，樂飲十

餘日。鼎乃考校昭穆，自楚太傅孟以下二十餘世，作韋氏譜七卷。時蘭陵公主寡，上爲之

求夫，選親衛柳述及蕭瑒等以示於鼎。鼎曰：「瑒當封侯，而無貴妻之相，述亦通顯，而守

位不終。」上曰：「位由我耳。」遂以主降述。上又問鼎：「諸兒誰得嗣？」答曰：「至尊、皇

后所最愛者，即當與之，非臣敢預知也。」上笑曰：「不肯顯言乎？」

開皇十二年，除光州刺史，以仁義教導，務弘清靜。州中有土豪，外脩邊幅，而內行不

軌，常爲劫盜。鼎於都會時謂之曰：「卿是好人，那忽作賊？」因條其徒黨謀議逗留，其人

驚懼，即自首伏。又有人客遊，通主家之妾，及其還去，妾盜珍物，於夜亡，尋於草中爲人

所殺。主家知客與妾通，因告客殺之。縣司鞫問，具得姦狀，因斷客死。獄成，上於鼎，鼎

覽之曰：「此客實姦，而殺非也。乃某寺僧訟妾盜物，令奴殺之，贓在某處。」即放此客，遣

掩僧，并獲贓物。自是部內蕭然不言，咸稱其有神，道無拾遺。尋追入京，以年老多病，累

加優賜。頃之，卒，年七十九。

來和

來和字弘順，京兆長安人也。少好相術，所言多驗。大冢宰宇文護引之左右，由是出

入公卿之門。初爲夏官府下士，累遷少卜上士，賜爵安定鄉男。遷畿伯下大夫，進封洹水

縣男。

高祖微時，來詣和相，和待人去，謂高祖曰：「公當王有四海。」及爲丞相，拜儀同，既受禪，進爵爲子。開皇末，和上表自陳曰：

臣早奉龍顏，自周代天和三年已來，數蒙陛下顧問，當時具言至尊膺圖受命，光宅區宇。此乃天授，非由人事所及。臣無勞效，坐致五品，二十餘年。臣是何人，敢不惕懼！愚臣不任區區之至，謹錄陛下龍潛之時，臣有所言一得，書之祕府，死無所恨。

昔陛下在周，嘗與永富公竇榮定語臣曰：「我聞有行聲，即識其人。」臣當時即言公眼如曙星，無所不照，當王有天下，願忍誅殺。建德四年五月，周武帝在雲陽宮，謂臣曰：「諸公皆汝所識，隋公相祿何如？」臣報武帝曰：「隋公止是守節人，可鎮一方。若爲將領，陣無不破。」臣即於宮東南奏聞。陛下謂臣，此語不忘。明年，烏丸軌言於武帝曰：「隋公非人臣。」帝尋以問臣，臣知帝有疑，臣詭報曰：「是節臣，更無異相。」于時王誼、梁彥光等知臣此語。大象二年五月，至尊從永巷東門入，臣在永巷門東，北面立，陛下問臣曰：「我無災障不？」臣奏陛下曰：「公骨法氣色相應，天命已有付屬。」未幾，遂總百揆。

上覽之大悅，進位開府，賜物五百段，米三百石，地十頃。

和同郡韓則，嘗詣和相，和謂之曰：「後四五當得大官。」人初不知所謂。則至開皇十五年五月而終，人問其故，和曰：「十五年爲三五，加以五月爲四五。大官，棺也。」和言多此類。著相經四十卷。

道士張賓、焦子順、雁門人董子華[四]，此三人，當高祖龍潛時，並私謂高祖曰：「公當爲天子，善自愛。」及踐阼，以賓爲華州刺史，子順爲開府，子華爲上儀同。

蕭吉

蕭吉字文休，梁武帝兄長沙宣武王懿之孫也。博學多通，尤精陰陽算術。江陵陷，遂歸于周[五]，爲儀同。宣帝時，吉以朝政日亂，上書切諫，帝不納。及隋受禪，進上儀同，以本官太常考定古今陰陽書。

吉性孤峭，不與公卿相沉浮，又與楊素不協，由是擯落於世，鬱鬱不得志。見上好徵祥之説，欲乾没自進，遂矯其迹爲悦媚焉。開皇十四年上書曰：「今年歲在甲寅，十一月朔旦，以庚申爲元日，冬至之日，即在朔旦。來年乙卯，正月朔旦，以辛酉爲冬至。徵云：『天元十一月朔旦冬至，聖王受享祚。』今聖主在位，居天元之首，而朔旦冬至，此慶

一也。辛酉之日，即是至尊本命，辛德在丙，此十一月建丙子。酉德在寅，正月建寅爲本

命，與月德合，而居元朔之首，此慶二也。庚申之日，即是行年，乙德在庚，卯德在申，來年

乙卯，是行年與歲合德，而在元旦之朝，此慶三也。陰陽書云：『年命與歲月合德者，必有

福慶。』洪範傳云：『歲之朝，月之朝，日之朝，主王者。』經書並謂三長應之者，延年福吉。

況乃甲寅蔀首，十一月陽之始，朔旦冬至，是聖王上元。正月是正陽之月，歲之首，月之

先。朔旦是歲之元〔六〕，月之朝，日之先，嘉辰之會。而本命爲九元之先，行年爲三長之

首，並與歲月合德。所以靈寶經云：『角音龍精，其祚日强。』來歲年命納音俱角，曆之與

經，如合符契。又甲寅、乙卯，天地合也，甲寅之年，以辛酉冬至，以甲子夏至。

冬至陽始，郊天之日，即是至尊本命，此慶四也。夏至陰始，祀地之辰，即是皇后本命，此

慶五也。至尊德並乾之覆育，皇后仁同地之載養，所以二儀元氣，並會本辰。』上覽之大

悦，賜物五百段。

　房陵王時爲太子，言東宮多鬼魅，鼠妖數見。上令吉詣東宮，禳邪氣。於宣慈殿設神

坐，有迴風從艮地鬼門來，掃太子坐。吉以桃湯葦火驅逐之，風出宮門而止。又謝土，於

未地設壇，爲四門，置五帝坐。于時至寒，有蝦蟇從西南來，入人門，升赤帝坐，還從人門

而出。行數步，忽然不見。上大異之，賞賜優洽。又上言，太子當不安位，時上陰欲廢立，

得其言是之。由此每被顧問。

及獻皇后崩，上令吉卜擇葬所，吉歷筮山原，至一處，云「卜年二千，卜世二百」，具圖而奏之。上曰：「吉凶由人，不在於地。高緯父葬，豈不卜乎？國尋滅亡。正如我家墓田，若云不吉，朕不當爲天子；若云不凶，我弟不當戰沒。」然竟從吉言。吉表曰：「去月十六日，皇后山陵西北，雞未鳴前，有黑雲方圓五六百步，從地屬天。東南又有旌旗車馬帳幕，布滿七八里，并有人往來檢校，部伍甚整，日出乃滅，同見者十餘人。謹案葬書云：『氣王與姓相生，大吉。』今黑氣當冬王，與姓相生，是大吉利，子孫無疆之候也。」上大悅。其後上將親臨發殯，吉復奏上曰：「至尊本命辛酉，今歲斗魁及天岡，臨卯酉，謹按陰陽書，不得臨喪。」上不納。退而告族人蕭平仲曰：「皇太子遣宇文左率深謝余云：『公前稱我當爲太子，竟有其驗，終不忘也。我立之後，當以富貴相報。』吾記之曰：『後四載，太子御天下。』今山陵氣應，上又臨喪，兆益見矣。且太子得政，隋其亡乎！當有真人出治之矣。吾前給云卜年二千者，是三十字也；卜世二百者，取三十二運也。吾言信矣，汝其誌之。」

及煬帝嗣位，拜太府少卿，加位開府。嘗行經華陰，見楊素家上有白氣屬天，密言於帝。帝問其故，吉曰：「其候素家當有兵禍，滅門之象。改葬者，庶可免乎！」帝後從容謂

楊玄感曰：「公家宜早改葬。」玄感亦微知其故，以爲吉祥，託以遼東未滅，不違私門之事。未幾而玄感以反族滅，帝彌信之。後歲餘，卒官。著金海三十卷，相經要錄一卷，宅經八卷，葬經六卷，樂譜二十卷及帝王養生方二卷，相手版要決一卷，太一立成一卷，並行於世。

時有楊伯醜、臨孝恭、劉祐，俱以陰陽術數知名。

楊伯醜

楊伯醜，馮翊武鄉人也。好讀易，隱於華山。開皇初，被徵入朝，見公卿不爲禮，無貴賤皆汝之。人不能測也。高祖召與語，竟無所答。上賜之衣服，至朝堂捨之而去。於是被髮陽狂，遊行市里，形體垢穢，未嘗櫛沐。嘗有張永樂者，賣卜京師，伯醜每從之遊。永樂爲卦有不能決者，伯醜輒爲分析爻象，尋幽入微。永樂嗟服，自以爲非所及也。

伯醜亦開肆賣卜。有人嘗失子，就伯醜筮者。卦成，伯醜曰：「汝子在懷遠坊南門道東北壁上，有青裙女子抱之，可往取也。」如言果得。或者有金數兩，夫妻共藏之，於後失

金，其夫意妻有異志，將逐之。其妻稱冤，以詣伯醜，爲筮之曰：「金在矣，指一人曰：「可取金來！」其人赧然，應聲而取之。道士韋知常詣伯醜問吉凶[七]，伯醜曰：「汝勿東北行，必不得已，當早還。不然者，楊素斬汝頭。」未幾，上令知常事漢王諒。俄而上崩，諒舉兵反，知常逃歸京師。知常與楊素有隙，及素平并州，先訪知常，將斬之，賴此獲免。又人有失馬，來詣伯醜卜者。時伯醜爲皇太子所召，在塗遇之，立爲作卦，卦成，曰：「我不遑爲卿占之，卿且向西市東壁門南第三店，爲我買魚作膾，當得馬矣。」其人如此言，須臾，有一人牽所失馬而至，遂擒之。崔州嘗獻徑寸珠，其使者陰匿之，上心疑焉，召伯醜令筮。伯醜曰：「有物出自水中，質圓而色光，是大珠也。今爲人所隱。」具言隱者姓名容狀。上如言簿責之，果得本珠。上奇之，賜帛二十四。國子祭酒何妥嘗詣之論易，聞妥之言，倏然而笑曰[八]：「何用鄭玄、王弼之言乎！」久之，微有辯答，所説辭義，皆異先儒之旨，而思理玄妙，故論者以爲天然獨得，非常人所及也。竟以壽終。

臨孝恭

臨孝恭，京兆人也。明天文筭術，高祖甚親遇之。每言災祥之事，未嘗不中，上因令

考定陰陽〔九〕。官至上儀同。著欹器圖三卷，地動銅儀經一卷，九宮五墓一卷，遁甲月令

十卷〔一〇〕，元辰經十卷，元辰厄一百九卷，百怪書十八卷，禄命書二十卷，九宮龜經一百一

十卷，太一式經三十卷，孔子馬頭易卜書一卷，並行於世。

劉祐

劉祐，滎陽人也。開皇初，爲大都督，封索盧縣公。其所占候，合如符契，高祖甚親

之。初與張賓、劉暉、馬顯定曆。後奉詔撰兵書十卷，名曰金韜，上善之。復著陰策二十

卷，觀臺飛候六卷，玄象要記五卷，律曆術文一卷，婚姻志三卷，產乳志二卷，式經四卷，四

時立成法一卷，安曆志十二卷，歸正易十卷，並行於世。

張胄玄

張胄玄，渤海蓚人也。博學多通，尤精術數。冀州刺史趙煚薦之，高祖徵授雲騎尉，

直太史，參議律曆事。時輩多出其下，由是太史令劉暉等甚忌之。然暉言多不中，胄玄所

推步甚精密，上異之。令楊素與術數人立議六十一事，皆舊法久難通者，令暉與胄玄等辯

一九九八

析之。暉杜口一無所答，胄玄通者五十四焉。由是擢拜員外散騎侍郎，兼太史令，賜物千段，暉及黨與八人皆斥逐之。改定新曆，言前曆差一日。內史通事顏敏楚上言曰：「漢時落下閎改顓頊曆作太初曆，云後當差一日。八百年當有聖者定之。計今相去七百一十年，術者舉其成數，聖者之謂，其在今乎！」上大悅，漸見親用。

胄玄所爲曆法，與古不同者有三事：

其一，宋祖沖之於歲周之末，創設差分，冬至漸移，不循舊軌。每四十六年，却差一度。至梁虞劇曆法，嫌沖之所差太多，因以一百八十六年冬至移一度。胄玄以此二術，年限懸隔，追檢古注，所失極多，遂折中兩家，以爲度法。冬至所宿，歲別漸移，八十三年却行一度，則上合堯時日永星火，次符漢曆宿起牛初。明其前後，並皆密當。

其二，周馬顯造丙寅元曆，有陰陽轉法，加減章分，進退蝕餘，乃推定日，創開此數。張賓因而用之，莫能考正。胄玄以爲加時先後，逐氣參差，就月爲斷，於理未可。乃因二十四氣列其盈縮所出，實由日行遲則月逐日易及，令合朔加時早，日行速則月逐日少遲，令合朔加時晚。檢前代加時早晚，以爲損益之率。日行自秋分已後至春分，其勢速，計一百八十二日而行一百七十六度。自春分已後至秋分，日行遲，計一百八十二日而行一百八十度〔二〕。每氣之下，即其率也。

其三，自古諸曆，朔望值交，不問內外，入限便食。張賓立法，創有外限，應食不食，猶未能明。胄玄以日行黃道，歲一周天，月行月道，二十七日有餘一周天。月道交絡黃道，每行黃道內十三日有奇而出，又行黃道外十三日有奇而入，終而復始，月經黃道，謂之交。月行外道，在黃道之南也，雖遇正交，無由掩映，食多不驗。遂因前法，別立定限，隨交遠近，逐氣求差，損益食分，事皆明著。

其超古獨異者有七事：

其一，古曆五星行度皆守恒率，見伏盈縮，悉無格准。胄玄推之，各得其真率，合見之數，與古不同。其差多者，至加減三十許日。即如熒惑平見在雨水氣，即均加二十九日，見在小雪氣，則均減二十五日。加減平見，以為定見。諸星各有盈縮之數，皆如此例，但差數不同。特其積候所知，時人不能原其意旨。

其二[二]，辰星舊率，一終再見，凡諸古曆，皆以為然，應見不見，人未能測。胄玄積候，知辰星一終之中，有時一見，及同類感召，相隨而出。即如辰星平晨見在雨水氣者，應見即不見，若平晨見在啓蟄氣者，去日十八度外，三十六度內，晨有木火土金一星者，亦相隨見。

其三，古曆步術，行有定限，自見已後，依率而推。進退之期，莫知多少。胄玄積候，知五星遲速留退真數皆與古法不同，多者至差八十餘日，留迴所在亦差八十餘度。即如熒惑前疾初見在立冬初，則二百五十日行一百七十七度，定見在夏至初，則一百七十日行九十二度。追步天驗，今古皆密。

其四，古曆食分，依平即用，推驗多少，實數罕符。胄玄積候，知月從木、火、土、金四星行有向背。月向四星即速，背之則遲，皆十五度外，乃循本率。遂於交分，限其多少。

其五，古曆加時，朔望同術。胄玄積候，知日食所在，隨方改變，傍正高下，每處不同。交有淺深，遲速亦異，約時立差，皆會天象。

其六，古曆交分即爲食數，去交十四度者食一分，去交十三度食二分，去交十度食三分。每近一度，食益一分，當交即食既。其應少反多，應多反少，自古諸曆，未悉其原。胄玄積候，知當交之中，月掩日不能畢盡，其食反少，去交五六時，月在日內，掩日便盡，故食乃既。自此已後，更遠者其食又少。交之前後在冬至皆爾。若近夏至，其率又差。所立食分，最爲詳密。

其七，古曆二分，晝夜皆等。胄玄積候，知其有差，春秋二分，晝多夜漏半刻，皆由日行遲疾盈縮使其然也。

凡此胄玄獨得於心，論者服其精密。大業中卒官。

許智藏

許智藏，高陽人也。祖道幼，嘗以母疾，遂覽醫方，因而究極，世號名醫。誠其諸子曰：「爲人子者，嘗膳視藥，不知方術，豈謂孝乎？」由是世相傳授。仕梁，官至員外散騎侍郎。父景，武陵王諮議參軍。

智藏少以醫術自達，仕陳爲散騎侍郎〔三〕。及陳滅，高祖以爲員外散騎侍郎，使詣揚州。會秦孝王俊有疾，上馳召之。俊夜中夢其亡妃崔氏泣曰〔四〕：「本來相迎，如聞許智藏將至，其人若到，當必相苦，爲之奈何？」明夜，俊又夢崔氏曰：「妾得計矣，當入靈府中以避之」。及智藏至，爲俊診脉，曰：「疾已入心，即當發癇，不可救也。」果如言，俊數日而薨。上奇其妙，賚物百段。煬帝即位，智藏時致仕于家，帝每有所苦，輒令中使就詢訪，或以輦迎入殿，扶登御牀。智藏爲方奏之，用無不效。年八十，卒于家。

宗人許澄，亦以醫術顯。父奭，仕梁太常丞、中軍長史。隨柳仲禮入長安，與姚僧垣齊名〔五〕，拜上儀同三司。澄有學識，傳父業，尤盡其妙。歷尚藥典御、諫議大夫，封賀川

縣伯。父子俱以藝術名重於周、隋二代。史失事，故附見云。

萬寶常　王令言

萬寶常，不知何許人也。父大通，從梁將王琳歸于齊。後復謀還江南，事泄，伏誅。由是寶常被配爲樂戶，因而妙達鍾律，遍工八音。造玉磬以獻于齊。又嘗與人方食，論及聲調。時無樂器，寶常因取前食器及雜物，以箸扣之，品其高下，宮商畢備，諧於絲竹，大爲時人所賞。然歷周泊隋，俱不得調。

開皇初，沛國公鄭譯等定樂，初爲黃鍾調。寶常雖爲伶人，譯等每召與議，然言多不用。後譯樂成奏之，上召寶常，問其可不，寶常曰：「此亡國之音，豈陛下之所宜聞！」上不悦。寶常因極言樂聲哀怨淫放，非雅正之音，請以水尺爲律，以調樂器。上從之。寶常奉詔，遂造諸樂器，其聲率下鄭譯調二律。并撰樂譜六十四卷，具論八音旋相爲宮之法，改絃移柱之變。爲八十四調，一百四十四律，變化終於一千八百聲。時人以周禮有旋宮之義，自漢、魏已來，知音者皆不能通，見寶常特創其事，皆哂之。至是，試令爲之，應手成曲，無所凝滯，見者莫不嗟異。於是損益樂器，不可勝紀，其聲雅淡，不爲時人所好，太常

善聲者多排毀之。

又太子洗馬蘇夔以鍾律自命，尤忌寶常。夔父威，方用事，凡言樂者，皆附之而短寶常。數詣公卿怨望，蘇威因詰寶常，所爲何所傳受。有言徵祥者，上皆悅之。有一沙門謂寶常曰：「上雅好符瑞，有言徵祥者，上皆悅之。先生當言就胡僧受學，云是佛家菩薩所傳音律，則上必悅。先生所爲，可以行矣。」寶常然之，遂如其言以答。威怒曰：「胡僧所傳，乃是四夷之樂，非中國所宜行也。」其事竟寢。寶常嘗聽太常所奏樂，泫然而泣。人間其故，寶常曰：「樂聲淫厲而哀，天下不久相殺將盡。」時四海全盛，聞其言者皆謂爲不然。大業之末，其言卒驗。

寶常貧無子，其妻因其臥疾，遂竊其資物而逃。寶常飢餒，無人瞻遺，竟餓而死。將死也，取其所著書而焚之，曰：「何用此爲？」見者於火中探得數卷，見行於世，時論哀之。

開皇之世，有鄭譯、何妥、盧賁、蘇夔、蕭吉，並討論墳籍，撰著樂書，皆爲當世所用。至於天然識樂，不及寶常遠矣。安馬駒、曹妙達、王長通、郭令樂等〔六〕，能造曲，爲一時之妙，又習鄭聲，而寶常所爲，皆歸於雅。此輩雖公議不附寶常，然皆心服，謂以爲神。

時有樂人王令言，亦妙達音律。大業末，煬帝將幸江都，令言之子嘗從，於户外彈胡琵琶，作翻調安公子曲。令言時臥室中，聞之大驚，蹶然而起曰：「變，變！」急呼其子

曰：「此曲興自早晚？」其子對曰：「頃來有之。」令言遂歔欷流涕，謂其子曰：「汝慎無從行，帝必不反。」子問其故，令言曰：「此曲宮聲往而不反，宮者君也，吾所以知之。」帝竟被殺於江都[七]。

史臣曰：陰陽卜祝之事，聖人之教在焉，雖不可以專行，亦不可得而廢也。人能弘道，則博利時俗，行非其義，則咎悔及身，故昔之君子所以戒乎妄作。今章、來之骨法氣色，庾、張之推步盈虛，雖落下、高堂、許負、朱建，不能尚也。伯醜龜策，近知鬼神之情，耿詢渾儀，不差辰象之度，寶常聲律，動應宮商之和，雖不足遠擬古人，皆一時之妙也。許氏之運鍼石，世載可稱，蕭吉之言陰陽，近於誣誕矣。

校勘記

〔一〕 或相祖述 「或」至順本作「咸」。按，北史卷八九藝術傳上亦作「咸」。

〔二〕 梁廬陵王續辟荆州主簿 「續」原作「績」。梁書卷二九高祖三王傳、南史卷五三梁武帝諸子傳，梁武帝八男，第四子南康王績、第五子廬陵王續。大同中，續任荆州刺史。今據改。

〔三〕 九年 原作「九月」，據至順本、汲本改。按，北史卷八九藝術上庾季才傳亦作「九年」。

〔四〕雁門人董子華 「雁門」，原作「應門」，據通志卷一八三藝術來和傳改。

〔五〕江陵陷遂歸于周 「周」，北史卷八九藝術上蕭吉傳、通志卷一八三藝術蕭吉傳作「魏」。按，陷江陵在西魏恭帝元年，三年，恭帝禪位宇文覺後，始改國號爲周。

〔六〕朔旦是歲之元 「歲」字原重出，據至順本、汲本、殿本刪。按，北史卷八九藝術上蕭吉傳、册府卷九三七總錄部姦佞亦不重。

〔七〕道士韋知常詣伯醜問吉凶 「道士韋知常」，北史卷八九藝術上楊伯醜傳、通志卷一八三藝術楊伯醜傳作「將軍許知常」。

〔八〕倏然而笑曰 「倏然而笑」，至順本作「倏爾而笑」，北史卷八九藝術上楊伯醜傳、通志卷一八三藝術上楊伯醜傳、册府卷七六八總錄部儒學作「悠爾而笑」。

〔九〕上因令考定陰陽 「陰陽」，北史卷八九藝術上臨孝恭傳、通志卷一八三藝術臨孝恭傳作「陰陽書」。玉海卷五天文唐陰陽書：「隋文帝令臨孝恭考定陰陽書。」

〔一〇〕遯甲月令十卷 「遯甲月令」，北史卷八九藝術上臨孝恭傳、通志卷一八三藝術臨孝恭傳作「遯甲録」，本書卷三四經籍志三載臨孝恭所著遯甲立成法一卷、陽遯甲用局法一卷，無「遯甲月令」或「遯甲録」。

〔一一〕計一百八十二日而行一百八十度 上二「一百」，原作「二百」，據宋甲本、至順本、南監本、北監本、汲本、殿本改。

〔三〕 其二 「其」字原闕，據北史卷八九藝術上張胄玄傳、通志卷一八三藝術張胄玄傳補。

〔三〕 仕陳爲散騎侍郎 「侍郎」，北史卷九〇藝術下許智藏傳、御覽卷七二三方術部四醫三引隋書、通志卷一八三藝術許智藏傳作「常侍」。

〔四〕 俊夜中夢其亡妃崔氏泣曰 「俊」，原作「後」，據御覽卷七二三方術部四醫三引隋書改。按，北史卷九〇藝術許智藏傳、通志卷一八三藝術許智藏傳亦作「俊」。

〔五〕 與姚僧垣齊名 「姚僧垣」，原作「姚僧坦」，據北史卷九〇藝術下許智藏傳附許澄傳、通志卷一八三藝術許智藏傳改。按，姚僧垣，周書卷四七有傳。

〔六〕 郭令樂 本書卷一五音樂志下、御覽卷五六四樂部二雅樂中引隋書、宋本册府卷八五七總錄部知音作「郭金樂」，明本册府作「郭全樂」。

〔七〕 帝竟被殺於江都 「竟」字原闕，據至順本、南監本、北監本、殿本補。按，北史卷九〇藝術下萬寶常傳附王令言傳亦有「竟」字。

隋書卷七十九

列傳第四十四

外戚

歷觀前代外戚之家，乘母后之權以取高位厚秩者多矣，然而鮮有克終之美，必罹顛覆之患，何哉？皆由乎無德而尊，不知紀極，忽於滿盈之戒，罔念高危之咎，故鬼瞰其室，憂必及之。夫其誠著艱難，功宣社稷，不以謙沖自牧，未免顛躓之禍。而況道不足以濟時，仁不足以利物，自矜於己，以富貴驕人者乎！此呂、霍、上官、閻、梁、竇、鄧所以繼踵而亡滅者也。

昔文皇潛躍之際，獻后便相推轂，煬帝大橫方兆，蕭妃密勿經綸，是以恩禮綢繆，始終不易。然內外親戚，莫預朝權，昆弟在位，亦無殊寵。至於居擅玉堂，家稱金穴，暉光戚

里，熏灼四方，將三司以比儀，命五侯而同拜者，終始一代，寂無聞焉。考之前王，可謂矯其弊矣。故雖時經擾攘，無有陷於不義，市朝遷貿，而皆得以保全。比夫憑籍寵私，階緣恩澤，乘其非據，旋就顛隕者，豈可同日而言哉！此所謂愛之以禮，能改覆車。輒敍其事，爲外戚傳云。

高祖外家呂氏

高祖外家呂氏，其族蓋微，平齊之後，求訪不知所在。至開皇初，濟南郡上言，有男子呂永吉，自稱有姑字苦桃，爲楊忠妻〔一〕。勘驗知是舅子，始追贈外祖雙周爲上柱國、太尉、八州諸軍事、青州刺史，封齊郡公，謚曰敬，外祖母姚氏爲齊敬公夫人。詔並改葬，於齊州立廟，置守家十家。以永吉襲爵，留在京師。大業中，授上黨郡太守，性識庸劣，職務不理。後去官，不知所終。

永吉從父道貴，性尤頑騃，言詞鄙陋。初自鄉里徵入長安，上見之悲泣。道貴略無戚容，但連呼高祖名，云：「種末定不可偷，大似苦桃姊。」是後數犯忌諱，動致違忤，上甚恥之。乃命高潁厚加供給，不許接對朝士。拜上儀同三司，出爲濟南太守，令即之任，斷其

入朝。道貴還至本郡，高自崇重，每與人言，自稱皇舅。數將儀衛出入閭里，從故人遊宴，官民咸苦之。後郡廢，終於家，子孫無聞焉。

獨孤羅 弟陁

獨孤羅字羅仁，雲中人也。父信，初仕魏爲荊州刺史。武帝之入關也，信棄父母妻子西歸長安，歷職顯貴，羅由是遂爲高氏所囚。信後仕周爲大司馬。及信爲宇文護所誅，羅始見釋，寓居中山，孤貧無以自給。齊將獨孤永業以宗族之故，見而哀之，爲買田宅，遺以資畜。初，信入關之後，復娶二妻，郭氏生子六人，善、穆、藏、順、陁、整，崔氏生獻皇后。及齊亡，高祖爲定州總管，獻皇后遣人尋羅，得之，相見悲不自勝，侍御者皆泣。於是厚遺車馬財物。未幾，周武帝以羅功臣子，久淪異域，徵拜楚安郡太守。以疾去官，歸于京師。諸弟見羅少長貧賤，每輕侮之，不以兄禮事也。然性長者，亦不與諸弟校競長短，后由是重之。

及高祖爲丞相，拜儀同，常置左右。既受禪，下詔追贈羅父信官爵曰：「褒德累行，往代通規，追遠慎終，前王盛典。故柱國信，風宇高曠，獨秀生民，叡哲居宗，清猷映世〔二〕。

宏謀長策，道著於弼諧，緯義經仁，事深於拯濟。方當宣風廊廟，亮采台階，而運屬艱危，

功高弗賞，睠言令範，事切於心。今景運初開，椒闈肅建，載懷塗山之義〔三〕，無忘褒、紀之

典。可贈太師、上柱國、冀定等十州刺史、趙國公，邑萬戶。」其諸弟以羅母沒齊，先無夫人

之號，不當承襲。上以問后，后曰：「羅誠嫡長，不可誣也。」於是襲爵趙國公。以其弟善

爲河內郡公，穆爲金泉縣公，藏爲武平縣公，隨爲武喜縣公，整爲千牛備身。擢拜羅爲左

領左右將軍，尋遷左衛將軍，前後賞賜不可勝計。久而出爲涼州總管〔四〕，進位上柱國。

仁壽中，徵拜左武衛大將軍。煬帝嗣位，改封蜀國公。未幾，卒官〔五〕，謚曰恭〔六〕。

子纂嗣，仕至河陽郡尉。纂弟武都，大業末，亦爲河陽郡尉。庶長子開遠，宇文化及

之弒逆也，裴虔通率賊入成象殿，宿衛兵士皆從逆，開遠時爲千牛，與獨孤盛力戰於閤下，

爲賊所執，賊義而捨之。善後官至柱國。卒，子覽嗣，仕至左候衛將軍，大業末卒。

獨孤陁字黎邪。仕周貟附上士，坐父徙蜀郡十餘年。宇文護被誅，始歸長安。高祖受

禪，拜上開府、右領左右將軍〔七〕。久之，出爲鄫州刺史，進位上大將軍，累轉延州刺史。

好左道。其妻母先事猫鬼〔八〕，因轉入其家。上微聞而不之信也。會獻皇后及楊素

妻鄭氏俱有疾，召醫者視之，皆曰：「此猫鬼疾也。」上以陁后之異母弟，陁妻楊素之異母

妹，由是意陁所爲，陰令其兄穆以情喻之。上又避左右諷陁，陁言無有。上不悅，左轉遷州刺史。出怨言。上令左僕射高熲、納言蘇威、大理正皇甫孝緒、大理丞楊遠等雜治之。

陁婢徐阿尼言，本從陁母家來，常事猫鬼。每以子日夜祀之。言子者鼠也。其猫鬼每殺人者，所死家財物潛移於畜猫鬼家。陁嘗從家中索酒，其妻曰：「無錢可酤。」陁因謂阿尼曰：「可令猫鬼向越公家，使我足錢也。」阿尼便呪之。數日，猫鬼向素家。十一年，上初從并州還，陁於園中謂阿尼曰：「可令猫鬼向皇后所，使多賜吾物。」阿尼復呪之，遂入宮中。楊遠乃於門下外省遣阿尼呼猫鬼。阿尼於是夜中置香粥一盆，以匙扣而呼之曰：「猫女可來，無住宮中。」久之，阿尼色正青，若被牽曳者，云猫鬼已至。上以其事下公卿，奇章公牛弘曰：「妖由人興，殺其人可以絕矣。」上令以犢車載陁夫妻，將賜死於其家。先是，有人訟其母爲人猫鬼所殺者，上以爲妖妄，怒而遣之。及此，詔誅被訟行猫鬼家。陁未幾而卒。

弟司勳侍中整詣闕求哀[九]，於是免陁死，除名爲民，以其妻楊氏爲尼。

煬帝即位，追念舅氏，聽以禮葬，乃下詔曰：「外氏衰禍，獨孤陁不幸早世，遷卜有期。言念渭陽之情，追懷傷切，宜加禮命，允備哀榮。可贈正義大夫。」帝意猶不已，復下詔曰：「舅氏之尊，戚屬斯重，而降年弗永，凋落相繼。緬惟先往，宜崇徽秩。復贈銀青光禄大夫。」有二子：延福、延壽。

陁弟整，官至幽州刺史，大業初卒，贈金紫光祿大夫、平鄉侯。

蕭巋　子琮　琮弟瓛

蕭巋字仁遠，梁昭明太子統之孫也。父詧，初封岳陽王，鎮襄陽。侯景之亂，其兄河東王譽與其叔父湘東王繹不協，爲繹所害。及繹嗣位，詧稱藩于西魏，乞師請討繹。周太祖以詧爲梁主，遣柱國于謹等率騎五萬襲繹，滅之。詧遂都江陵，有荊郡，其西平州延袤三百里之地，稱皇帝於其國，車服節文一同王者。仍置江陵總管，以兵戍之。詧薨，巋嗣立，年號天保。巋俊辯，有才學，兼好內典。周武帝平齊之後，巋來賀，帝享之甚歡。親彈琵琶，令巋起舞，巋曰：「陛下親御五絃，臣敢不同百獸！」

高祖受禪，恩禮彌厚，遣使賜金五百兩，銀千兩，布帛萬匹，馬五百匹。巋來朝，上甚敬焉，詔巋位在王公之上。巋被服端麗，進退閑雅，天子矚目，百僚傾慕。賞賜以億計。後備禮納其女爲晉王妃，又欲以其子瑒尚蘭陵公主。由是漸見親待。獻皇后言於上曰：「梁主通家，腹心所寄，何勞猜防也。」上然之，於是罷江陵總管，巋專制其國。歲餘，巋又來朝，賜縑萬匹，珍玩稱是。及還，上親執手曰：「梁主

久滯荊楚，未復舊都，故鄉之念，良軫懷抱。朕當振旅長江，相送旋反耳。」巋拜謝而去。

其年五月，寢疾，臨終上表曰：「臣以庸闇，曲荷天慈，寵冠外藩，恩踰連山，爰及子女，尚主婚王。每顧躬擐甲冑，身先士卒，掃蕩逋寇，上報明時。而攝生乖舛，遘羅痾疾，屬纊在辰，顧陰待謝。長違聖世，感戀嗚咽，遺嗣孤藐，特乞降慈。伏願聖躬與山岳同固，皇基等天日俱永，臣雖九泉，實無遺恨。」并獻所服金裝劍，上覽而嗟悼焉。巋在位二十三年，年四十四薨，梁之臣子諡曰孝明皇帝，廟號世宗。子琮嗣。巋著孝經、周易義記及大小乘幽微十四卷，行於世。

琮字溫文，性寬仁，有大度，倜儻不羈，博學有文義。兼善弓馬，遣人伏地著帖〔一〇〕，琮馳馬射之，十發十中，持帖者亦不懼。初封東陽王，尋立為梁太子。及嗣位，上賜璽書曰：「負荷堂構，其事甚重，雖窮憂勞，常須自力。輯諧內外，親任才良，聿遵世業，是所望也。彼之疆守，咫尺陳人，水潦之時，特宜警備。陳氏比日雖復朝聘相尋，疆場之間猶未清肅，唯當恃我必不可干，勿得輕人而不設備。朕與梁國積世相知，重以親姻，情義彌厚。江陵之地，朝寄非輕，為國為民，深宜抑割，恒加饘粥，以禮自存。」又賜梁之大臣璽書，誠勉之。時琮年號廣運，有識者曰：「運之為字，軍走也。吾君將奔走乎？」其年，琮遣大將

軍戚昕以舟師襲陳公安，不克而還。徵琮叔父岑入朝，拜爲大將軍，封懷義公，因留不遺。

復置江陵總管以監之。琮所署大將軍許世武密以城召陳將宜黃侯陳紀，謀洩，琮誅之。

後二歲，上徵琮入朝，率其臣下二百餘人朝于京師，江陵父老莫不隕涕相謂曰：「吾君其

不反矣！」上以琮來朝，遺武鄉公崔弘度將兵戍之。軍至鄀州，琮叔父巖及弟瓛等懼弘度

掩襲之，遂引陳人至城下，虜居民而叛。於是廢梁國。上遺左僕射高熲安集之，曲赦江陵

死罪，給民復十年。梁二主各給守墓十戶。拜琮爲柱國，賜爵莒國公。

煬帝嗣位，以皇后之故，甚見親重。拜內史令，改封梁公。琮之宗族，緦麻以上，並隨

才擢用，於是諸蕭昆弟布列朝廷。琮性澹雅，不以職務自嬰，退朝縱酒而已。內史令楊約

與琮同列，帝令約宣旨誡勵，約復以私情喻之。琮答曰：「琮若復事事，則何異於公哉！」

約笑而退。約兄素，時爲尚書令，見琮嫁從父妹於鉗耳氏，因謂琮曰：「公，帝王之族，望

高戚美，何乃適妹鉗耳氏乎？」琮曰：「前已嫁妹於侯莫陳氏，此復何疑！」素曰：「鉗耳，

羌也，侯莫陳，虜也，何得相比！」琮曰：「以羌異虜，未之前聞。」素慚

而止。琮雖羈旅，見北間豪貴，無所降下。嘗與賀若弼深相友善，弼既被誅，復有童謠

曰：「蕭蕭亦復起。」帝由是忌之，遂廢於家，未幾而卒。贈左光祿大夫。子鉉，襄城通守。

復以琮弟子鉅爲梁公。

鉅小名藏，煬帝甚昵之，以爲千牛，與宇文晶出入宮掖，伺察内外。帝每有遊宴，鉅未嘗不從焉，遂於宮中多行淫穢。江都之變，爲宇文化及所殺。

瓛字欽文，少聰敏，解屬文。在梁爲荆州刺史，頗有能名。崔弘度以兵至郡州，瓛懼，與其叔父巖奔于陳。陳主以爲侍中、安東將軍、吳州刺史，甚得物情，三吳父老皆曰：「吾君子也。」及陳亡，吳人推瓛爲主。吳人見梁武、簡文及詧、歸等兄弟並第三而踐尊位，瓛自以歸之第三子也，深自矜負。有謝異者，頗知廢興，梁、陳之際，言無不驗，江南人甚敬信之。及陳主被擒，異奔於瓛，由是益爲衆所歸。褒國公宇文述以兵討之，瓛遣王衷守吳州，自將拒述。述遣兵別道襲吳州，衷懼，衣道士服，棄城而遁。瓛衆聞之，悉無鬬志，與述一戰而敗。瓛將左右數人逃于太湖，匿於民家，爲人所執，送於述所，斬之長安，時年二十一。

弟璟，爲朝請大夫、尚衣奉御。瑒，歷衞尉卿、祕書監、陶丘侯。瑀，歷内史侍郎、河池太守。

史臣曰：三五哲王，防深慮遠，舅甥之國，罕執鈞衡，母后之家，無聞傾敗。爰及漢、

晉，顛覆繼軌，皆由乎進不以禮，故其斃亦速。若使獨孤權倖呂、霍，必敗於仁壽之前，蕭氏勢均梁、竇，豈全於大業之後！今或不隕舊基，或更隆先構，豈非處之以道，不預權寵之所致乎！

校勘記

（一）楊忠妻　「忠」字原作一字空格，至順本、南監本、北監本作「廣」，殿本作「諱」，汲本作「□」，注稱：「『廣』，宋本『諱』。」册府卷三〇三外戚部褒寵亦作「諱」，通志卷一六五外戚高祖外家呂氏傳作「忠」。按，前稱「高祖外家呂氏」，今據通志補「忠」字。蓋隋代諱「忠」，或空格，或作「諱」，後人誤改作「廣」。

（二）清獻映世　「獻」原作「獻」，據至順本、南監本、北監本、汲本、殿本改。按，周書卷一六獨孤信傳、册府卷三〇三外戚部褒寵亦作「獻」。

（三）載懷塗山之義　「載懷」，册府卷三〇三外戚部褒寵作「允戴」。

（四）久而出爲涼州總管　「涼州」，原作「梁州」，據至順本、汲本改。按，獨孤羅墓誌題稱「涼州總管」，北史卷六一獨孤信傳附獨孤羅傳作「出爲涼州總管」可證。

（五）未幾卒官　前稱「仁壽中，徵拜左武衛大將軍。煬帝嗣位，改封蜀國公」。則卒年應在大業以後。惟據獨孤羅墓誌，羅卒於開皇十九年二月六日，不得在仁壽之後拜官封爵。疑傳誤。

〔六〕諡曰恭 「恭」，獨孤羅墓誌作「德」。

〔七〕右領左右將軍 「左右」，冊府卷三〇一外戚部封拜作「軍衞」。

〔八〕其妻母先事貓鬼 「妻母」，北史卷六一獨孤信傳附獨孤陁傳、御覽卷七三五方術部一六厭蠱引隋書、冊府卷九二一總錄部妖妄、通志卷一六五外戚獨孤羅傳附獨孤陁傳作「外祖母高氏」。

〔九〕陁弟司勳侍中整詣闕求哀 「司勳侍中」，疑誤。通鑑卷一七八隋紀二文帝開皇十八年作「司勳侍郎」。

〔一〇〕遣人伏地著帖 「帖」字原闕，據至順本、南監本、北監本、汲本補。按，冊府卷一九〇閏位部才藝亦有「帖」字。「伏地著帖」，北史卷九三僭偽附庸後梁蕭氏傳作「伏地持帖」。

隋書卷八十

列傳第四十五

列女

自昔貞專淑媛，布在方策者多矣。婦人之德，雖在於溫柔，立節垂名，咸資於貞烈。溫柔，仁之本也；貞烈，義之資也。非溫柔無以成其仁，非貞烈無以顯其義。是以詩書所記，風俗所在，圖像丹青，流聲竹素，莫不守約以居正，殺身以成仁者也。若文伯、王陵之母，白公、杞植之妻，魯之義姑，梁之高行，衛君靈主之妾，夏侯文寧之女，或抱信以含貞，或蹈忠而踐義，不以存亡易心，不以盛衰改節，其修名彰於既往，徽音傳於不朽，不亦休乎！或有王公大人之妃偶，肆情於淫僻之俗，雖衣繡衣，食珍膳，坐金屋，乘玉輦，不入彤管之書，不霑良史之筆，將草木以俱落，與麋鹿而同死，可勝道哉！永言載思，實庶姬之

恥也。觀夫令之靜女，各勵松筠之操，甘於玉折蘭摧，足以無絕今古。故述其雅志，以纂

前代之列女云。

蘭陵公主

蘭陵公主字阿五，高祖第五女也。美姿儀，性婉順，好讀書，高祖於諸女中特所鍾愛。

初嫁儀同王奉孝，卒，適河東柳述，時年十八。諸姊並驕貴〇，主獨折節遵於婦道，事舅

姑甚謹，遇有疾病，必親奉湯藥。高祖聞之大悅。由是述漸見寵遇。

初，晉王廣欲以主配其妃弟蕭瑒，高祖初許之，後遂適述，晉王因不悅。及述用事，彌

惡之。高祖既崩，述徙嶺表。煬帝令主與述離絕，將改嫁之。公主以死自誓，不復朝謁，

上表請免主號，與述同徙。帝大怒曰：「天下豈無男子，欲與述同徙耶？」主曰：「先帝以

妾適于柳家，今其有罪，妾當從坐，不願陛下屈法申恩。」帝不從，主憂憤而卒，時年三十

二。臨終上表曰：「昔共姜自誓，著美前詩，鄅嫄不言，傳芳往誥。妾雖負罪，竊慕古人。

生既不得從夫，死乞葬於柳氏。」帝覽之愈怒，竟不哭，乃葬主於洪瀆川，資送甚薄。朝野

傷之。

南陽公主

南陽公主者，煬帝之長女也。美風儀，有志節，造次必以禮。年十四，嫁於許國公宇文述子士及，以謹肅聞。及述病且卒，主親調飲食，手自奉上，世以此稱之。

及宇文化及殺逆，主隨至聊城，而化及為竇建德所敗，士及自濟北西歸大唐。時隋代衣冠並在其所，建德引見之，莫不惶懼失常，唯主神色自若。建德與語，主自陳國破家亡，不能報怨雪恥，淚下盈襟，聲辭不輟，情理切至。建德及觀聽者莫不為之動容隕涕，咸蕭然敬異焉。及建德誅化及，時主有一子，名禪師，年且十歲。建德遣武賁郎將於士澄謂主曰：「宇文化及躬行殺逆，人神所不容。今將族滅其家，公主之子，法當從坐，若不能割愛，亦聽留之。」主泣曰：「武賁既是隋室貴臣，此事何須見問！」建德竟殺之。主尋請建德削髮為尼。

及建德敗，將歸西京，復與士及遇於東都之下，主不與相見。士及就之，立於戶外，請復為夫妻。主拒之曰：「我與君讎家。今恨不能手刃君者，但謀逆之日察君不預知耳。」士及固請之，主怒曰：「必欲就死，可相見也。」士及見其言切，知不因與告絕，訶令速去。

可屈，乃拜辭而去。

襄城王恪妃

襄城王恪妃者，河東柳氏女也。父旦，循州刺史。妃姿儀端麗，年十餘，以良家子合法相，娉以爲妃。未幾而恪被廢，妃修婦道，事之愈敬。煬帝嗣位，恪復徙邊，帝令使者殺之於道。恪與辭訣，妃曰：「若王死，妾誓不獨生。」於是相對慟哭。恪既死，棺斂訖，妃謂使者曰：「妾誓與楊氏同穴。若身死之後得不別埋，君之惠也。」遂撫棺號慟，自經而卒。見者莫不爲之涕流。

華陽王楷妃

華陽王楷妃者，河南元氏之女也。父巖，性明敏，有氣幹。仁壽中，爲黃門侍郎，封龍涸縣公。煬帝嗣位，坐與柳述連事，除名爲民，徙南海。後會赦，還長安。有人譖巖逃歸，收而殺之。妃有姿色，性婉順，初以選爲妃。未幾而楷被幽廢，妃事楷踰謹，每見楷有憂懼之色，輒陳義理以慰諭之，楷甚敬焉。及江都之亂，楷遇宇文化及之逆，以妃賜其黨元

武達。武達初以宗族之禮[二]，置之別舍，後因醉而逼之。妃自誓不屈，武達怒，撻之百餘，辭色彌厲。因取甓自毀其面，血淚交下，武達釋之。妃謂其徒曰：「我不能早死，致令將見侵辱，我之罪也。」因不食而卒。

譙國夫人

譙國夫人者，高涼洗氏之女也。世爲南越首領，跨據山洞，部落十餘萬家。夫人幼賢明，多籌略，在父母家，撫循部衆，能行軍用師，壓服諸越。每勸親族爲善，由是信義結於本鄉。越人之俗，好相攻擊，夫人兄南梁州刺史挺，恃其富強，侵掠傍郡，嶺表苦之。夫人多所規諫，由是怨隙止息，海南、儋耳歸附者千餘洞。梁大同初，羅州刺史馮融聞夫人有志行，爲其子高涼太守寶娉以爲妻。融本北燕苗裔。初，馮弘之投高麗也，遣融大父業以三百人浮海歸宋，因留于新會。自業及融，三世爲守牧，他鄉羈旅，號令不行。至是，夫人誠約本宗，使從民禮。每共寶參決辭訟，首領有犯法者，雖是親族，無所舍縱。自此政令有序，人莫敢違。

遇侯景反，廣州都督蕭勃徵兵援臺。高州刺史李遷仕據大皋口，遣召寶。寶欲往，夫

人止之曰：「刺史無故不合召太守，必欲詐君共為反耳。」寶曰：「何以知之？」夫人曰：

「刺史被召援臺，乃稱有疾，鑄兵聚眾，而後喚君。今者若往，必留質，追君兵眾。此意可

見，願且無行，以觀其勢。」數日，遷仕果反，遣主帥杜平虜率兵入灨石。寶知之，遽告夫

人曰：「平虜，驍將也，領兵入灨石，即與官兵相拒，勢未得還。遷仕在州，無能為也。若

君自往，必有戰鬪。宜遣使詐之，卑辭厚禮，云身未敢出，欲遣婦往參。彼聞之喜，必無防

慮。於是我將千餘人，步擔雜物，唱言輸賧，得至柵下，賊必可圖。」寶從之，遷仕果大喜，

覘夫人眾皆擔物，不設備。夫人擊之，大捷。遷仕遂走，保于寧都。夫人總兵與長城侯陳

霸先會于灨石。還謂寶曰：「陳都督大可畏，極得眾心。我觀此人必能平賊，君宜厚資

之。」

及寶卒，嶺表大亂，夫人懷集百越，數州晏然。至陳永定二年，其子僕年九歲，遣帥諸

首領朝于丹陽，起家拜陽春郡守。後廣州刺史歐陽紇謀反，召僕至高安，誘與為亂。僕遣

使歸告夫人，夫人曰：「我為忠貞，經今兩代，不能惜汝輒負國家。」遂發兵拒境，帥百越酋

長迎章昭達。內外逼之，紇徒潰散。僕以夫人之功，封信都侯，加平越中郎將，轉石龍太

守。詔使持節冊夫人為中郎將、石龍太夫人〔三〕，賚繡幰油絡駟馬安車一乘，給鼓吹一部，

并麾幢旌節，其鹵簿一如刺史之儀。至德中，僕卒。後遇陳國亡，嶺南未有所附，數郡共

奉夫人，號爲聖母，保境安民。

高祖遣總管韋洸安撫嶺外，陳將徐璒以南康拒守〔四〕。洸至嶺下，逡巡不敢進。初，夫人以扶南犀杖獻于陳主，至此，晉王廣遣陳主遺夫人書，諭以國亡，令其歸化，并以犀杖及兵符爲信。夫人見杖，驗知陳亡，集首領數千，盡日慟哭。遣其孫魂帥衆迎洸，入至廣州，嶺南悉定。表魂爲儀同三司，册夫人爲宋康郡夫人。

未幾，番禺人王仲宣反，首領皆應之，圍洸於州城，進兵屯衡嶺。夫人遣孫暄帥師救洸。暄與逆黨陳佛智素相友善，故遲留不進。夫人知之，大怒，遣使執暄，繫於州獄。又遣孫盎出討佛智，戰剋，斬之。進兵至南海，與鹿愿軍會，共敗仲宣。夫人親被甲，乘介馬，張錦傘，領彀騎，衛詔使裴矩巡撫諸州，其蒼梧首領陳坦、岡州馮岑翁、梁化鄧馬頭、藤州李光略、羅州龐靖等皆來參謁。還令統其部落，嶺表遂定。高祖異之，拜盎爲高州刺史，仍赦出暄，拜羅州刺史。追贈寶爲廣州總管、譙國公，册夫人爲譙國夫人。以宋康邑迴授僕妾洗氏。

仍開譙國夫人幕府，置長史以下官屬，給印章，聽發部落六州兵馬，若有機急，便宜行事。降勑書曰：「朕撫育蒼生，情均父母，欲使率土清淨，兆庶安樂。而王仲宣等輒相聚結，擾亂彼民，所以遣往誅翦，爲百姓除害。夫人情在奉國，深識正理，遂令孫盎斬獲佛智，竟破羣賊，甚有大功。今賜夫人物五千段。暄不進愆，誠合罪責，以夫人立

此誠效，故特原免。夫人宜訓導子孫，敦崇禮教，遵奉朝化，以副朕心。」皇后以首飾及宴服一襲賜之，夫人並盛於金篋，并梁、陳賜物各藏于一庫。每歲時大會，皆陳于庭，以示子孫，曰：「汝等宜盡赤心向天子。我事三代主，唯用一好心。今賜物具存，此忠孝之報也，願汝皆思念之。」

時番州總管趙訥貪虐，諸俚獠多有亡叛。夫人遣長史張融上封事，論安撫之宜，并言訥罪狀，不可以招懷遠人。上遣推訥，得其贓賄，竟致於法。降勅委夫人招慰亡叛。夫人親載詔書，自稱使者，歷十餘州，宣述上意，諭諸俚獠，所至皆降。高祖嘉之，賜夫人臨振縣湯沐邑，一千五百戶。贈僕爲崖州總管、平原郡公。仁壽初，卒，賻物一千段，諡爲誠敬夫人。

鄭善果母

鄭善果母者，清河崔氏之女也。年十三，出適鄭誠，生善果。而誠討尉迥，力戰死于陣。母年二十而寡，父彦穆欲奪其志，母抱善果謂彦穆曰：「婦人無再見男子之義。且鄭君雖死，幸有此兒。棄兒爲不慈，背死爲無禮。寧當割耳截髮以明素心，違禮滅慈，非敢

聞命。」善果以父死王事，年數歲，拜使持節、大將軍，襲爵開封縣公，邑一千戶。開皇初，進封武德郡公。年十四，授沂州刺史，轉景州刺史，尋爲魯郡太守。

母性賢明，有節操，博涉書史，通曉治方。每善果出聽事，母恒坐胡床，於鄣後察之。聞其剖斷合理，歸則大悅，即賜之坐，相對談笑。若行事不允，或妄瞋怒，母乃還堂，蒙被而泣，終日不食。善果伏於牀前，亦不敢起。母方起謂之曰：「吾非怒汝，乃愧汝耳。吾爲汝家婦，獲奉灑掃，如汝先君，忠勤之士也，在官清恪，未嘗問私，以身徇國，繼之以死，吾亦望汝副其此心。汝既年小而孤，吾寡婦耳，有慈無威，使汝不知禮訓，何可負荷忠臣之業乎？汝自童子承襲茅土，位至方伯，豈汝身致之邪？安可不思此事而妄加瞋怒，心緣驕樂，墮於公政！內則墜爾家風，或亡失官爵，外則虧天子之法，以取罪戾。吾死之日，亦何面目見汝先人於地下乎？」

母恒自紡績，夜分而寐。善果曰：「兒封侯開國，位居三品，秩俸幸足，母何自勤如是邪？」答曰：「嗚呼！汝年已長，吾謂汝知天下之理，今聞此言，故猶未也。至於公事，何由濟乎？今此秩俸，乃是天子報爾先人之徇命也。當須散贍六姻，爲先君之惠，妻子奈何獨擅其利，以爲富貴哉！又絲枲紡織，婦人之務，上自王后，下至大夫士妻，各有所製。若墮業者，是爲驕逸。吾雖不知禮，其可自敗名乎？」

自初寡，便不御脂粉，常服大練。性又節儉，非祭祀賓客之事，酒肉不妄陳於前。靜室端居，未嘗輒出門閤。內外姻戚有吉凶事，但厚加贈遺，皆不詣其家。非自手作及莊園禄賜所得，雖親族禮遺，悉不許入門。

善果歷任州郡，唯內自出饌，於廨中食之，公廨所供，皆不許受，悉用脩治廨宇及分給寮佐。善果亦由此克己，號為清吏。煬帝遣御史大夫張衡勞之，考為天下最。徵授光禄卿。其母卒後，善果為大理卿，漸驕恣，清公平允遂不如疇昔焉。

孝女王舜

孝女王舜者，趙郡王子春之女也。子春與從兄長忻不協，屬齊滅之際，長忻與其妻同謀殺子春。舜時年七歲，有二妹，粲年五歲，璠年二歲，並孤苦，寄食親戚。舜撫育二妹，恩義甚篤。而舜陰有復讎之心，長忻殊不為備。姊妹俱長，親戚欲嫁之，輒拒不從。乃密謂其二妹曰：「我無兄弟，致使父讎不復。吾輩雖是女子，何用生為？我欲共汝報復，汝意如何？」二妹皆垂泣曰：「唯姊所命。」是夜，姊妹各持刀踰牆而入，手殺長忻夫妻，以告父墓。因詣縣請罪，姊妹爭為謀首，州縣不能決。高祖聞而嘉歎，特原其罪。

韓覬妻

韓覬妻者，洛陽于氏女也，字茂德。父寔〔五〕，周大左輔。于氏年十四，適于覬。雖生長膏腴，家門鼎盛，而動遵禮度，躬自儉約，宗黨敬之。年十八，覬從軍戰沒，于氏哀毀骨立，慟感行路。每至朝夕奠祭，皆手自捧持。及免喪，其父以其幼少無子，將嫁之。誓無異志。復令家人敦喻，于氏晝夜涕泣，截髮自誓。其父哨然傷感，遂不奪其志焉。因養夫之孽子世隆爲嗣〔六〕，身自撫育，愛同己生，訓導有方，卒能成立。自孀居已後，唯時或歸寧，至於親族之家，絕不來往。有尊卑就省謁者，送迎皆不出戶庭。蔬食布衣，不聽聲樂，以此終身。高祖聞而嘉歎，下詔褒美，表其門閭，長安中號爲節婦闕。終于家，年七十二。

陸讓母

陸讓母者，上黨馮氏女也。性仁愛，有母儀，讓即其孽子也。仁壽中，爲番州刺史，數有聚斂，贓貨狼籍，爲司馬所奏。上遣使按之皆驗，於是囚詣長安，親臨問。讓稱冤，上復

令治書侍御史撫按之，狀不易前。乃命公卿百寮議之，咸曰「讓罪當死」。詔可其奏。

讓將就刑，馮氏蓬頭垢面詣朝堂數讓曰：「無汗馬之勞，致位刺史，不能盡誠奉國，以答鴻恩，而反違犯憲章，賍貨狼籍。若言司馬誣汝，百姓百官亦皆誣汝。若言至尊不憐愍汝，何故治書覆汝？汝豈誠臣[七]？豈孝子？不誠不孝，何以爲人！」於是流涕嗚咽，親持盂粥勸讓令食。既而上表求哀，詞情甚切，上愍然爲之改容。獻皇后甚奇其意，致請於上。治書侍御史柳彧進曰：「馮氏母德之至，有感行路。如或殺之，何以爲勸？」上於是集京城士庶於朱雀門，遣舍人宣詔曰：「馮氏以嫡母之德，足爲世範，慈愛之道，義感人神，特宜矜免，用獎風俗。讓可減死，除名爲民。」復下詔曰：「馮氏體備仁慈，夙閑禮度。孽讓非其所生，往犯憲章，宜從極法，躬自詣闕，爲之請命，匍匐頓顙。朕每嘉歎不能已。宜標揚優賞，用章有德。可賜物五百段。」集諸命婦，與馮相識，以寵異之。

劉昶女

劉昶女者，河南長孫氏之婦也。昶在周，尚公主，官至柱國、彭國公，數爲將帥，位望

隆顯。與高祖有舊。及受禪，甚親任，歷左武衛大將軍、慶州總管。其子居士，爲太子千牛備身，聚徒任俠，不遵法度，數得罪。上以昶故，每輒原之。居士轉恣，每大言曰：「男兒要當辮頭反縛，籧篨上作獠儛。」取公卿子弟膂力雄健者，輒將至家，以車輪括其頸而棒之。殆死能不屈者，稱爲壯士，釋而與交。黨與三百人，其趫捷者號爲餓鶻隊，武力者號爲蓬轉隊。每構鷹緤犬，連騎道中，歐擊路人，多所侵奪。長安市里無貴賤，見之皆辟易，至於公卿妃主，莫敢與校者。其女則居士之姊也，每垂泣誨之，殷勤懇惻。居士不改，至破家產。昶年老，奉養甚薄。其女時寡居，哀昶如此，每歸寧于家，躬勤紡績，以致其甘脆。

有人告居士與其徒遊長安城，登故未央殿基，南向坐，前後列隊，意有不遜，每相約曰：「當爲一死耳。」又時有人言居士遣使引突厥令南寇，當於京師應之。上謂昶曰：「今日之事，當復如何？」昶猶恃舊恩，不自引咎，直前曰：「黑白在于至尊。」上大怒，下昶獄，捕居士黨與，治之甚急。憲司又奏昶事母不孝。其女知昶必不免，不食者數日，每親調飲食，手自捧持，詣大理餉其父。見獄卒，長跪以進，歔欷嗚咽，見者傷之。居士坐斬，昶竟賜死于家。詔百寮臨視。時其女絶而復蘇者數矣，公卿慰諭之。其女言父無罪，坐子以及於禍。詞情哀切，人皆不忍聞見。遂布衣蔬食以終其身。上聞而歎曰：「吾聞衰門之

女，興門之男，固不虛也！」

鍾士雄母

鍾士雄母者，臨賀蔣氏女也。士雄仕陳，為伏波將軍。陳主以士雄嶺南酉帥，慮其反覆，每質蔣氏於都下。及晉王廣平江南，以士雄在嶺表，欲以恩義致之，遣蔣氏歸臨賀。既而同郡虞子茂、鍾文華等作亂，舉兵攻城，遣人召士雄，士雄將應之。蔣氏謂士雄曰：「我前在揚都，備嘗辛苦。今逢聖化，母子聚集，沒身不能上報，焉得為逆哉！汝若禽獸其心，背德忘義者，我當自殺於汝前。」士雄於是遂止。蔣氏復為書與子茂等，諭以禍福。子茂不從，尋為官軍所敗。上聞蔣氏，甚異之，封為安樂縣君。

時尹州寡婦胡氏者，不知何氏妻也。甚有志節，為邦族所重。當江南之亂，諷諭宗黨，皆守險不從叛逆，封為密陵郡君。

孝婦覃氏

孝婦覃氏者，上郡鍾氏婦也。與其夫相見未幾而夫死，時年十八。事後姑以孝聞。

數年之間，姑及伯叔皆相繼而死，覃氏家貧，無以葬。於是躬自節儉，晝夜紡績，稽財十年，而葬八喪，爲州里所敬。上聞而賜米百石，表其門閭。

元務光母

元務光母者，范陽盧氏女也。少好讀書，造次以禮。盛年寡居，諸子幼弱，家貧不能就學，盧氏每親自教授，勖以義方，世以此稱之。仁壽末，漢王諒舉兵反，遣將綦良往山東略地。良以務光爲記室。及良敗，慈州刺史上官政簿籍務光之家，見盧氏，悅而逼之，盧氏以死自誓。政爲人凶悍，怒甚，以燭燒其身。盧氏執志彌固，竟不屈節。

裴倫妻

裴倫妻，河東柳氏女也，少有風訓。大業末，倫爲渭源令。屬薛舉之亂，縣城爲賊所陷，倫遇害。柳時年四十，有二女及兒婦三人，皆有美色。柳氏謂之曰：「我輩遭逢禍亂，汝父已死，我自念不能全汝。我門風有素，義不受辱於羣賊，我將與汝等同死，如何？」其女等皆垂泣曰：「唯母所命。」柳氏遂自投于井，其女及婦相繼而下，皆重死於井中。

趙元楷妻

趙元楷妻者，清河崔氏之女也。父儦，在文學傳。家有素範，子女皆遵禮度。元楷父爲僕射，家富於財，重其門望，厚禮以聘之。元楷甚敬崔氏，雖在宴私，不妄言笑，進止容服，動合禮儀。

化及之反也，元楷隨至河北，將歸長安。至滏口，遇盜攻掠，元楷僅以身免。崔氏爲賊所拘，賊請以爲妻。崔氏謂賊曰：「我士大夫女，爲僕射子妻，今日破亡，自可即死。遣爲賊婦，終必不能。」羣賊毀裂其衣，形體悉露，縛於牀簣之上，將凌之。崔氏懼爲所辱，詐之曰：「今力已屈，當聽處分，不敢相違，請解縛。」賊遂釋之。崔因著衣，取賊佩刀，倚樹而立曰：「欲殺我，任加刀鋸。若覓死，可來相逼！」賊大怒，亂射殺之。元楷後得殺妻者，支解之，以祭崔氏之柩。

史臣曰：夫稱婦人之德，皆以柔順爲先，斯乃舉其中庸，未臻其極者也。至於明識遠圖，貞心峻節，志不可奪，唯義所在，考之圖史，亦何世而無哉。蘭陵主質邁寒松，南陽主

心踰匪石，洗媼、孝女之忠壯，崔、馮二母之誠懇，足使義勇慚其志烈，蘭玉謝其貞芳。襄城、華陽之妃、裴倫、元楷之婦，時逢艱阻，事乖好合，甘心同穴，顛沛靡它。志勵冰霜，言踰皎日，雖詩詠共姜之自誓，傳述伯姬之守死，其將復何以加焉！

校勘記

〔一〕 諸姊並驕貴 「貴」，至順本、南監本、北監本、汲本、殿本作「踞」。按，北史卷九一列女隋蘭陵公主傳、御覽卷一五三皇親部一九公主中引隋書、通志卷一八五列女蘭陵公主傳亦作「踞」。

〔二〕 武達初以宗族之禮 「之禮」，北史卷九一列女華陽王楷妃傳、通志卷一八五列女華陽王楷妃傳作「禮之」，文意較長。

〔三〕 詔使持節冊夫人為中郎將石龍太夫人 北史卷九一列女譙國夫人洗氏傳作「詔使持節冊夫人為高涼郡太夫人」。按，疑本書及北史各有奪文。通志卷一八五列女譙國夫人洗氏傳作「詔使持節冊夫人為高涼郡中郎將石龍太夫人」。

〔四〕 陳將徐璒以南康拒守 本書卷四○王世積傳、卷四七韋世康傳附韋洸傳，陳豫章太守徐璒降王世積，未幾復叛，為韋洸所俘。隋書求是卷四○：「按陳豫章郡後為洪州，南康郡後為虔州，兩地南北迥殊，璒既被洸擒，安能復在南康拒守？數傳中必有誤焉者。」

〔五〕父寔 「寔」，原作「實」，據北史卷九一列女韓覬妻于氏傳、御覽卷四三九人事部八〇貞女上引隋書改。按，于寔，周書卷一五有傳，本書卷六〇于仲文傳「父寔，周大左輔」，亦可證。

〔六〕因養夫之孽子世隆爲嗣 「孽子」，至順本、汲本作「弟子」。按，御覽卷四三九人事部八〇貞女上引隋書亦作「弟子」。

〔七〕汝豈誠臣 「汝」字原闕，據至順本補。按，御覽卷八五九飮食部一七糜粥引隋書亦有「汝」字。上文稱「何故治書覆汝」，此蓋涉「汝」字重出而奪。

隋書卷八十一

列傳第四十六

東夷

高麗

高麗之先，出自夫餘。夫餘王嘗得河伯女，因閉於室內，爲日光隨而照之，感而遂孕，生一大卵，有一男子破殼而出，名曰朱蒙。夫餘之臣以朱蒙非人所生，咸請殺之，王不聽。及壯，因從獵，所獲居多，又請殺之。其母以告朱蒙，朱蒙棄夫餘東南走。遇一大水，深不可越。朱蒙曰：「我是河伯外孫，日之子也。今有難，而追兵且及，如何得度？」於是魚鼈積而成橋，朱蒙遂度。追騎不得濟而還。朱蒙建國，自號高句麗，以高爲氏。朱蒙死，子閭達嗣。至其孫莫來興兵，遂并夫餘。

至裔孫位宮，以魏正始中入寇西安平，毌丘儉拒破之。位宮玄孫之子曰昭列帝，爲慕容氏所破，遂入丸都，焚其宮室，大掠而還。昭列帝後爲百濟所殺。其曾孫璉，遣使後魏。璉六世孫湯〔一〕，在周遣使朝貢，武帝拜湯上開府、遼東郡公、遼東王。高祖受禪，湯復遣使詣闕〔二〕，進授大將軍，改封高麗王。歲遣使朝貢不絕。

其國東西二千里，南北千餘里。都於平壤城，亦曰長安城，東西六里，隨山屈曲，南臨浿水。復有國內城、漢城，並其都會之所，其國中呼爲「三京」。與新羅每相侵奪，戰爭不息。官有太大兄，次大兄，次小兄，次對盧，次意侯奢〔三〕，次烏拙，次太大使者，次大使者，次小使者，次褥奢，次翳屬，次仙人，凡十二等。復有內評、外評、五部褥薩。人皆皮冠，使人加插鳥羽。貴者冠用紫羅，飾以金銀。服大袖衫，大口袴，素皮帶，黃革屨。婦人裙襦加襈。兵器與中國略同。每春秋校獵，王親臨之。人稅布五匹，穀五石。遊人則三年一稅，十人共細布一匹。租戶一石，次七斗，下五斗。反逆者縛之於柱，爇而斬之，籍沒其家。盜則償十倍。用刑既峻，罕有犯者。樂有五絃、琴、箏、篳篥、橫吹、簫、鼓之屬，吹蘆以和曲。每年初，聚戲於浿水之上，王乘腰轝，列羽儀以觀之。事畢，王以衣服入水，分左右爲二部，以水石相濺擲，諠呼馳逐，再三而止。俗好蹲踞，潔淨自喜，以趨走爲敬，拜則曳一脚，立各反拱〔四〕，行必搖手。性多詭伏。父子同川而浴，共室而寢。婦人淫奔，俗多

遊女。有婚嫁者，取男女相悦，然即爲之，男家送豬酒而已，無財聘之禮。或有受財者，人共恥之。死者殯於屋內，經三年，擇吉日而葬。居父母及夫之喪，服皆三年，兄弟三月。初終哭泣，葬則鼓儛作樂以送之。埋訖，悉取死者生時服翫車馬置於墓側，會葬者爭取而去。敬鬼神，多淫祠。

開皇初，頻有使人朝。及平陳之後，湯大懼，治兵積穀，爲守拒之策。十七年[五]，上賜湯璽書曰：

朕受天命，愛育率土，委王海隅，宣揚朝化，欲使圓首方足各遂其心。王每遣使人，歲常朝貢，雖稱藩附，誠節未盡。王既人臣，須同朕德，而乃驅逼靺鞨，固禁契丹。諸藩頓顙，爲我臣妾，忿善人之慕義，何毒害之情深乎？太府工人，其數不少，王必須之，自可聞奏。昔年潛行財貨，利動小人，私將弩手逃竄下國。豈非修理兵器，意欲不藏，恐有外聞，故爲盜竊？時命使者，撫慰王藩，本欲問彼人情，教彼政術。王乃坐之空館，嚴加防守，使其閉目塞耳，永無聞見。有何陰惡，弗欲人知，禁制官司，畏其訪察？又數遣馬騎，殺害邊人，屢爲姦謀，動作邪說，心在不賓。

朕於蒼生悉如赤子，賜王土宇，授王官爵，深恩殊澤，彰著遐邇。王專懷不信，恒自猜疑，常遣使人密覘消息，純臣之義豈若是也？蓋當由朕訓導不明，王之愆違，一

已寬恕，今日以後，必須改革。守藩臣之節，奉朝正之典，自化爾藩，勿忤他國，則長享富貴，實稱朕心。彼之一方，雖地狹人少，然普天之下，皆爲朕臣。今若黜王，不可虛置，終須更選官屬，就彼安撫。王若洒心易行，率由憲章，即是朕之良臣，何勞別遣才彥也？昔帝王作法，仁信爲先，有善必賞，有惡必罰，四海之內，具聞朕旨。王若無罪，朕忽加兵，自餘藩國謂朕何也！王必虛心納朕此意，慎勿疑惑，更懷異圖。

往者陳叔寶代在江陰，殘害人庶，驚動我烽候，抄掠我邊境。朕前後誡勅，經歷十年，彼則恃長江之外，聚一隅之衆，惛狂驕傲，不從朕言。故命將出師，除彼凶逆，經歷來往不盈旬月，兵騎不過數千。歷代逋寇，一朝清蕩，遐邇乂安，人神胥悅。聞王歎恨，獨致悲傷，黜陟幽明，有司是職，罪王不爲陳滅，賞王不爲陳存，樂禍好亂，何爲爾也？王謂遼水之廣何如長江？高麗之人多少陳國？朕若不存含育，責王前愆，命一將軍，何待多力！懇懃曉示，許王自新耳。宜得朕懷，自求多福。

高祖使使拜元爲上開府、儀同三司，襲爵遼東郡公，賜衣一襲。元奉表謝恩，并賀祥瑞，因請封王。高祖優册元爲王。

湯得書惶恐，將奉表陳謝，會病卒。子元嗣立。

明年，元率靺鞨之衆萬餘騎寇遼西，營州總管韋沖擊走之。高祖聞而大怒，命漢王諒爲元帥，總水陸討之，下詔黜其爵位。時餽運不繼，六軍乏食，師出臨渝關，復遇疾疫，王

師不振。及次遼水，元亦惶懼，遣使謝罪，上表稱「遼東糞土臣元」云云。上於是罷兵，待

之如初，元亦歲遺朝貢。

煬帝嗣位，天下全盛，高昌王、突厥啓人可汗並親詣闕貢獻，於是徵元入朝。元懼，藩

禮頗闕。大業七年，帝將討元之罪，車駕度遼水，上營於遼東城，分道出師，各頓兵於其城

下。高麗率兵出拒，戰多不利，於是皆嬰城固守。帝令諸軍攻之，又勑諸將：「高麗若降

者，即宜撫納，不得縱兵。」城將陷，賊輒言請降，諸將奉旨不敢赴機，先令馳奏。比報至，

賊守禦亦備，隨出拒戰。如此者再三，帝不悟。由是食盡師老，轉輸不繼，諸軍多敗績，於

是班師。是行也，唯於遼水西拔賊武厲邏，置遼東郡及通定鎮而還。

九年，帝復親征之，乃勑諸軍以便宜從事。諸將分道攻城，賊勢日蹙。會楊玄感作

亂，反書至，帝大懼，即日六軍並還。兵部侍郎斛斯政亡入高麗，高麗具知事實，悉銳來

追，殿軍多敗。十年，又發天下兵，會盜賊蜂起，人多流亡，所在阻絕，軍多失期。至遼水，

高麗亦困弊，遣使乞降，囚送斛斯政以贖罪。帝許之，頓於懷遠鎮，受其降款。仍以俘囚

軍實歸。至京師，以高麗使者親告於太廟，因拘留之。仍徵元入朝，元竟不至。帝勑諸軍

嚴裝，更圖後舉，會天下大亂，遂不克復行。

百濟

百濟之先，出自高麗國。其國王有一侍婢，忽懷孕，王欲殺之。婢云：「有物狀如雞子，來感於我，故有娠也。」王捨之。後遂生一男，棄之廁溷，久而不死，以爲神，命養之，名曰東明。及長，高麗王忌之，東明懼，逃至淹水〔六〕，夫餘人共奉之。東明之後，有仇台者，篤於仁信，始立其國于帶方故地。漢遼東太守公孫度以女妻之，漸以昌盛，爲東夷強國。初以百家濟海，因號百濟。歷十餘代，代臣中國，前史載之詳矣。開皇初，其王餘昌遣使貢方物，拜昌爲上開府、帶方郡公、百濟王。

其國東西四百五十里，南北九百餘里，南接新羅，北拒高麗。其都曰居拔城。官有十六品：長曰左平，次大率，次恩率，次德率，次扞率〔七〕，次奈率，次將德，服紫帶；次施德，皂帶；次固德，赤帶；次李德〔八〕，青帶；次對德以下，皆黄帶；次文督〔九〕，次武督，次佐軍，次振武，次剋虞，皆用白帶。其冠制並同，唯奈率以上飾以銀花。長史三年一交代。畿內爲五部，部有五巷，士人居焉。五方各有方領一人，方佐貳之。方有十郡，郡有將。

其人雜有新羅、高麗、倭等〔一〇〕，亦有中國人。其衣服與高麗略同。婦人不加粉黛，女辮髮

垂後〔一〕，已出嫁則分爲兩道，盤於頭上。俗尚騎射，讀書史，能吏事，亦知醫藥、蓍龜、占相之術。以兩手據地爲敬。有僧尼，多寺塔。行宋元嘉曆，以建寅月爲歲首。國中大姓有八族，沙氏、燕氏、劦氏、解氏、貞氏、國氏、木氏、苩氏〔二〕。婚娶之禮，略同於華。喪制如高麗。有五穀、牛、猪、雞，多不火食。厥田下濕，人皆山居。有巨栗〔三〕。每以四仲之月，王祭天及五帝之神。立其始祖仇台廟於國城，歲四祠之。國西南人島居者十五所，皆有城邑。

平陳之歲，有一戰船漂至海東舺牟羅國，其舡得還，經于百濟，昌資送之甚厚，并遣使奉表賀平陳。高祖善之，下詔曰：「百濟王既聞平陳，遠令奉表，往復至難，若逢風浪，便致傷損。百濟王心迹淳至，朕已委知。相去雖遠，事同言面，何必數遣使來相體悉。自今以後，不須年別入貢，朕亦不遣使往，王宜知之。」使者舞蹈而去。

開皇十八年，昌使其長史王辯那來獻方物，屬興遼東之役，遣使奉表，請爲軍導。帝下詔曰：「往歲爲高麗不供職貢，無人臣禮，故命將討之。高元君臣恐懼，畏服歸罪，朕已赦之，不可致伐。」厚其使而遣之。高麗頗知其事，以兵侵掠其境。

昌死，子餘宣立，死，子餘璋立。

大業三年，璋遣使者燕文進朝貢。其年，又遣使者王孝鄰入獻，請討高麗。煬帝許

之，令覘高麗動靜。然璋內與高麗通和，挾詐以窺中國。七年，帝親征高麗，璋使其臣國智牟來請軍期。帝大悅，厚加賞錫，遣尚書起部郎席律詣百濟，與相知。明年，六軍度遼，璋亦嚴兵於境，聲言助軍，實持兩端。尋與新羅有隙，每相戰爭。十年，復遣使朝貢。後天下亂，使命遂絕。

其南海行三月，有躭牟羅國，南北千餘里，東西數百里，土多麕鹿，附庸於百濟。百濟自西行三日，至貊國云。

新羅

新羅國，在高麗東南，居漢時樂浪之地，或稱斯羅。魏將毌丘儉討高麗，破之，奔沃沮。其後復歸故國，留者遂爲新羅焉。故其人雜有華夏、高麗、百濟之屬，兼有沃沮、不耐、韓、獩之地。其王本百濟人，自海逃入新羅，遂王其國。傳祚至金真平，開皇十四年，遣使貢方物。高祖拜真平爲上開府、樂浪郡公、新羅王。其先附庸於百濟，後因百濟征高麗，高麗人不堪戎役，相率歸之，遂致强盛，因襲百濟附庸於迦羅國〔四〕。

其官有十七等：其一曰伊罰干，貴如相國；次伊尺干，次迎干，次破彌干，次大阿尺

干，次阿尺干，次乙吉干，次及伏干，次大奈摩干，次奈摩，次大舍，次小舍，次吉

士[五]，次大烏，次小烏，次造位。外有郡縣。其文字、甲兵同於中國。選人壯健者悉入

軍，烽、戍、邏俱有屯管部伍[六]。風俗、刑政、衣服，略與高麗、百濟同。每正月旦相賀，王

設宴會，班賚羣官。其日拜日月神。至八月十五日，設樂[七]，令官人射，賞以馬布。其有

大事，則聚羣官詳議而定之。服色尚素。婦人辮髮繞頭，以雜綵及珠爲飾。婚嫁之禮，唯

酒食而已，輕重隨貧富。新婚之夕，女先拜舅姑，次即拜夫。死有棺斂，葬起墳陵。王及

父母妻子喪，持服一年。田甚良沃，水陸兼種。其五穀、果菜、鳥獸物產，略與華同。大業

以來，歲遣朝貢。新羅地多山險，雖與百濟構隙，百濟亦不能圖之。

靺鞨

靺鞨，在高麗之北，邑落俱有酋長，不相總一。凡有七種：其一號粟末部[八]，與高麗

相接，勝兵數千，多驍武，每寇高麗中。其二曰伯咄部[九]，在粟末之北，勝兵七千。其三

曰安車骨部，在伯咄東北。其四曰拂涅部，在伯咄東。其五曰號室部，在拂涅東。其六

黑水部，在安車骨西北。其七曰白山部，在粟末東南。勝兵並不過三千，而黑水部尤爲勁

健。自拂涅以東，矢皆石鏃，即古之肅慎氏也。所居多依山水，渠帥曰大莫弗瞞咄，東夷

中爲强國。有徒太山者，俗甚敬畏，上有熊羆豹狼，皆不害人，人亦不敢殺。地卑濕，築土

如堤，鑿穴以居，開口向上，以梯出入。相與偶耕，土多粟麥穄。水氣鹹，生鹽於木皮之

上。其畜多猪。嚼米爲酒，飲之亦醉。婦人服布，男子衣猪狗皮。俗以溺洗手面，於諸夷

最爲不絜。其俗婬而妬，其妻外婬，人有告其夫者，夫輒殺妻，殺而後悔，必殺告者，由是

姦婬之事終不發揚。人皆射獵爲業，角弓長三尺，箭長尺有二寸。常以七八月造毒藥，傅

矢以射禽獸，中者立死。

開皇初，相率遣使貢獻。高祖詔其使曰：「朕聞彼土人庶多能勇捷，今來相見，實副

朕懷。朕視爾等如子，爾等宜敬朕如父。」對曰：「臣等僻處一方，道路悠遠，聞內國有聖

人，故來朝拜。既蒙勞賜，親奉聖顏，下情不勝懽喜，願得長爲奴僕也。」其國西北與契丹

相接，每相劫掠。後因其使來，高祖誡之曰：「我憐念契丹與爾無異，宜各守土境，豈不安

樂？何爲輒相攻擊，甚乖我意！」使者謝罪。高祖因厚勞之，令宴飲於前。使者與其徒

皆起舞，其曲折多戰鬪之容。上顧謂侍臣曰：「天地間乃有此物，常作用兵意，何其甚

也！」然其國與隋懸隔，唯粟末、白山爲近。

煬帝初與高麗戰，頻敗其衆，渠帥度地稽率其部來降。拜爲右光祿大夫，居之柳城，

與邊人來往。悅中國風俗，請被冠帶，帝嘉之，賜以錦綺而褒寵之。及遼東之役，度地稽密遣兵邀之，前後十餘戰，僅而得免。至高陽，復沒於王須拔。未幾，遁歸羅藝。率其徒以從，每有戰功，賞賜優厚。十三年，從帝幸江都，尋放歸柳城。在塗遇李密之亂，

流求國

流求國，居海島之中，當建安郡東，水行五日而至。土多山洞。其王姓歡斯氏，名渴刺兜，不知其由來有國代數也。彼土人呼之為可老羊，妻曰多拔荼。所居曰波羅檀洞，塹柵三重，環以流水，樹棘為藩。王所居舍，其大一十六間，琱刻禽獸。多鬬鏤樹，似橘而葉密，條纖如髮，紛然下垂[一○]。國有四五帥，統諸洞，洞有小王。往往有村，村有鳥了帥，並以善戰者為之，自相樹立，理一村之事。男女皆以白紵繩纏髮，從項後盤繞至額[一一]。其男子用鳥羽為冠，裝以珠貝，飾以赤毛，形製不同。婦人以羅紋白布為帽，其形正方。織鬬鏤皮并雜色紵及雜毛以為衣，製裁不一。綴毛垂螺為飾，雜色相間，下垂小貝，其聲如珮。綴鐺施釧，懸珠於頸。織藤為笠，飾以毛羽。有刀、矟、弓、箭、劍、鈹之屬。其處少鐵，刃皆薄小，多以骨角輔助之。編紵為甲，或用熊豹皮。王乘木獸，令左右輿之而行，導

從不過數十人。小王乘机，鏤爲獸形。國人好相攻擊，人皆驍健善走，難死而耐創。諸洞各爲部隊，不相救助。兩陣相當，勇者三五人出前跳噪，交言相罵，因相擊射。如其不勝，王則賜之一軍皆走，遣人致謝，即共和解。收取鬭死者，共聚而食之，仍以髑髏將向王所。王則賜之以冠，使爲隊帥。無賦斂，有事則均稅。用刑亦無常准，皆臨事科決。犯罪皆斷於鳥了帥；不伏，則上請於王，王令臣下共議定之。獄無枷鏁，唯用繩縛。決死刑以鐵錐，大如筋，長尺餘，鑽頂而殺之。輕罪用杖。俗無文字，望月虧盈以紀時節，候草藥枯以爲年歲。

人深目長鼻，頗類於胡，亦有小慧。無君臣上下之節，拜伏之禮。父子同牀而寢。男子拔去髭鬢，身上有毛之處皆亦除去。婦人以墨鯨手，爲蟲蛇之文。嫁娶以酒肴珠貝爲娉，或男女相悦，便相匹偶。婦人產乳，必食子衣，產後以火自灸，令汗出，五日便平復。以木槽中暴海水爲鹽，木汁爲酢，釀米麴爲酒，其味甚薄。食皆用手。偶得異味〔三〕，先進尊者。凡有宴會，執酒者必待呼名而後飲。上王酒者，亦呼王名。銜杯共飲，頗同突厥。歌呼蹋蹄，一人唱，衆皆和，音頗哀怨。扶女子上膊，搖手而舞。其死者氣將絕，舉至庭，親賓哭泣相弔。浴其屍，以布帛纏之，裹以葦草，親土而殯〔三〕，上不起墳。子爲父者，數月不食肉。南境風俗少異，人有死者，邑里共食之。

有熊羆豺狼，尤多猪雞，無牛羊驢馬。厥田良沃，先以火燒而引水灌之。持一插，以

石爲刃，長尺餘，闊數寸，而墾之。土宜稻、粱、𬞟黍、麻、豆、赤豆、胡豆、黑豆等，木有楓、栝、樟、松、楩、楠、杉、梓、竹、籐、果、藥同於江表，風土氣候與嶺南相類。

俗事山海之神，祭以酒肴，鬥戰殺人，便將所殺人祭其神。或依茂樹起小屋，或懸髑髏於樹上，以箭射之，或累石繫幡以爲神主。王之所居，壁下多聚髑髏以爲佳。人間門戶上必安獸頭骨角。

大業元年，海師何蠻等，每春秋二時，天清風靜，東望依希，似有煙霧之氣，亦不知幾千里。三年，煬帝令羽騎尉朱寬入海求訪異俗，何蠻言之，遂與蠻俱往，因到流求國。言不相通，掠一人而返。明年，帝復令寬慰撫之，流求不從，寬取其布甲而還。時倭國使來朝，見之曰：「此夷邪久國人所用也。」帝遣武賁郎將陳稜、朝請大夫張鎮州率兵自義安浮海擊之。至高華嶼，又東行二日至𪖨鼊嶼，又一日便至流求。初，稜將南方諸國人從軍，有崑崙人頗解其語，遣人慰諭之，流求不從，拒逆官軍。稜擊走之，進至其都，頻戰皆敗，焚其宮室，虜其男女數千人，載軍實而還。自爾遂絕。

倭國

倭國，在百濟、新羅東南，水陸三千里，於大海之中依山島而居。魏時，譯通中國三十

餘國，皆自稱王[二四]。夷人不知里數，但計以日。其國境東西五月行，南北三月行，各至於

海。其地勢東高西下。都於邪靡堆，則魏志所謂邪馬臺者也。古云去樂浪郡境及帶方郡

並一萬二千里，在會稽之東，與儋耳相近。漢光武時，遣使入朝，自稱大夫。安帝時，又遣

使朝貢，謂之倭奴國。桓、靈之間，其國大亂，遞相攻伐，歷年無主。有女子名卑彌呼，能

以鬼道惑眾，於是國人共立為王。有男弟，佐卑彌理國。其王有侍婢千人，罕有見其面

者，唯有男子二人給王飲食，通傳言語。其王有宮室樓觀，城柵皆持兵守衛，為法甚嚴。

自魏至于齊、梁，代與中國相通。

開皇二十年，倭王姓阿每，字多利思比孤[二五]，號阿輩雞彌，遣使詣闕。上令所司訪其

風俗。使者言倭王以天為兄，以日為弟，天未明時出聽政，跏趺坐，日出便停理務，云委我

弟。高祖曰：「此太無義理。」於是訓令改之。王妻號雞彌，後宮有女六七百人。名太子

為利歌彌多弗利。無城郭。內官有十二等：一曰大德，次小德，次大仁，次小仁，次大義，

次小義，次大禮，次小禮，次大智，次小智，次大信，次小信，員無定數。有軍尼一百二十

人，猶中國牧宰。八十戶置一伊尼翼，如今里長也。十伊尼翼屬一軍尼。其服飾，男子衣

裙襦，其袖微小，履如屨形，漆其上，繫之於腳。人庶多跣足。不得用金銀為飾。故時衣

横幅，結束相連而無縫。頭亦無冠，但垂髮於兩耳上。至隋，其王始制冠，以錦綵爲之，以金銀鏤花爲飾。婦人束髮於後，亦衣裙襦，裳皆有襈。攙竹爲梳，編草爲薦，雜皮爲表，緣以文皮。有弓、矢、刀、稍、弩、欑、斧，漆皮爲甲，骨爲矢鏑。雖有兵，無征戰。其王朝會，必陳設儀仗，奏其國樂。户可十萬。

其俗殺人強盜及姦皆死，盜者計贓酬物，無財者沒身爲奴。自餘輕重，或流或杖。每訊究獄訟，不承引者，以木壓膝，或張強弓，以弦鋸其項。或置小石於沸湯中，令所競者探之，云理曲者即手爛。或置蛇瓮中，令取之，云曲者即螫手矣。人頗恬靜，罕爭訟，少盜賊。樂有五弦琴、笛。男女多黥臂點面文身，没水捕魚。無文字，唯刻木結繩。敬佛法，於百濟求得佛經，始有文字。知卜筮，尤信巫覡。每至正月一日，必射戲飲酒，其餘節略與華同。好棊博、握槊、樗蒲之戲。氣候溫暖，草木冬青，土地膏腴，水多陸少。以小環挂鸕鷀項，令入水捕魚，日得百餘頭。俗無盤俎，藉以檞葉，食用手餔之。性質直，有雅風。女多男少，婚嫁不取同姓，男女相悦者即爲婚。婦人夫家，必先跨犬〔二六〕，乃與夫相見。婦人不婬妒。死者斂以棺槨，親賓就屍歌舞，妻子兄弟以白布製服。貴人三年殯於外，庶人卜日而瘞。及葬，置屍船上，陸地牽之，或以小轝。有阿蘇山，其石無故火起接天者，俗以爲異，因行禱祭。有如意寶珠，其色青，大如雞卵，夜則有光，云魚眼精也。新羅、百濟皆

以倭爲大國，多珍物，並敬仰之，恒通使往來。

大業三年，其王多利思比孤遣使朝貢。使者曰：「聞海西菩薩天子重興佛法，故遣朝拜，兼沙門數十人來學佛法。」其國書曰「日出處天子致書日沒處天子無恙」云云。帝覽之不悅，謂鴻臚卿曰：「蠻夷書有無禮者，勿復以聞。」明年，上遣文林郎裴清使於倭國〔二七〕。度百濟，行至竹島，南望躭羅國，經都斯麻國，迥在大海中。又東至一支國，又至竹斯國，又東至秦王國，其人同於華夏，以爲夷洲，疑不能明也。又經十餘國，達於海岸。自竹斯國以東，皆附庸於倭。倭王遣小德阿輩臺〔二八〕，從數百人，設儀仗，鳴鼓角來迎。後十日，又遣大禮哥多毗，從二百餘騎郊勞。既至彼都，其王與清相見，大悅，曰：「我聞海西有大隋，禮義之國，故遣朝貢。我夷人，僻在海隅，不聞禮義，是以稽留境內，不即相見。今故清道飾館，以待大使，冀聞大國惟新之化。」清答曰：「皇帝德並二儀，澤流四海，以王慕化，故遣行人來此宣諭。」既而引清就館。其後清遣人謂其王曰：「朝命既達，請即戒塗。」於是設宴享以遣清，復令使者隨清來貢方物。此後遂絕。

史臣曰：廣谷大川異制，人生其間異俗，嗜欲不同，言語不通，聖人因時設教，所以達其志而通其俗也。九夷所居，與中夏懸隔，然天性柔順，無獷暴之風，雖縣邈山海，而易以

道御。夏、殷之代，時或來王。暨箕子避地朝鮮，始有八條之禁，疎而不漏，簡而可久，化之所感，千載不絕。今遼東諸國，或衣服參冠冕之容，或飲食有俎豆之器，好尚經術，愛樂文史，遊學於京都者，往來繼路，或亡沒不歸。非先哲之遺風，其孰能致於斯也？故孔子曰：「言忠信，行篤敬，雖蠻貊之邦行矣。」誠哉斯言。其俗之可採者，豈徒楛矢之貢而已乎？自高祖撫有周餘，惠此中國，開皇之末，方事遼左，天時不利，師遂無功。二代承基，志包宇宙，頻踐三韓之域，屢發千鈞之弩。小國懼亡，敢同困獸，兵連不戢，四海騷然，遂以土崩，喪身滅國。兵志有之曰：「務廣德者昌，務廣地者亡。」然遼東之地，不列於郡縣久矣。諸國朝正奉貢，無闕於歲時，二代震而矜之，以爲人莫若己，不能懷以文德，遽動干戈。内恃富強，外思廣地，以驕取怨，以怒興師。若此而不亡，自古未之聞也。然則四夷之戒，安可不深念哉！

校勘記

〔一〕璉六世孫湯 「湯」，本書卷一高祖紀上作「陽」。三國史記卷一九高麗本紀七平原王「諱陽成」，注稱：「隋唐書作『湯』。」

〔三〕湯復遣使詣闕 「闕」原作「關」，據至順本、南監本、北監本、汲本、殿本改。

〔三〕次意侯奢 「意侯奢」，周書卷四九異域上高麗傳、冊府卷九六二外臣部官號作「意侯奢」。

〔四〕立各反拱 「各」，北史卷九四高麗傳、冊府卷九五九外臣部土風作「多」。

〔五〕十七年 「七」字疑衍。按，高麗平原王高陽卒於在位第三十二年，即隋文帝開皇十年。三國史記卷一九高麗本紀七：「王在位三十二年，冬十月薨，號曰平原王。」注稱：「是開皇十年。」隋書及通鑑書高祖賜璽書於開皇十七年，誤也。

〔六〕逃至淹水 「淹水」，梁書卷五四諸夷東夷高句驪傳、北史卷九四百濟傳作「淹滯水」，後漢書卷八五東夷夫餘國傳作「掩淲水」，冊府卷九五六外臣部種族作「掩淲水」。

〔七〕次杅率 「杅率」，通典卷一八五邊防一百濟作「扜率」。

〔八〕次李德 「李德」，北史卷九四百濟傳、通典卷一八五邊防一百濟、冊府卷九六二外臣部官號作「季德」。

〔九〕次對德以下皆黃帶次文督 北史卷九四百濟傳「皆黃帶」在「文督」下。通典卷一八五邊防一百濟、冊府卷九六二外臣部官號云「對德十一品，文督十二品，皆黃帶」，與北史合。

〔一〇〕其人雜有新羅高麗倭等 「倭」，原作「俀」。二字時或通用，以下凡涉倭國，統一作「倭」。

〔一一〕女辮髮垂後 至順本、南監本、北監本、汲本、殿本無「女」字。按，前稱「婦人不加粉黛」，「女」字顯為贅文。

〔一二〕苢氏 原作「苗氏」，據通典卷一八五邊防一百濟、寰宇記卷一七二四夷一百濟國、通志卷一

〔三〕九四四夷一百濟改。

〔三〕有巨栗 「栗」，原作「粟」，據至順本、南監本、北監本、汲本、殿本改。

〔四〕因襲百濟附庸於迦羅國 通典卷一八五邊防一新羅、寰宇記卷一七四四夷三新羅國、通考卷三二六四裔考三新羅國作「因襲加羅任那諸國滅之」。

〔五〕次吉士 「吉士」，原作「吉土」，據北史卷九四新羅傳、册府卷九六二外臣部官號改。按，〔三〕國史記卷三八雜誌七職官亦作「吉士」。

〔六〕「管」 通典卷一八五邊防一新羅，注稱：「或云稽知，或云吉次」，可證。

〔七〕其日拜日月神至八月十五日設樂 「至」，北史卷九四新羅、册府卷九五九外臣部土風作「管」。北史、通志卷一九四四夷一百濟一新羅引「至」，屬上句。

〔八〕其一號粟末部 「粟末」，原作「粟末」，據北史卷九四勿吉傳、通典卷一八六邊防二勿吉、新唐書卷二一九北狄黑水靺鞨傳、册府卷九五六外臣部種族改。下同改，不另出校。

〔九〕其二曰伯咄部 「伯咄部」，通典卷一八六邊防二勿吉、新唐書卷二一九北狄黑水靺鞨傳、通志卷一九四四夷一百濟作「汩咄部」。下同，不另出校。

〔三〇〕條織如髮紛然下垂 「紛」字原闕，據通典卷一八六邊防二流求、御覽卷七八四四夷部五流求補。

〔三〕從項後盤繞至額 「項」，通典卷一八六邊防二流求作「頭」，此句御覽卷七八四四夷部五流

〔二〕求引隋書作「從頭盤繞」。

〔三〕偶得異味 「偶」,至順本作「遇」。按,北史卷九四流求傳、通典卷一八六邊防二流求、御覽卷七八四四夷部五流求引隋書亦作「遇」。

〔三〕親土而殯 「親」,北史卷九四流求傳、御覽卷七八四四夷部五流求引隋書作「襯」,通典卷一八六邊防二流求作「雜」。

〔四〕魏時譯通中國三十餘國皆自稱王 三國志卷三〇魏書東夷倭人傳:「漢時有朝見者,今使譯所通三十國。」晉書卷九七四夷東夷倭人傳:「至魏時,有三十國通好。」即「魏時譯通中國三十餘國」所本。

〔五〕多利思比孤 原作「多利思北孤」,據北史卷九四倭國傳、通典卷一八五邊防一倭、御覽卷七八二四夷部三倭引北史、通鑑卷一八一隋紀五煬帝大業四年改。

〔六〕必先跨犬 「犬」,北史卷九四倭國傳、通典卷一八五邊防一倭、御覽卷七八二四夷部三倭引北史、寰宇記卷一七四四夷三倭國、通志卷一九四四夷一倭作「火」。

〔七〕上遣文林郎裴清使於倭國 「裴清」,即裴世清,避唐諱闕「世」字。

〔八〕倭王遣小德阿輩臺 「阿輩臺」,北史卷九四倭國傳、御覽卷七八二四夷部三倭引北史、通考卷三二四裔考一倭國作「何輩臺」。

隋書卷八十二

列傳第四十七

南蠻

南蠻雜類，與華人錯居，曰蜒，曰獽，曰俚，曰獠，曰㐌，俱無君長，隨山洞而居，古先所謂百越是也。其俗斷髮文身，好相攻討，浸以微弱，稍屬於中國，皆列爲郡縣，同之齊人，不復詳載。大業中，南荒朝貢者十餘國，其事迹多湮滅而無聞。今所存錄，四國而已。

林邑

林邑之先，因漢末交阯女子徵側之亂，内縣功曹子區連殺縣令，自號爲王。無子，其甥范熊代立，死，子逸立。日南人范文因亂爲逸僕隸，遂教之築宮室，造器械。逸甚信任，

使文將兵，極得衆心。文因間其子弟，或奔或徙。及逸死，國無嗣，文自立爲王。其後范佛爲晉揚威將軍戴桓所破。宋交州刺史檀和之將兵擊之，深入其境。至梁、陳，亦通使往來。

其國延袤數千里，土多香木金寶，物産大抵與交阯同。以塼爲城，蜃灰塗之，東向戶。尊官有二：其一曰西那婆帝，其二曰薩婆地歌。其屬官三等：其一曰倫多姓，次歌倫致帝，次乙他伽蘭〔一〕。外官分爲二百餘部。其長官曰弗羅，次曰可輪，如牧宰之差也。王戴金花冠，形如章甫，衣朝霞布，珠璣瓔珞，足躡革履，時復錦袍〔二〕。良家子侍衞者二百許人，皆執金裝刀。有弓、箭、刀、矟，以竹爲弩，傅毒於矢。樂有琴、笛、琵琶、五絃，頗與中國同。每擊鼓以警衆，吹蠡以即戎。

其人深目高鼻，髮拳色黑。俗皆徒跣，以幅布纏身。冬月衣袍。婦人椎髻。施椰葉席。每有婚媾，令媒者齎金銀釧、酒二壺、魚數頭至女家。於是擇日，夫家會親賓，歌儛相對。女家請一婆羅門，送女至男家，壻盥手，因牽女授之。王死七日而葬，有官者三日，庶人一日。皆以函盛屍，鼓儛導從，輿至水次，積薪焚之。收其餘骨，王則内金甖中，沉之於海；有官者以銅甖，沉之於海口；庶人以瓦，送之於江。男女皆截髮，隨喪至水次〔三〕，盡哀而止，歸則不哭。每七日，然香散花，復哭，盡哀而止，盡七七而罷，至百日、三年，亦如

之。人皆奉佛，文字同於天竺。

高祖既平陳，乃遣使獻方物，其後朝貢遂絕。時天下無事，羣臣言林邑多奇寶者。仁壽末，上遣大將軍劉方爲驩州道行軍總管，率欽州刺史甯長真、驩州刺史李暈、開府秦雄步騎萬餘及犯罪者數千人擊之。其王梵志率其徒乘巨象而戰，方軍不利。方於是多掘小坑，草覆其上，因以兵挑之。梵志悉衆而陣，方與戰，僞北，梵志逐之，至坑所，其象多陷[四]，轉相驚駭，軍遂亂。方縱兵擊之，大破之。頻戰輒敗，遂棄城而走。方入其都，獲其廟主十八枚，皆鑄金爲之，蓋其有國十八葉矣。方班師，梵志復其故地，遣使謝罪，於是朝貢不絕。

赤土

赤土國，扶南之別種也。在南海中，水行百餘日而達所都。土色多赤，因以爲號。東波羅剌國，西婆羅娑國，南訶羅旦國，北拒大海，地方數千里。其王姓瞿曇氏，名利富多塞，不知有國近遠。稱其父釋王位出家爲道，傳位於利富多塞，在位十六年矣。有三妻，並鄰國王之女也。居僧祇城，有門三重，相去各百許步。每門圖畫飛仙、仙人、菩薩之像，

縣金花鈴毦，婦女數十人，或奏樂，或捧金花。又飾四婦人，容飾如佛塔邊金剛力士之狀，夾門而立。門外者持兵仗，門內者執白拂。夾道垂素網，綴花。王宮諸屋悉是重閣，北戶，北面而坐。坐三重之榻。衣朝霞布，冠金花冠，垂雜寶瓔珞。四女子立侍，左右兵衛百餘人。王榻後作一木龕，以金銀五香木雜鈿之。龕後懸一金光燄，夾榻又樹二金鏡，鏡前並陳金甕，甕前各有金香爐。當前置一金伏牛，牛前樹壹寶蓋，蓋左右皆有寶扇。婆羅門等數百人，東西重行，相向而坐。其官有薩陀迦羅一人，迦利蜜迦三人，共掌政事；俱羅末帝一人，掌刑法。每城置那邪迦一人，鉢帝十人。

其俗等皆穿耳剪髮[五]，無跪拜之禮。以香油塗身。其俗敬佛，尤重婆羅門。婦人作髻於項後。男女通以朝霞、朝雲雜色布爲衣。豪富之室，恣意華靡，唯金鑕非王賜不得服用。每婚嫁，擇吉日，女家先期五日，作樂飲酒，父執女手以授壻，七日乃配焉。既娶則分財別居，唯幼子與父同居。父母兄弟死則剔髮素服，就水上構竹木爲棚，棚內積薪，以屍置上。燒香建幡，吹蠡擊鼓以送之，縱火焚薪，遂落於水。貴賤皆同。唯國王燒訖，收灰貯以金瓶，藏於廟屋。冬夏常溫，雨多霽少，種植無時，特宜稻、穄、白豆、黑麻，自餘物產多同於交阯。以甘蔗作酒，雜以紫瓜根。酒色黃赤，味亦香美。亦以椰漿爲酒[六]。

煬帝即位，募能通絕域者。大業三年，屯田主事常駿、虞部主事王君政等請使赤土。

帝大悦，賜駿等帛各百匹，時服一襲而遣。齎物五千段，以賜赤土王。其年十月，駿等自南海郡乘舟，晝夜二旬，每值便風。至焦石山而過，東南泊陵伽鉢拔多洲，西與林邑相對，上有神祠焉。又南行，至師子石，自是島嶼連接。又行二三日，西望見狼牙須國之山，於是南達雞籠島，至於赤土之界。其王遣婆羅門鳩摩羅以舶三十艘來迎，吹蠡擊鼓，以樂隋使，進金鎖以纜駿船。月餘，至其都，王遣其子那邪迦請與駿等禮見。先遣人送金盤，貯香花并鏡鑷，金合二枚，貯香油，金瓶八枚，貯香水[七]，白疊布四條，以擬供使者盥洗。其日未時，那邪迦又將象二頭，持孔雀蓋以迎使人，并致金花、金盤以藉詔函。男女百人奏蠡鼓，婆羅門二人導路，至王宮。駿等奉詔書上閣，王以下皆坐。宣詔訖，引駿等坐，奏天竺樂。事畢，駿等還館，又遣婆羅門就館送食，以草葉為盤，其大方丈。後數日，請駿等入宴，儀衛大國中人[八]，非復赤土國矣。飲食疎薄，願為大國意而食之。」因謂駿曰：「今是導從如初見之禮。王前設兩牀，牀上並設草葉盤，方一丈五尺，上有黃白紫赤四色之餅，牛、羊、魚、鼈、猪、蝳蝐之肉百餘品。延駿升牀，從者坐於地席，各以金鍾置酒，女樂迭奏，禮遺甚厚。尋遣那邪迦隨駿貢方物，并獻金芙蓉冠、龍腦香。以鑄金為多羅葉，隱起成文以為表，金函封之，令婆羅門以香花奏蠡鼓而送之。既入海，見綠魚羣飛水上。浮海十餘日，至林邑東南，並山而行。其海水闊千餘步，色黃氣腥，舟行一日不絕，云是大魚糞也。

循海北岸，達于交阯。駿以六年春與那邪迦於弘農謁帝，帝大悅〔九〕，賜駿等物二百段，俱

授秉義尉，那邪迦等官賞各有差。

真臘

真臘國，在林邑西南，本扶南之屬國也。去日南郡舟行六十日而至，南接車渠國〔一〇〕，

西有朱江國。其王姓剎利氏，名質多斯那。自其祖漸已強盛，至質多斯那，遂兼扶南而有

之。死，子伊奢那先代立。居伊奢那城，郭下二萬餘家。城中有一大堂，是王聽政之所。

總大城三十，城有數千家，各有部帥，官名與林邑同。其王三日一聽朝，坐五香七寶牀，上

施寶帳。其帳以文木爲竿，象牙、金鈿爲壁，狀如小屋，懸金光燄，有同於赤土。前有金香

鑪，二人侍側。王着朝霞古貝，瞞絡腰腹，下垂至脛，頭戴金寶花冠，被真珠瓔珞，足履革

屣，耳懸金璫。常服白疊，以象牙爲屩。若露髮，則不加瓔珞。臣人服製〔一一〕，大抵相類。

有五大臣，一曰孤落支，二曰高相憑〔一二〕，三曰婆何多陵〔一三〕，四曰舍摩陵〔一四〕，五曰髯多

婁〔一五〕，及諸小臣。朝於王者，輒以階下三稽首。王喚上階，則跪，以兩手抱膊，遶王環坐。

議政事訖，跪伏而去。階庭門閣，侍衞有千餘人，被甲持仗。其國與參半、朱江二國和親，

數與林邑、陀桓二國戰爭。其人行止皆持甲仗,若有征伐,因而用之。其俗非王正妻子,不得爲嗣。王初立之日,所有兄弟並刑殘之,或去一指,或剔其鼻,別處供給,不得仕進。

人形小而色黑。婦人亦有白者。悉拳髮垂耳,性氣捷勁。居處器物頗類赤土。以右手爲淨,左手爲穢。每旦澡洗,以楊枝淨齒,讀誦經呪。又澡洒乃食,食罷還用楊枝淨齒,又讀經呪。飲食多蘇酪、沙糖、秔粟、米餅。欲食之時,先取雜肉羹與餅相和,手擩而食。娶妻者,唯送衣一具,擇日遣媒人迎婦。男女二家各八日不出,晝夜燃燈不息。男婚禮畢,即與父母分財別居。父母死,小兒未婚者,以餘財與之。若婚畢,財物入官。其喪葬兒女皆七日不食,剔髮而哭,僧尼、道士、親故皆來聚會,音樂送之。以五香木燒屍,收灰以金銀瓶盛,送于大水之内。貧者或用瓦,而以彩色畫之。亦有不焚,送屍山中,任野獸食者。

其國北多山阜,南有水澤,地氣尤熱,無霜雪,饒瘴癘毒蠱。土宜粱稻,少黍粟,果菜與日南、九真相類。異者有婆那娑樹,無花,葉似柿,實似冬瓜;菴羅樹,花葉似棗,實似李;毗野樹,花似木瓜,葉似杏,實似楮;婆田羅樹,花葉實並似棗而小異;歌畢佗樹,花似林檎,葉似榆而厚大,實似李,其大如升。自餘多同九真。海中有魚名建同,四足,無鱗,其鼻如象,吸水上噴,高五六十尺。有浮胡魚,其形似鯔,觜如鸚鵡,有八足。多大魚,

半身出水，望之如山。

每五六月中，毒氣流行〔五〕，即以白豬、白牛、白羊於城西門外祠之。不然者，五穀不登，六畜多死，人眾疾疫。近都有陵伽鉢婆山，上有神祠，每以兵五千人守衛之。城東有神名婆多利，祭用人肉。其王年別殺人，以夜祀禱，亦有守衛者千人。其敬鬼如此。多奉佛法，尤信道士，佛及道士並立像於館。

大業十二年，遣使貢獻〔六〕，帝禮之甚厚，其後亦絕。

婆利

婆利國，自交阯浮海，南過赤土、丹丹，乃至其國。國界東西四月行，南北四十五日行。王姓剎利邪伽，名護濫那婆〔七〕。官曰獨訶邪挐，次曰獨訶氏挐。國人善投輪刀，其大如鏡，中有竅，外鋒如鋸，遠以投人，無不中。其餘兵器與中國略同。俗類真臘，物產同於林邑。其殺人及盜，截其手，姦者鏁其足，朞年而止。祭祀必以月晦，盤貯酒肴，浮之流水。每十一月，必設大祭。海出珊瑚。有鳥名舍利，解人語。

大業十二年，遣使朝貢，後遂絕。于時南荒有丹丹、盤盤二國，亦來貢方物，其風俗物

產，大抵相類云。

史臣曰：禮云：「南方曰蠻，有不火食者矣。」書稱：「蠻夷猾夏。」詩曰：「蠢爾蠻荆。」種類寔繁，代爲紛梗。自秦并二楚〔八〕，漢平百越，地窮丹徼，景極日南，水陸可居，咸爲郡縣。暨乎境分吳、蜀，時經晉、宋，道有汙隆，服叛不一。高祖受命，克平九宇，煬帝纂業，威加八荒。甘心遠夷，志求珍異，故師出於流求，兵加於林邑，威振殊俗，過於秦、漢遠矣。雖有荒外之功，無救域中之敗。傳曰：「非聖人，外寧必内憂。」誠哉斯言也！

校勘記

〔一〕次乙他伽蘭　「乙他伽蘭」，北史卷九五林邑傳、通典卷一八八邊防四林邑、御覽卷七八六四夷部七林邑國、寰宇記卷一七六四夷五林邑國、通志卷一九八四夷五林邑作「乙地伽蘭」。

〔二〕時復錦袍　「復」，北史卷九五林邑傳、御覽卷七八六四夷部七林邑國、册府卷九五九外臣部土風作「服」。

〔三〕隨喪至水次　北史卷九五林邑傳、御覽卷七八六四夷部七林邑國作「哭至水次」。按，下文稱「歸則不哭」，以「哭」字文意勝。

〔四〕其象多陷　「象」，原作「衆」，據通典卷一六一兵一四因機設權、卷一八八邊防四林邑改。按，此句北史卷九五林邑傳作「其象陷」。

〔五〕其俗等皆穿耳剪髮　北史卷九五赤土傳、通典卷一八八邊防四赤土、御覽卷七八七四夷部八赤土引隋書、寰宇記卷一七七四夷六赤土國、册府卷九六〇外臣部土風、通志卷一九八四夷五赤土俱無「等」字，疑衍。

〔六〕亦以椰漿爲酒　「以」，原作「名」，據北史卷九五赤土傳、通志卷一九八四夷五赤土、册府卷九六〇外臣部土風改。

〔七〕金瓶八枚貯香水　「瓶」，原作「瓿」，據至順本、汲本、殿本改。按，北史卷九五赤土傳作「金瓶二枚貯香水」。

〔八〕今是大國中人　「中人」，北史卷九五赤土傳、通志卷一九八四夷五赤土作「臣」。

〔九〕駿以六年春與那邪迦於弘農謁帝帝大悦　「帝」字原不重，據至順本、汲本補。按，北史卷九五赤土傳、通志卷一九八四夷五赤土亦重「帝」字。

〔一〇〕去日南郡舟行六十日而至南接車渠國　「至」字原闕，據北史卷九五真臘傳、通志卷一九八四夷五真臘補。

〔一一〕防四真臘、寰宇記卷一七七四夷六真臘國　「國」，北史卷九五真臘傳、通志卷一九八四夷五真臘作「下」。

〔一二〕臣人服製　「人」，北史卷九五真臘傳、通志卷一九八四夷五真臘作「下」。

〔一三〕二曰高相憑　「高相憑」，北史卷九五真臘傳、通志卷一九八四夷五真臘作「相高憑」。

〔三〕　三曰婆何多陵　「婆何多陵」，御覽卷七八六四夷部七真臘引隋書作「婆阿多陵」。

〔四〕　五曰髣多夒　「髣多夒」，北史卷九五真臘傳、通志卷一九八四夷五真臘作「髣羅夒」。

〔五〕　毒氣流行　御覽卷七八六四夷部七真臘引隋書「毒」下有「熱」字。

〔六〕　大業十三年遣使貢獻　「十三年」，北史卷九五真臘傳作「十二年」。按，本書卷四煬帝紀下、北史卷一二隋本紀下煬帝紀，十二年二月真臘貢物，十三年不載真臘朝貢事。「十三」疑是「十二」之誤。

〔七〕　護濫那婆　至順本作「藍護濫那婆」。

〔八〕　自秦并二楚　「二」，北史卷九五「論曰」作「三」。按，「三楚」指東楚、西楚、南楚，說見史記卷一二九貨殖列傳，當以「三楚」是。

隋書卷八十三

列傳第四十八

西域

漢氏初開西域，有三十六國，其後分立五十五王，置校尉、都護以撫納之。王莽篡位，西域遂絕。至於後漢，班超所通者五十餘國，西至西海，東西四萬里，皆來朝貢，復置都護、校尉以相統攝。其後或絕或通，漢朝以爲勞弊中國，其官時廢時置。暨魏、晉之後，互相吞滅，不可詳焉。

煬帝時，遣侍御史韋節、司隸從事杜行滿使於西蕃諸國。至罽賓，得碼碯杯；王舍城，得佛經；史國，得十儛女、師子皮、火鼠毛而還。帝復令聞喜公裴矩於武威、張掖間往來以引致之。其有君長者四十四國。矩因其使者入朝，啗以厚利，令其轉相諷諭。大業

年中，相率而來朝者三十餘國，帝因置西域校尉以應接之。尋屬中國大亂，朝貢遂絕。然事多亡失，今所存錄者，二十國焉。

吐谷渾

吐谷渾，本遼西鮮卑徒河涉歸子也。初，涉歸有二子，庶長曰吐谷渾，少曰若洛廆。涉歸死，若洛廆代統部落，是爲慕容氏。吐谷渾與若洛廆不協，遂西度隴，止于甘松之南，洮水之西，南極白蘭山，數千里之地，其後遂以吐谷渾爲國氏焉。當魏、周之際，始稱可汗。都伏俟城，在青海西十五里。有城郭而不居，隨逐水草。其王公貴人多戴冪䍦，婦人裙襦辮髮，綴以珠貝。國無常稅。殺人及盜馬者死，餘坐則徵物以贖罪。風俗頗同突厥。喪有服制，葬訖而除。性皆貪忍。有大麥、粟、豆。青海周迴千餘里，中有小山，其俗至冬輒放牝馬於其上，言得龍種。吐谷渾嘗得波斯草馬，放入海，因生驄駒，能日行千里，故時稱青海驄焉。多氂牛、饒銅、鐵、朱砂。地兼鄯善、且末。西北有流沙數百里，夏有熱風，傷斃行旅。風之將主以皁爲帽，妻戴金花。其器械衣服略與中國同。官有王公、僕射、尚書、郎中、將軍。其至，老駝預知之，則引項而鳴，聚立，以口鼻埋沙中。人見則知之，以氈擁蔽口鼻而避其患。

其主呂夸〔一〕，在周數爲邊寇，及開皇初，以兵侵弘州。高祖以弘州地曠人梗，因而廢之。遣上柱國元諧率步騎數萬擊之。賊悉發國中兵，自曼頭至於樹敦，甲騎不絕。其所署河西總管、定城王鍾利房及其太子可博汗，前後來拒戰。諧頻擊破之，俘斬甚衆。呂夸大懼，率其親兵遠遁。其名王十三人〔二〕，各率部落而降。上以其高寧王移茲裒素得衆心，拜爲大將軍，封河南王，以統降衆，自餘官賞各有差。未幾，復來寇邊，旭州刺史皮子信出兵拒戰，爲賊所敗，子信死之。汶州總管梁遠以銳卒擊之，斬千餘級，奔退。俄而入寇廓州，州兵擊走之。

呂夸在位百年，屢因喜怒廢其太子而殺之。其後太子懼見廢辱，遂謀執呂夸而降，請兵於邊吏。秦州總管、河間王弘請將兵應之，上不許。太子謀洩，爲其父所殺，復立其少子鬼王訶爲太子。豐州刺史杜粲請因其釁而討之，上不許。六年，鬼王訶復懼其父誅之，謀率部落萬五千人户將歸國，遣使詣闕，請兵迎接。上謂侍臣曰：「渾賊風俗，特異人倫，父既不慈，子復不孝。朕以德訓人，何有成其惡逆也！吾當教之以義方耳。」乃謂使者曰：「朕受命於天，撫育四海，望使一切生人皆以仁義相向。況父子天性，何得不相親愛也！吐谷渾主既是鬼王之父，鬼王是吐谷渾主太子，父有不是，子須陳諫。若諫而不從，當令近臣親戚內外諷諭。必不可，泣涕而道之。人皆有情，必當感悟。不可潛謀非

法，受不孝之名。溥天之下，皆是朕臣妾，各爲善事，即稱朕心。鬼王既有好意，欲來投

朕，朕唯教鬼王爲臣子之法，不可遠遣兵馬，助爲惡事。」鬼王乃止。八年，其名王拓拔木

彌請以千餘家歸化。上曰：「溥天之下，皆曰朕臣，雖復荒遐，未識風教，朕之撫育，俱以

仁孝爲本。渾賊惛狂，妻、子懷怖，並思歸化，自救危亡。然叛夫背父，不可收納。又其本

意，正自避死，若今遣拒，又復不仁。若更有音信〔三〕，但宜慰撫，任其自拔，不須出兵馬應

襲統其衆。其妹夫及甥欲來，亦任其意，不勞勸誘也。」是歲河南王移茲裒死，高祖令其弟樹歸

接之。平陳之後，呂夸大懼，遁逃保險，不敢爲寇。

十一年，呂夸卒，子伏立〔四〕。使其兄子無素奉表稱藩，并獻方物，請以女備後庭。上

謂滕王曰：「此非至誠，但急計耳。」乃謂無素曰：「朕知渾主欲令女事朕，若依來請，佗國

聞之，便當相學。一許一塞，是謂不平。若並許之，又非好法。朕情存安養，欲令遂性，豈

可聚斂子女以實後宮乎？」竟不許。十二年，遣刑部尚書宇文弼撫慰之。十六年，以光化

公主妻伏，伏上表稱公主爲天后，上不許。

明年，其國大亂，國人殺伏，立其弟伏允爲主。使使陳廢立之事，并謝專命之罪，且請

依俗尚主，上從之。自是朝貢歲至，而常訪國家消息，上甚惡之。

煬帝即位，伏允遣其子順來朝。時鐵勒犯塞，帝遣將軍馮孝慈出敦煌以禦之，孝慈戰

不利。

鐵勒遣使謝罪，請降，帝遣黃門侍郎裴矩慰撫之，諷令擊吐谷渾以自效。鐵勒許諾，即勒兵襲吐谷渾，大敗之。伏允東走，保西平境。帝復令觀王雄出澆河、許公宇文述出西平以掩之，大破其衆。伏允遁逃，部落來降者十萬餘口，六畜三十餘萬。述追之急，伏允懼，南遁於山谷間。其故地皆空，自西平臨羌城以西，且末以東，祁連以南，雪山以北，東西四千里，南北二千里，皆爲隋有。置郡縣鎮戍，發天下輕罪徙居之。於是留順不之遣。伏允無以自資，率其徒數千騎客於党項〔五〕。帝立順爲主，送出玉門，令統餘衆，以其大寶王尼洛周爲輔。至西平，其部下殺洛周，順不果入而還。大業末，天下亂，伏允復其故地，屢寇河右，郡縣不能禦焉。

党項

党項羌者，三苗之後也。其種有宕昌、白狼，皆自稱獼猴種。東接臨洮、西平，西拒葉護，南北數千里，處山谷間。每姓別爲部落，大者五千餘騎，小者千餘騎。纖氂牛尾及犛瓄毛以爲屋。服裘褐，披氈以爲上飾。俗尚武力，無法令，各爲生業，有戰陣則相屯聚。無徭賦，不相往來。牧養犛牛、羊、猪以供食，不知稼穡。其俗婬穢蒸報，於諸夷中最爲

二〇七五

甚。無文字，但候草木以記歲時。三年一聚會，殺牛羊以祭天。人年八十以上死者，以爲令終，親戚不哭。少而死者，則云夭枉〔六〕，共悲哭之。有琵琶、橫吹，擊缶爲節。蔣公梁睿既平王謙，請因還師以討之，高祖不許。開皇四年，有千餘家歸化。五年，拓拔寧叢等各率衆詣魏、周之際，數來擾邊。高祖爲丞相時，中原多故，因此大爲寇掠。旭州內附，授大將軍，其部下各有差。十六年，復寇會州，詔發隴西兵以討之，大破其衆。又相率請降，願爲臣妾，遣子弟入朝謝罪。高祖謂之曰：「還語爾父兄，人生須有定居，養老長幼。而乃乍還乍走，不羞鄉里邪！」自是朝貢不絕。

高昌

高昌國者，則漢車師前王庭也，去敦煌十三日行。其境東西三百里，南北五百里，四面多大山。昔漢武帝遣兵西討，師旅頓敝，其中尤困者因住焉。其地有漢時高昌壘，故以爲國號。初，蠕蠕立闞伯周爲高昌王〔七〕。伯周死，子義成立，爲從兄首歸所殺。首歸自立爲高昌王，又爲高車阿伏至羅所殺。以敦煌人張孟明爲主。孟明爲國人所殺，更以馬儒爲王，以麴嘉、麴嘉二人爲左右長史〔八〕。儒又通使後魏，請內屬。內屬人皆戀土，不願儒爲王，以鞏顧、麴嘉二人爲左右長史〔八〕。

東遷〔九〕，相與殺儒，立嘉爲王。嘉字靈鳳，金城榆中人，既立，又臣于茹茹。及茹茹主爲高車所殺，嘉又臣于高車。屬焉者爲挹怛所破，衆不能自統，請主於嘉。嘉遣其第二子爲焉耆王〔一〇〕，由是始大，益爲國人所服。嘉死，子堅立。

其都城周迴一千八百四十步，於坐室畫魯哀公問政於孔子之像。國內有城十八。官有令尹一人，次公二人，次左右衞，次八長史，次五將軍，次八司馬，次侍郎、校郎、主簿、從事、省事。大事決之於王，小事長子及公評斷，不立文記。男子胡服，婦人裙襦，頭上作髻。其風俗政令與華夏略同。地多石磧，氣候溫暖，穀麥再熟，宜蠶，多五果。有草名爲羊刺，其上生蜜，而味甚佳。出赤鹽如朱，白鹽如玉。多蒲陶酒。俗事天神，兼信佛法。國中羊馬牧於隱僻之處，以避外寇，非貴人不知其所。北有赤石山，山北七十里有貪汗山〔一一〕，夏有積雪。此山之北，鐵勒界也。從武威西北，有捷路，度沙磧千餘里，四面茫然，無有蹊徑。欲往者，尋有人畜骸骨而去。路中或聞歌哭之聲，行人尋之，多致亡失，蓋魑魅魍魎也。故商客往來，多取伊吾路。

開皇十年，突厥破其四城，有二千人來歸中國。堅死，子伯雅立。其大母本突厥可汗女，其父死，突厥令依其俗，伯雅不從者久之。突厥逼之，不得已而從。

煬帝嗣位，引致諸蕃。大業四年，遣使貢獻，帝待其使甚厚。明年，伯雅來朝。因從

擊高麗，還尚宗女華容公主。八年冬歸蕃，下令國中曰：「夫經國字人，以保存爲貴，寧邦緝政，以全濟爲大。先者以國處邊荒，境連猛狄，同人無咎，被髮左衽。今大隋統御，宇宙平一，普天率土，莫不齊向。孤既沐浴和風，庶均大化，其庶人以上皆宜解辮削衽。」帝聞而甚善之，下詔曰：「彰德嘉善，聖哲所隆，顯誠遂良，典謨貽則。光禄大夫、弁國公、高昌王伯雅識量經遠，器懷溫裕，丹款夙著，亮節遐宣。本自諸華，歷祚西壤，昔因多難，淪迫獯戎，數窮毀冕，剪爲胡服。自我皇隋平一宇宙，化偃九圍，德加四表。伯雅踰沙忘阻，奉贄來庭，觀禮容於舊章，慕威儀之盛典。於是襲縷解辮，削衽曳裾，變夷從夏，義光前載。可賜衣冠之具，仍班製造之式。并遣使人部領將送。被以采章，復見車服之美，棄彼氊毳，還爲冠帶之國。」然伯雅先臣鐵勒，而鐵勒恒遣重臣在高昌國，有商胡往來者，則稅之送於鐵勒。雖有此令取悦中華，然竟畏鐵勒而不敢改也。自是歲令使人貢其方物。

康國

康國者，康居之後也。遷徙無常，不恒故地，然自漢以來相承不絕。其王本姓溫，月氏人也。舊居祁連山北昭武城，因被匈奴所破，西踰葱嶺，遂有其國。支庶各分王，故康

國左右諸國並以昭武爲姓，示不忘本也。王字代失畢〔一二〕，爲人寬厚，甚得衆心。其妻突厥達度可汗女也。都於薩寶水上阿祿迪城。城多衆居〔一三〕。大臣三人共掌國事。其王索髮，冠七寶金花，衣綾羅錦繡白疊。其妻有髻，幪以皂巾。丈夫翦髮錦袍。名爲強國，而西域諸國多歸之。米國、史國、曹國、何國、安國、小安國、那色波國、烏那曷國、穆國皆歸附之。有胡律，置於祆祠，決罰則取而斷之。重罪者族，次重者死，賊盜截其足。人皆深目高鼻，多鬚髯。善於商賈，諸夷交易多湊其國。有大小鼓、琵琶、五絃、箜篌、笛。婚姻喪制與突厥同。國立祖廟，以六月祭之，諸國皆來助祭。俗奉佛，爲胡書。氣候溫，宜五穀，勤修園蔬，樹木滋茂。出馬、駝、騾、驢、封牛、黄金、鐃沙、䬃香、阿薩那香、瑟瑟、麖皮〔一四〕、氍毹、錦疊。多蒲陶酒，富家或致千石，連年不敗。

大業中，始遣使貢方物，後遂絶焉。

安國

安國，漢時安息國也。王姓昭武氏，與康國王同族，字設力登〔一五〕。妻，康國王女也。都在那密水南，城有五重，環以流水。宮殿皆爲平頭。王坐金駝座，高七八尺。每聽政，

與妻相對,大臣三人評理國事。風俗同於康國,唯妻其姊妹〔一六〕,及母子遞相禽獸,此爲異也。煬帝即位之後,遣司隸從事杜行滿使於西域,至其國,得五色鹽而返。

國之西百餘里有畢國,可千餘家。其國無君長,安國統之。大業五年,遣使貢獻,後遂絕焉。

石國

石國,居於藥殺水,都城方十餘里。其王姓石,名涅。國城之東南立屋,置座於中,正月六日、七月十五日以王父母燒餘之骨,金甕盛之,置于牀上,巡遶而行,散以花香雜果,王率臣下設祭焉。禮終,王與夫人出就別帳,臣下以次列坐,享宴而罷。有粟麥,多良馬。其俗善戰,曾貳於突厥,射匱可汗興兵滅之,令特勤甸職攝其國事〔一七〕。南去鏺汗六百里,東南去瓜州六千里。

女國

甸職以大業五年遣使朝貢,其後不復至。

女國，在葱嶺之南，其國代以女爲王。王姓蘇毗，字末羯，在位二十年。女王之夫，號曰金聚，不知政事。國內丈夫唯以征伐爲務。山上爲城，方五六里，人有萬家。王居九層之樓，侍女數百人，五日一聽朝。復有小女王，共知國政。

其俗貴婦人，輕丈夫[八]，而性不妬忌。男女皆以彩色塗面，一日之中，或數度變改之。人皆被髮[九]，以皮爲鞋，課稅無常。氣候多寒，以射獵爲業。出鍮石、朱砂、麝香、犛牛、駿馬、蜀馬。尤多鹽，恒將鹽向天竺興販，其利數倍。亦數與天竺及党項戰爭。其女王死，國中則厚斂金錢，求死者族中之賢女二人，一爲女王，次爲小王。貴人死，剝取皮，以金屑和骨肉置於瓶內而埋之。經一年，又以其皮內於鐵器埋之。俗事阿脩羅神，又有樹神，歲初以人祭，或用獼猴。祭畢，入山祝之，有一鳥如雌雉，來集掌上，破其腹而視之，有粟則年豐，沙石則有災，謂之鳥卜。

開皇六年，遣使朝貢，其後遂絕。

焉耆

焉耆國，都白山之南七十里，漢時舊國也。其王姓龍，字突騎。都城方二里。國內有

九城，勝兵千餘人。國無綱維。其俗奉佛，書類婆羅門。婚姻之禮有同華夏。死者焚之，持服七日。男子剪髮。有魚鹽蒲葦之利。東去高昌九百里，西去龜茲九百里，皆沙磧。東南去瓜州二千二百里。大業中，遣使貢方物。

龜茲

龜茲國，都白山之南七十里，漢時舊國也。其王姓白，字蘇尼咥。都城方六里。勝兵者數千。俗殺人者死，劫賊斷其一臂，并刖一足。俗與焉耆同。王頭繫綵帶，垂之於後，坐金師子座。土多稻、粟、菽、麥、饒銅、鐵、鉛、麖皮、氍毹、鐃沙、鹽綠、雌黃、胡粉、安息香、良馬、封牛。東去焉耆九百里，南去于闐千四百里，西去疏勒千五百里，西北去突厥牙六百餘里，東南去瓜州三千一百里[二〇]。大業中，遣使貢方物。

疏勒

疏勒國，都白山南百餘里，漢時舊國也。其王字阿彌厥[二一]，手足皆六指。產子非六指者，即不育。都城方五里。國內有大城十二，小城數十，勝兵者二千人。王戴金師子

冠。土多稻、粟、麻、麥、銅、鐵、錦、雌黃〔二二〕，每歲常供送於突厥。南有黃河，西帶葱嶺，東去龜茲千五百里，西去鏺汗國千里，南去朱俱波八九百里，東北去突厥牙千餘里，東南去瓜州四千六百里。大業中，遣使貢方物。

于闐

于闐國，都葱嶺之北二百餘里。其王姓王，字卑示閉練〔二三〕。都城方八九里。國中大城有五，小城數十，勝兵者數千人。俗奉佛，尤多僧尼，王每持齋戒。城南五十里有贊摩寺者，云是羅漢比丘比盧旃所造，石上有辟支佛徒跣之跡。于闐西五百里有比摩寺，云是老子化胡成佛之所。俗無禮義，多賊盜淫縱。王錦帽，金鼠冠，妻戴金花。其王髮不令人見。俗云，若見王髮，年必儉。土多麻、麥、粟、稻、五果，多園林，山多美玉。東去鄯善千五百里，南去女國三千里，西去朱俱波千里，北去龜茲千四百里，東北去瓜州二千八百里〔二四〕。大業中，頻遣使朝貢。

鏺汗

鏺汗國，都葱嶺之西五百餘里，古渠搜國也。王姓昭武，字阿利柒。都城方四里。勝兵數千人。王坐金羊牀，妻戴金花。俗多朱砂、金、鐵。東去疏勒千里，西去蘇對沙那國五百里，西北去石國五百里，東北去突厥牙二千餘里，東去瓜州五千五百里。大業中，遣使貢方物。

吐火羅

吐火羅國，都葱嶺西五百里，與挹怛雜居。都城方二里。勝兵者十萬人，皆習戰。其俗奉佛。兄弟同一妻，迭寢焉，每一人入房，戶外挂其衣以爲志。生子屬其長兄。其山穴中有神馬，每歲牧牝馬於穴所，必産名駒。南去漕國千七百里，東去瓜州五千八百里。大業中，遣使朝貢。

挹怛

挹怛國，都烏滸水南二百餘里，大月氏之種類也。勝兵者五六千人。俗善戰。先時國亂，突厥遣通設字詰強領其國。都城方十餘里。多寺塔，皆飾以金。兄弟同妻。婦人

有一夫者，冠一角帽，夫兄弟多者，依其數爲角。南去漕國千五百里〔三五〕，東去瓜州六千五百里。大業中，遣使貢方物。

米國

米國，都那密水西，舊康居之地也。無王。其城主姓昭武，康國王之支庶，字閉拙。都城方二里。勝兵數百人。西北去康國百里，東去蘇對沙那國五百里，西南去史國二百里，東去瓜州六千四百里。大業中，頻貢方物。

史國

史國，都獨莫水南十里，舊康居之地也。其王姓昭武，字逖遮，亦康國王之支庶也。都城方二里。勝兵千餘人。俗同康國。北去康國二百四十里，南去吐火羅五百里，西去那色波國二百里，東北去米國二百里，東去瓜州六千五百里。大業中，遣使貢方物。

曹國

曹國，都那密水南數里，舊是康居之地也。國無主，康國王令子烏建領之。都城方三里。勝兵千餘人。國中有得悉神，自西海以東諸國並敬事之。其神有金人焉，金破羅闊丈有五尺，高下相稱。每日以駝五頭、馬十匹、羊一百口祭之，常有千人食之不盡。東南去康國百里，西去何國百五十里，東去瓜州六千六百里。大業中，遣使貢方物。

何國

何國，都那密水南數里，舊是康居之地也。其王姓昭武，亦康國王之族類，字敦。都城方二里。勝兵千人。其王坐金羊座。東去曹國百五十里，西去小安國三百里，東去瓜州六千七百五十里。大業中，遣使貢方物。

烏那曷

烏那曷國，都烏滸水西，舊安息之地也。王姓昭武，亦康國種類〔二六〕，字佛食。都城方二里。勝兵數百人。王坐金羊座。東北去安國四百里，西北去穆國二百餘里，東去瓜州七千五百里。大業中，遣使貢方物。

穆國

穆國，都烏滸河之西，亦安息之故地，與烏那曷爲鄰。其王姓昭武，亦康國王之種類也，字阿濫密。都城方三里。勝兵二千人。東北去安國五百里，東去烏那曷二百餘里，西去波斯國四千餘里，東去瓜州七千七百里。大業中，遣使貢方物。

波斯

波斯國，都達曷水之西蘇藺城，即條支之故地也[二七]。其王字庫薩和。都城方十餘里。勝兵二萬餘人，乘象而戰。國無死刑，或斷手刖足、沒家財，或剃去其鬚，或繫排於項，以爲標異。人年三歲已上，出口錢四文。妻其姊妹。人死者，棄屍于山，持服一月。土多良馬，大驢，師子、白象，大鳥卵，真珠，頗黎，獸魄，珊瑚，瑠璃，碼碯，水精，瑟瑟，呼洛羯，呂騰，火齊，金剛，金、銀、鍮石[二八]，銅，鑌鐵，錫，錦疊，細布，氍毹，氁毲，護那，越諾布，檀，金縷織成，赤麖皮，朱沙，水銀，薰陸，鬱金、蘇合、青木等諸香，胡椒，畢撥，石蜜，半蜜，千年棗，附

子〔二九〕，訶黎勒，無食子，鹽綠，雌黃。突厥不能至其國，亦羈縻之。波斯每遣使貢獻。西去海數百里，東去穆國四千餘里，西北去拂菻四千五百里，東去瓜州萬一千七百里。

煬帝遣雲騎尉李昱使通波斯，尋遣使隨昱貢方物。

漕國

漕國，在葱嶺之北〔三〇〕，漢時罽賓國也。其王姓昭武，字順達，康國王之宗族。都城方四里。勝兵者萬餘人。國法嚴整，殺人及賊盜皆死。其俗淫祠。葱嶺山有順天神者，儀制極華，金銀鍱爲屋，以銀爲地，祠者日有千餘人。祠前有一魚脊骨，其孔中通，馬騎出入。國王戴金魚頭冠〔三一〕，坐金馬座。土多稻、粟、豆、麥，饒象、馬、封牛、金、銀、鑌鐵、氍氀、朱砂、青黛、安息、青木等香，石蜜、半蜜、黑鹽、阿魏、沒藥〔三二〕、白附子。北去帆延七百里，東去刧國六百里〔三三〕，東北去瓜州六千六百里。大業中，遣使貢方物。

附國

附國者，蜀郡西北二千餘里，即漢之西南夷也。有嘉良夷，即其東部，所居種姓自相

率領，土俗與附國同，言語少殊，不相統一。其人並無姓氏。附國王字宜繒。其國南北八百里，東南千五百里，無城柵，近川谷，傍山險。俗好復讎，故壘石爲礁而居，以避其患。其礁高至十餘丈，下至五六丈，每級丈餘，以木隔之。基方三四步，礁上方二三步，狀似浮圖。於下級開小門，從內上通，夜必關閉，以防賊盜。國有二萬餘家，號令自王出。嘉良夷政令繫之酋帥，重罪者死，輕刑罰牛〔三四〕。

人皆輕捷，便於擊劍。漆皮爲牟甲，弓長六尺，以竹爲弦〔三五〕。妻其羣母及嫂，兒弟死，父兄亦納其妻。好歌儛，鼓簧，吹長笛〔三六〕。有死者，無服制，置屍高牀之上，沐浴衣服，被以牟甲，覆以獸皮。子孫不哭，帶甲儛劍而呼云：「我父爲鬼所取，我欲報冤殺鬼。」自餘親戚哭三聲而止。婦人哭，必以兩手掩面。死家殺牛，親屬以猪酒相遺，共飲噉而瘞之。死後十年而大葬〔三七〕，其葬必集親賓，殺馬動至數十匹。立其祖父神而事之。其俗以皮爲帽，形圓如鉢，或帶羃䍦。衣多毛氎皮裘，全剥牛脚皮爲靴。項繫鐵鎖，手貫鐵釧。王與酋帥，金爲首飾，胸前懸一金花，徑三寸。其土高，氣候涼，多風少雨。土宜小麥、青稞〔三八〕。山出金、銀，多白雉。水有嘉魚，長四尺而鱗細。

大業四年，其王遣使素福等八人入朝。明年，又遣其弟子宜林率嘉良夷六十人朝貢。欲獻良馬，以路險不通，請開山道以脩職貢。煬帝以勞人不許。

嘉良有水，闊六七十丈，附國有水，闊百餘丈，並南流，用皮爲舟而濟。

附國南有薄緣夷，風俗亦同。西有女國。其東北連山，縣亘數千里，接於党項。往往

有羌：大、小左封、昔衛、葛延、白狗、向人、望族、林臺、春桑、利豆、迷桑、婢藥、大硤、白

蘭、叱利摸徒〔三九〕、那鄂、當迷、渠步、桑悟、千碉，並在深山窮谷，無大君長。其風俗略同於

党項，或役屬吐谷渾，或附附國。

大業中，來朝貢。緣西南邊置諸道總管，以遙管之。

史臣曰：自古開遠夷，通絕域，必因宏放之主，皆起好事之臣。張騫鑿空於前，班超

投筆於後，或結之以重寶，或懾之以利劍，投軀萬死之地，以要一旦之功，皆由主尚來遠之

名，臣殉輕生之節。是知上之所好，下必有甚者也。煬帝規摹宏侈，掩吞秦、漢，裴矩方進

西域圖記以蕩其心，故萬乘親出玉門關，置伊吾、且末〔四〇〕，而關右暨於流沙，騷然無聊生

矣。若使北狄無虞，東夷告捷，必將修輪臺之戍，築烏壘之城，求大秦之明珠，致條支之鳥

卵，往來轉輸，將何以堪其弊哉！古者哲王之制，方五千里，務安諸夏，不事要荒。豈威

不能加，德不能被？蓋不以四夷勞中國，不以無用害有用也。是以秦戍五嶺，漢事三邊，

或道殣相望，或戶口減半。隋室恃其強盛，亦狼狽於青海〔四一〕。此皆一人失其道，故億兆

罹其毒。若深思即敘之義，固辭都護之請，返其千里之馬，不求白狼之貢，則七戎九夷，候風重譯，雖無遼東之捷，豈及江都之禍乎！

校勘記

〔一〕其主呂夸 「呂夸」，周書卷五〇異域下吐谷渾傳、北史卷九六吐谷渾傳、通典卷一九〇邊防六吐谷渾、册府卷九六七外臣部繼襲，通鑑卷一五八梁紀一四武帝大同六年及以下、通志卷一九五四夷二吐谷渾作「夸呂」。

〔二〕其名王十三人 疑「名王」下奪「十七人公侯」五字。按，本書卷四〇元諧傳、北史卷七三元諧傳、册府卷四二六將帥部招降作「名王十七人公侯十三人」。通鑑卷一七五陳紀九宣帝太建十三年通計名王、公侯之數，作「王侯三十人」可證。

〔三〕若更有音信 「音」原作「意」，據北史卷九六吐谷渾傳、通鑑卷一七六陳紀一〇長城公禎明二年改。

〔四〕子伏立 「伏」，北史卷九六吐谷渾傳、册府卷九六七外臣部繼襲，通鑑卷一七七隋紀一文帝開皇十一年、通志卷一九五四夷二吐谷渾作「世伏」。此蓋避唐諱闕「世」字。下同，不另出校。

〔五〕率其徒數千騎客於党項 「數」，北監本、汲本、殿本作「二」。

〔六〕則云夭柷　「夭」，原作「大」，據御覽卷七九五四夷部一六党項引隋書改。按，北史卷九六党項傳、舊唐書卷一九八西戎党項羌傳、唐會要卷九八党項、新唐書卷二二一上西域上党項傳俱作「夭柷」，可證。

〔七〕蠕蠕立闕伯周爲高昌王　「蠕蠕」，本卷下文作「茹茹」，或涉史源不同而同名異譯。

〔八〕以鞏顧麴嘉二人爲左右長史　「鞏顧」，北史卷九七西域高昌傳、通志卷一九六四夷三車師作「鞏顧禮」。

〔九〕儒又通使後魏請內屬內屬人皆戀土不願東遷　通典卷一九一邊防七高昌、冊府卷九六六外臣部繼襲與隋書措詞全同，惟「內屬」二字不重出，疑後「內屬」爲衍文。北史卷九七西域高昌傳、通志卷一九六四夷三車師作「高昌舊人情戀本土不願東遷」。

〔一〇〕嘉遣其第二子爲焉耆王　「王」，原作「主」，據宋乙本、北監本、汲本、殿本改。按，北史卷九七西域高昌傳載，前部胡人徙居焉耆，被嚈噠所破，「國人分散，眾不自立，請王於嘉。嘉遣第二子爲焉耆王以主之」，可證。

〔一二〕貪汗山　原作「貪污山」，宋乙本、至順本作「貪汗山」，今據改。西域高昌傳、通典卷一九一邊防七高昌作「貪汗山」，本書卷八四北狄鐵勒傳、北史卷九七西域康國傳、通志卷一九六四夷三康居作「世夫畢」。

〔一三〕王字代失畢　「代失畢」，北史卷九七西域康國傳、通志卷一九六四夷三康居作「世夫畢」。「代」字或避唐諱改。「失」、「夫」形近，姑存疑。

〔二三〕 都於薩寶水上阿祿迪城城多眾居　「阿祿迪城」，御覽卷七九三四夷部一四康國引隋書作「阿祿連城」。「城多眾居」頗費解。北史卷九七西域康國傳作「多人居」，通典卷一九三邊防九康居、寰宇記卷一八三四夷一二康居國、通志卷一九六四夷三康居、通考卷三三八四裔考一五康居俱無此四字。

〔二四〕 麢皮　北史卷九七西域康國傳、通志卷一九六四夷三康居作「麞皮」。

〔二五〕 字設力登　「設力登」，北史卷九七西域安國傳、通志卷一九六四夷三安息作「設力」。

〔二六〕 唯妻其姊妹　「其」，原作「與」，據宋乙本、至順本改。按，北史卷九七西域安國傳、通典卷一九二邊防八安息亦作「其」。

〔二七〕 其俗貴婦人輕丈夫　「貴」字原闕，據通典卷一九三邊防九女國、通志卷一九六四夷三女國補。

〔二八〕 令特勤甸職攝其國事　「甸職」，新唐書卷二二一下西域下康傳作「匐職」。

〔二九〕 人皆被髮　通典卷一九三邊防九女國、通志卷一九六四夷三女國作「男子皆被髮婦人辮髮而繁之」。

〔三〇〕 東南去瓜州三千一百里　「東南去」，原作「東去南」，據北監本、汲本、殿本改。按，北史卷九七西域龜茲傳亦作「東南去」。

〔三一〕 其王字阿彌厥　「阿彌厥」，御覽卷七九三四夷部一四疏勒引隋書作「阿你厥」。

〔三〕　土多稻粟麻麥銅鐵錦雌黃　　「錦」，北史卷九七西域疏勒傳作「錫」，御覽卷七九三四夷部一三于闐引北史作四疏勒引隋書作「銀」。

〔三〕　字皁示閉練　　「皁示閉練」，北史卷九七西域于闐傳、御覽卷七九二四夷部一三于闐引北史作「皁示門練」。

〔四〕　東北去瓜州二千八百里　　「二」，至順本作「三」。

〔五〕　南去漕國千五百里　　「去」字原闕，據宋乙本、至順本、北監本、汲本、殿本補。

〔六〕　亦康國種類　　北史卷九七西域烏那遏傳、通志卷一九六四夷三烏那遏「國」下有「王」字。

按，本卷安國傳「王姓昭武氏，與康國王同族」，史國傳「其王姓昭武，字逸遮，亦康國王之支庶也」，米國傳「其城主姓昭武，康國王之支庶」，何國傳「其王姓昭武，亦康國王之族類」，穆國傳「其王姓昭武，亦康國王之種類也」。以彼例此，疑「康國」下奪「王」字。

〔七〕　都達曷水之西蘇薗城即條支之故地也　　通志卷一九三邊防九波斯云「在達曷水之西，都宿利城」（通志卷一九六四夷三波斯同）。杜佑自注：「後周史云蘇利城，隋史云蘇薗城，記錄音訛，其實一也。」一稱波斯國在達曷水西，一謂國都蘇薗城在達曷水西。

〔八〕　鍮石　　原作「瑜石」，據宋乙本、汲本、殿本改。

〔九〕　附子　　北史卷九七西域波斯傳、通典卷一九三邊防九波斯、舊唐書卷一九八西戎波斯傳、通志卷一九六四夷三波斯作「香附子」。

〔三○〕在葱嶺之北 「北」，通典卷一九二邊防八罽賓作「西南」，新唐書卷二二一上西域上罽賓傳：「罽賓，隋漕國也，居葱嶺南。」與隋時漕國實際方位合。

〔三一〕國王戴金魚頭冠 「魚」，北史卷九七西域漕國傳、御覽卷七九六四夷部一七漕國引北史、通志卷一九六四夷三罽賓作「牛」。

〔三二〕阿魏没藥 「没」字原闕，據北史卷九七西域漕國傳、通典卷一九三邊防九漕國、通志卷一九六四夷三罽賓補。

〔三三〕東去刼國六百里 「東去」，原作「東北」，據宋乙本、至順本、南監本作「東北去」。 北監本、殿本作「東去」。 按，北史卷九七西域漕國傳正作「東去」。

〔三四〕輕刑罰牛 「刑」，宋乙本、至順本、南監本、北監本、汲本、殿本作「罪」。

〔三五〕以竹爲弦 「弦」，北史卷九七西域附國傳、通志卷一九七四夷四附國作「箭」。

〔三六〕吹長笛 「笛」，北史卷九七西域附國傳、通志卷一九七四夷四附國作「角」。

〔三七〕死後十年而大葬 「十年」，北史卷九七西域附國傳作「一年」，御覽卷七八八四夷部九附國引隋書作「十日」。「大」，冊府卷九六一外臣部土風作「火」。

〔三八〕青稞 「稞」，北史卷九七西域附國傳、通志卷一九七四夷四附國作「稞」。 通典卷一八七邊防三附國、御覽卷七八八四夷部九附國引隋書作「科」。

〔三九〕叱利摸徒 原作「北利摸徒」，據通典卷一九○邊防六白蘭、通志卷一九五四夷二白蘭改。 參

見顧頡剛白蘭考。

〔四〇〕置伊吾且末　北史卷九七西域傳論作「且末鎮」，通典卷一九三邊防九魏徵論、御覽卷七九二四夷部一三總序西戎引魏徵西戎論「且末」下有「郡」字。

〔四一〕亦狼狽於青海　「青海」原作「清海」，據北史卷九七西域傳論、通典卷一九三邊防九魏徵論、御覽卷七九二四夷部一三總序西戎引魏徵西戎論改。

隋書卷八十四

列傳第四十九

北狄

突厥

突厥之先，平涼雜胡也，姓阿史那氏。後魏太武滅沮渠氏，阿史那以五百家奔茹茹，世居金山，工於鐵作。金山狀如兜鍪，俗呼兜鍪為「突厥」，因以為號。或云，其先國於西海之上，為鄰國所滅，男女無少長盡殺之。至一兒，不忍殺，刖足斷臂，棄於大澤中。有一牝狼，每啣肉至其所，此兒因食之，得以不死。其後遂與狼交，狼有孕焉。彼鄰國者，復令人殺此兒，而狼在其側。使者將殺之，其狼若為神所憑，欻然至於海東，止於山上。其山在高昌西北，下有洞穴，狼入其中，遇得平壤茂草，地方二百餘里。其後狼生十男，其一姓

阿史那氏，最賢，遂爲君長，故牙門建狼頭纛，示不忘本也。

有阿賢設者，率部落出於穴中，世臣茹茹。至大葉護，種類漸強。當後魏之末，有伊利可汗，以兵擊鐵勒，大敗之，降五萬餘家，遂求婚於茹茹。茹茹主阿那瓌大怒，遣使罵之。伊利斬其使，率衆襲茹茹，破之。卒，弟逸可汗立〔二〕，又破茹茹。病且卒，捨其子攝圖，立其弟俟斗〔二〕，稱爲木杆可汗。木杆勇而多智，遂擊茹茹，滅之，西破挹怛，東走契丹，北方戎狄悉歸之，抗衡中夏。後與西魏師入侵東魏，至于太原。

其俗畜牧爲事，隨逐水草，不恒厥處。穹廬氊帳，被髮左袵，食肉飲酪，身衣裘褐，賤老貴壯。官有葉護，次設，次特勤〔三〕，次俟利發，次吐屯發，下至小官，凡二十八等，皆世爲之。有角弓、鳴鏑、甲、矟、刀、劍。善騎射，性殘忍。無文字，刻木爲契。候月將滿，輒爲寇抄。謀反叛殺人者皆死，淫者割勢而腰斬之。鬬傷人目者償之以女，無女則輸婦財，折支體者輸馬，盜者則償贓十倍。有死者，停屍帳中，家人親屬多殺羊馬而祭之〔四〕，遶帳號呼，以刀劃面，血淚交下，七度而止。於是擇日置屍馬上而焚之，取灰而葬。表木爲塋，立屋，其中圖畫死者形儀及其生時所經戰陣之狀。嘗殺一人，則立一石，有至千百者。父兄死，子弟妻其羣母及嫂。五月中，多殺羊馬以祭天。男子好樗蒲，女子踏鞠，飲馬酪取醉，歌呼相對。敬鬼神，信巫覡，重兵死而恥病終，大抵與匈奴同俗。

木杆在位二十年，卒，復捨其子大邏便而立其弟，是爲佗鉢可汗。佗鉢以攝圖爲爾伏可汗，統其東面，又以其弟褥但可汗子爲步離可汗，居西方。

之。周、齊爭結姻好，傾府藏以事之。佗鉢益驕，每謂其下曰：「我在南兩兒常孝順，何患貧也！」齊有沙門惠琳，被掠入突厥中，因謂佗鉢曰：「齊國富強者，爲有佛法耳。」遂說以因緣果報之事。佗鉢聞而信之，建一伽藍，遣使聘于齊氏，求淨名、涅槃、華嚴等經，并十誦律。佗鉢亦躬自齋戒，遶塔行道，恨不生內地。在位十年，病且卒，謂其子菴羅曰：「吾聞親莫過於父子。吾兄不親其子，委位於我〔五〕。我死，汝當避大邏便也。」及佗鉢卒，國中將立大邏便，以其母賤，衆不服。菴羅母貴，突厥素重之。攝圖最後至，謂國中曰：「若立菴羅者，我當率兄弟以事之；如立大邏便，我必守境，利刃長矛以相待矣。」攝圖長而且雄，國人皆憚，莫敢拒者，竟立菴羅爲嗣。大邏便不得立，心不服菴羅，每遣人罵辱之。菴羅不能制，因以國讓攝圖。國中相與議曰：「四可汗之子，攝圖最賢。」因迎立之，號伊利俱盧設莫何始波羅可汗，一號沙鉢略。治都斤山。菴羅降居獨洛水，稱第二可汗。大邏便乃請沙鉢略曰：「我與爾俱可汗子，各承父後。爾今極尊，我獨無位，何也？」沙鉢略患之，以爲阿波可汗，還領所部。

沙鉢略勇而得衆，北夷皆歸附之。及高祖受禪，待之甚薄，北夷大怨。會營州刺史高

寶寧作亂，沙鉢略與之合軍，攻陷臨渝鎮。上勅緣邊修保鄣，峻長城，以備之，仍命重將出鎮幽、并。

沙鉢略妻，宇文氏之女，曰千金公主，自傷宗祀絕滅，每懷復隋之志，日夜言之於沙鉢略。由是悉衆爲寇，控弦之士四十萬。上令柱國馮昱屯乙弗泊，蘭州總管叱李長叉守臨洮，上柱國李崇屯幽州，達奚長儒據周槃，皆爲虜所敗。於是縱兵自木硤、石門兩道來寇，武威、天水、安定、金城、上郡、弘化、延安六畜咸盡。天子震怒，下詔曰：

往者魏道衰弊，禍難相尋，周、齊抗衡，分割諸夏。突厥之虜，俱通二國。周人東慮，恐齊好之深，齊氏西虞，懼周交之厚。謂虜意輕重，國逐安危〔六〕，非徒並有大敵之憂，思滅一邊之防。竭生民之力，供其來往，傾府庫之財，棄於沙漠，華夏之地，實爲勞擾。猶復劫剝烽戍，殺害吏民，無歲月而不有也。惡積禍盈，非止今日。

朕受天明命，子育萬方，愍臣下之勞，除既往之弊。以爲厚斂兆庶，多惠豺狼，未嘗感恩，資而爲賊，違天地之意，非帝王之道。節之以禮，不爲虛費，省徭薄賦，國用有餘。因人賊之物，加賜將士，息道路之民，務於耕織。清邊制勝，成策在心。凶醜愚闇，未知深旨，將大定之日，比戰國之時，乘昔世之驕，結今時之恨。近者盡其巢窟，俱犯北邊，朕分置軍旅，所在邀截，望其深入，一舉滅之。而遠鎮偏師，逢而摧翦，未及南上，遽已奔北，應弦染鍔，過半不歸。且彼渠帥，其數凡五，昆季爭長，父叔相

猜，外示彌縫，内乖心腹，世行暴虐，家法殘忍。東夷諸國，盡挾私讎，西戎羣長，皆有

宿怨。突厥之北，契丹之徒〔七〕，切齒磨牙，常伺其便。達頭前攻酒泉，其後于闐、波

斯、挹怛三國一時即叛。沙鉢略近趣周槃，其部内薄孤、束紇羅尋亦翻動。往年利稽

察大爲高麗、靺鞨所破〔八〕，娑毗設又爲紇支可汗所殺。與其爲鄰，皆願誅剿〔九〕。部

落之下，盡異純民，千種萬類，仇敵怨偶，泣血拊心，銜悲積恨。圓首方足，皆人類也，

有一於此，更切朕懷。

彼地咎徵祅作，年將一紀，乃獸爲人語，人作神言，云其國亡，訖而不見。每冬雷

震，觸地火生，種類資給，惟藉水草。去歲四時，竟無雨雪，川枯蝗暴，卉木燒盡，飢疫

死亡，人畜相半。舊居之所，赤地無依，遷徙漠南，偷存晷刻。斯蓋上天所忿，驅就齊

斧，幽明合契，今也其時。故選將治兵，贏糧聚甲，義士奮發，壯夫肆憤，願取名王之

首，思撻單于之背，雲歸霧集，不可數也。東極滄海，西盡流沙，縱百勝之兵，橫萬里

之衆〔一〇〕，亘朔野之追躡，望天崖而一掃。此則王恢所説，其猶射癰，何敵能當，何遠

不服！

但皇王舊迹，北止幽都，荒遐之表，文軌所棄。得其地不可而居，得其民不忍皆

殺，無勞兵革，遠規溟海。諸將今行，義兼含育，有降者納，有違者死。異域殊方，被

其擁抑□□，放聽復舊。廣闢邊境，嚴治關塞，使其不敢南望，永服威刑。卧鼓息烽，暫勞終逸，制御夷狄，義在斯乎！何用侍子之朝，寧勞渭橋之拜。普告海內，知朕意焉。

於是以河間王弘、上柱國豆盧勣、竇榮定、左僕射高熲、右僕射虞慶則並為元帥，出塞擊之。沙鉢略率阿波、貪汗二可汗等來拒戰，皆敗走遁去。時虜飢甚，不能得食，於是粉骨為糧，又多災疫，死者極眾。

既而沙鉢略以阿波驍悍，忌之，因其先歸，襲擊其部，大破之，殺阿波之母。阿波還無所歸，西奔達頭可汗。達頭者，名玷厥，沙鉢略之從父也，舊為西面可汗。既而大怒，遣阿波率兵而東，其部落歸之者將十萬騎，遂與沙鉢略相攻。又有貪汗可汗，素睦於阿波，沙鉢略奪其眾而廢之，貪汗亡奔達頭。沙鉢略從弟地勤察別統部落，與沙鉢略有隙，復以眾叛歸阿波。連兵不已，各遣使詣闕，請和求援，上皆不許。

會千金公主上書，請為一子之例，高祖遣開府徐平和使於沙鉢略。晉王廣時鎮并州，請因其釁而乘之，上不許。沙鉢略遣使致書曰：「辰年九月十日，從天生大突厥天下賢聖天子、伊利俱盧設莫何始波羅可汗致書大隋皇帝：使人開府徐平和至，辱告言語，具聞也。皇帝是婦父，即是翁，此是女夫，即是兒例。兩境雖殊，情義是一。今重疊親舊，子子

孫孫，乃至萬世不斷，上天爲證，終不違負。此國所有羊馬，都是皇帝畜生，彼有繒綵，都是此物，彼此有何異也！」高祖報書曰：「大隋天子貽書大突厥乙利俱盧設莫何沙鉢略可汗〔一〕：得書，知大有好心向此也。既是沙鉢略婦翁，今日看沙鉢略共兒子不異。既以親舊厚意，常使之外，今特別遣大臣虞慶則往彼看女，復看沙鉢略也。」沙鉢略陳兵，列其寶物，坐見慶則，稱病不能起，且曰：「我父伯以來，不向人拜。」慶則責而喻之。千金公主私謂慶則曰：「可汗豺狼性，過與爭，將齧人。」長孫晟說諭之，攝圖辭屈，乃頓顙跪受璽書，以戴於首。既而大慙，其羣下因相聚慟哭。慶則又遣稱臣，沙鉢略謂其屬曰：「何名爲臣？」報曰：「隋國稱臣，猶此稱奴耳。」沙鉢略曰：「得作大隋天子奴，虞僕射之力也。」贈慶則馬千匹，并以從妹妻之〔二〕。

時沙鉢略既爲達頭所困，又東畏契丹，遣使告急，請將部落度漠南，寄居白道川內，有詔許之。詔晉王廣以兵援之，給以衣食，賜以車服鼓吹。沙鉢略因西擊阿波，破擒之。而阿拔國部落乘虛掠其妻子。官軍爲擊阿拔，敗之，所獲悉與沙鉢略。沙鉢略大喜，乃立約，以磧爲界，因上表曰：

大突厥伊利俱盧設始波羅莫何可汗臣攝圖言：大使尚書右僕射虞慶則至，伏奉詔書，兼宣慈旨，仰惟恩信之著，逾久愈明，徒知負荷，不能答謝。伏惟大隋皇帝之有

四海，上契天心，下順民望，二儀之所覆載，七曜之所照臨，莫不委質來賓，回首面内。

突厥自天置以來，五十餘載，保有沙漠，自王蕃隅。頃者氣候清和，風雲順序，意以華夏其有大興焉。況今被霑德義，仁化所及，禮讓之風，自朝滿野。竊以天無二日，土無二王，伏惟大隋皇帝，真皇帝也。豈敢阻兵恃險，偷竊名號，今便感慕淳風，歸心有道，屈膝稽顙，永爲藩附。雖復南瞻魏闕，山川悠遠，北面之禮，不敢廢失。當令侍子入朝[一四]，神馬歲貢，朝夕恭承，唯命是視。至於削袵解辮，革音從律，習俗已久，未能改變。闔國同心，無不銜荷，不任下情欣慕之至。謹遣第七兒臣窟含真等奉表以聞[一五]。

高祖下詔曰：「沙鉢略稱雄漠北，多歷世年，百蠻之大，莫過於此。往雖與和，猶是二國，今作君臣，便成一體。情深義厚，朕甚嘉之。荷天之休，海外有截，豈朕薄德所能致此！已勅有司蕭告郊廟，宜普頒天下，咸使知聞。」自是詔答諸事並不稱其名以異之。其妻可賀敦周千金公主，賜姓楊氏，編之屬籍，改封大義公主。策拜窟含真爲柱國，封安國公，宴於内殿，引見皇后，賞勞甚厚。沙鉢略大悅，於是歲時貢獻不絕。

七年正月，沙鉢略遣其子入貢方物，因請獵於恒、代之間，又許之，仍遣人賜其酒食。

沙鉢略率部落再拜受賜。沙鉢略一日手殺鹿十八頭，齎尾舌以獻。還至紫河鎮，其牙帳為火所燒，沙鉢略惡之，月餘而卒。上為廢朝三日，遣太常弔祭焉。贈物五千段。

初，攝圖以其子雍虞閭性懦，遺令立其弟葉護處羅侯。雍虞閭遣使迎處羅侯，將立之。處羅侯曰：「我突厥自木杆可汗以來，多以弟代兄，以庶奪嫡，失先祖之法，不相敬畏。汝當嗣位，我不憚拜汝也。」雍虞閭又遣使謂處羅侯曰：「叔與我父，共根連體，我是枝葉。寧有我作主，令根本反同枝葉，令叔父之尊下我卑稚！又亡父之命，其可廢乎！願叔勿疑。」相讓者五六，處羅侯竟立，是為葉護可汗。以雍虞閭為葉護。遣使上表言狀，上賜之鼓吹幡旗。

處羅侯長頤僂背，眉目疏朗，勇而有謀，以隋所賜旗鼓西征阿波。敵人以為得隋兵所助，多來降附，遂生擒阿波。既而上書請阿波死生之命，上下其議。左僕射高熲進曰：「骨肉相殘，教之蠹也。存養以示寬大。」上曰：「善。」熲因奉觴進曰：「自軒轅以來，獫粥多為邊患。今遠窮北海，皆為臣妾，此之盛事，振古未聞，臣敢再拜上壽。」

其後處羅侯又西征，中流矢而卒。其眾奉雍虞閭為主，是為頡伽施多那都藍可汗。雍虞閭遣使詣闕，賜物三千段。每歲遣使朝貢。時有流人楊欽亡入突厥中，謬云彭國公劉昶與宇文氏謀反，賜物三千段，令大義公主發兵擾邊。都藍執欽以聞，并貢羱布、魚膠。其弟欽羽設

部落强盛，都藍忌而擊之，斬首於陣。其年，遣其母弟褥但特勤獻于闐玉杖，上拜褥但爲

柱國、康國公。明年，突厥部落大人相率遣使貢馬萬匹，羊二萬口，馳、牛各五百頭。尋遺

使請緣邊置市，與中國貿易，詔許之。

平陳之後，上以陳叔寶屏風賜大義公主，主心恒不平，因書屏風爲詩，敘陳亡自寄。

其辭曰：「盛衰等朝暮，世道若浮萍。榮華實難守，池臺終自平。富貴今何在？空事寫

丹青。盃酒恒無樂，弦歌詎有聲！余本皇家子，飄流入虜庭。一朝覩成敗，懷抱忽縱橫。

古來共如此，非我獨申名。唯有明君曲，偏傷遠嫁情。」上聞而惡之，禮賜益薄。公主復與

西面突厥泥利可汗連結，上恐其爲變，將圖之。會主與所從胡私通，因發其事，下詔廢黜

之。恐都藍不從，遣奇章公牛弘將美妓四人以啗之。時沙鉢略子染干〔一六〕，號突利可

汗，居北方，遣使求婚。上令裴矩謂之曰：「當殺大義主者，方許婚。」突利以爲然〔一七〕，復

譖之，都藍因發怒，遂殺公主於帳。都藍與達頭可汗有隙，數相征伐，上和解之，各引兵而

去。

十七年，突利遣使來逆女，上舍之太常，教習六禮，妻以宗女安義公主。上欲離間北

夷，故特厚其禮，遣牛弘、蘇威、斛律孝卿相繼爲使，突厥前後遣使入朝三百七十輩。突利

本居北方，以尚主之故，南徙度斤舊鎮，錫賚優厚。雍虞閭怒曰：「我，大可汗也，反不如

染干！」於是朝貢遂絕，數為邊患。十八年，詔蜀王秀出靈州道以擊之。明年，又遣漢王諒為元帥，左僕射高熲率將軍王詧、上柱國趙仲卿並出朔州道，右僕射楊素率柱國李徹、韓僧壽出靈州，上柱國燕榮出幽州，以擊之。雍虞閭與玷厥舉兵攻染干，盡殺其兄弟子姪，遂度河，入蔚州。染干夜以五騎與隋使長孫晟歸朝。上令染干與雍虞閭使者因頭特勤相辯詰，染干辭直，上乃厚待之。雍虞閭弟都速六棄其妻子，與突利歸朝，上嘉之。敕染干與都速六撝蒲，稍稍輸以寶物，用慰其心。

夏六月，高熲、楊素擊玷厥，大破之。拜染干為意利珍豆啟民可汗，華言「意智健」也。

啟民上表謝恩曰：「臣既蒙豎立，復改官名，昔日姦心，今悉除去，奉事至尊，不敢違法。」上於朔州築大利城以居之。是時安義主已卒，上以宗女義成公主妻之，部落歸者甚眾。

雍虞閭又擊之，上復令入塞。雍虞閭侵掠不已，在夏、勝二州之間，發徒掘塹數百里，東西拒河，盡為啟民畜牧之地。於是遣越國公楊素出靈州，行軍總管韓僧壽出慶州，太平公史萬歲出燕州，大將軍姚辯出河州，以擊都藍。

師未出塞，而都藍為其麾下所殺，達頭自立為步迦可汗，其國大亂。遣太平公史萬歲出朔州以擊之[一九]，遇達頭於大斤山，虜不戰而遁，追斬首虜二千餘人。晉王廣出靈州，達頭遁逃而去。尋遣其弟子俟利伐從磧東攻啟民。上又發兵助啟民守要路，俟利伐退走入

磧。啓民上表陳謝曰：「大隋聖人莫緣可汗，憐養百姓，如天無不覆也，如地無不載也。諸姓蒙威恩，赤心歸服，並將部落歸投聖人可汗來也。或南入長城，或住白道，人民羊馬，徧滿山谷。」

仁壽元年，代州總管韓洪爲虜所敗於恒安，廢爲庶人。詔楊素爲雲州道行軍元帥，率啓民北征。斛薛等諸姓初附于啓民，至是而叛。素軍河北，值突厥阿勿思力俟斤等南度，率染干臂如枯木重起枝葉，枯骨重生皮肉，千萬世長與大隋典爲羊馬也。」

素又遣柱國張定和、領軍大將軍劉昇別路邀擊，並多掠啓民男女六千口、雜畜二十餘萬而去。轉戰六十餘里，大破俟斤，悉得人畜以歸啓民。

是歲，泥利可汗及葉護俱被鐵勒所敗。步迦尋亦大亂，奚、霫五部內徙[二一]，步迦奔吐谷渾。啓民遂有其衆，歲遣朝貢。

兵既度河，賊復掠啓民部落，素率驃騎范貴於窟結谷東南奮擊，復破之，追奔八十餘里。

大業三年四月，煬帝幸榆林，啓民及義成公主來朝行宮，前後獻馬三千匹。帝大悅，賜物萬三千段[二二]。啓民上表曰：「已前聖人先帝莫緣可汗存在之日，憐臣，賜臣安義公主，種種無少短。臣種末爲聖人先帝憐養，臣兄弟姤惡，相共殺臣，臣當時無處去，向上看只見天，下看只見地，實憶聖人先帝言語，投命去來。聖人先帝見臣，大憐臣，死命養活，勝於往前，遣臣作大可汗坐著也。其突厥百姓，死者以外，還聚作百姓也。至尊今還如聖

人先帝，捉天下四方坐也。還養活臣及突厥百姓，實無少短。臣今憶想聖人及至尊養活事，具奏不可盡，並至尊聖心裏在。臣今非是舊日邊地突厥可汗，臣即是至尊臣民，至尊憐臣時，乞依大國，服飾法用一同華夏。臣今率部落，敢以上聞，伏願天慈不違所請。」表奏，帝下其議，公卿請依所奏。帝以爲不可，乃下詔曰：「先王建國，夷夏殊風，君子教民，不求變俗。斷髮文身，咸安其性，旃裘卉服，各尚所宜，因而利之，其道弘矣。何必化諸民，祇，縻以長纓，豈遂性之至理，非包含之遠度。衣服不同，既辨要荒之紋，庶類區別，彌見天地之情。」仍璽書答啓民，以爲磧北未靜，猶須征戰，但使心孝順，何必改變衣服也。

帝法駕御千人大帳，享啓民及其部落酋長三千五百人，賜物二十萬段，其下各有差。

復下詔曰：「德合天地〔二三〕，覆載所以弗遺，功格區寓，聲教所以咸洎。至於梯山航海，請受正朔，襲冠解辮，同彼臣民〔二四〕。是故王會納貢，義彰前册，呼韓入臣，待以殊禮。突厥意利珍豆啓民可汗志懷沈毅〔二五〕，世脩藩職。往者挺身違難，拔足歸仁，先朝嘉此款誠，授以徽號。資其甲兵之衆，收其破滅之餘〔二六〕，復祀於既亡之國，繼絕於不存之地。斯固施之亦亨育，澤漸要荒者矣。朕以薄德，祇奉靈命〔二七〕，思播遠猷，光融令緒〔二八〕，是以親巡朔野，撫寧藩服。啓民深委誠心〔二九〕，入奉朝覲，率其種落，拜首軒墀，言念丹款，良以嘉尚。宜隆榮數，式優恒典。可賜路車〔三〇〕、乘馬、鼓吹、幡旗，贊拜不名，位在諸侯王上。」帝親巡

雲內，泝金河而東，北幸啓民所居。啓民奉觴上壽，跪伏甚恭。帝大悅，賦詩曰：「鹿塞鴻旗駐，龍庭翠輦迴。氈帳望風舉[三]，穹廬向日開。呼韓頓顙至，屠耆接踵來。索辮擎羶肉，韋韝獻酒杯。何如漢天子，空上單于臺。」帝賜啓民及主金甕各一[三二]，及衣服被褥錦綵，特勤以下各有差。

先是，高麗私通使啓民所，啓民推誠奉國，不敢隱境外之交。是日，將高麗使人見，勑令牛弘宣旨謂之曰：「朕以啓民誠心奉國，故親至其所。明年當往涿郡。爾還日，語高麗王知，宜早來朝，勿自疑懼。存育之禮，當同於啓民。如或不朝，必將啓民巡行彼土。」使人甚懼。啓民仍扈從入塞，至定襄，詔令歸藩。

明年，朝於東都，禮賜益厚。十一年，來朝於東都。其年，車駕避暑汾陽宮，八月，始畢率其種落入寇，圍帝於雁門。詔諸郡發兵赴行在所，援軍方至，始畢引去。由是朝貢遂絕。明年，復寇馬邑，唐公以兵擊走之。

隋末亂離，中國人歸之者無數，遂大強盛，勢陵中夏。迎蕭皇后，置於定襄。薛舉、竇建德、王世充、劉武周、梁師都、李軌、高開道之徒，雖僭尊號，皆北面稱臣，受其可汗之號。使者往來，相望於道也。

西突厥者，木杆可汗之子大邏便也。與沙鉢略有隙，因分爲二，漸以強盛。東拒都斤，西越金山，龜茲、鐵勒、伊吾及西域諸胡悉附之。大邏便爲處羅侯所執，其國立鞅素特勤之子，是爲泥利可汗。卒，子達漫立，號泥撅處羅可汗。其母向氏，本中國人，生達漫而泥利卒，向氏又嫁其弟婆實特勤。開皇末，婆實共向氏入朝，遇達頭亂，遂留京師，每舍之鴻臚寺。處羅可汗居無恒處，然多在烏孫故地。復立二小可汗，分統所部。一在石國北，以制諸胡國。一居龜茲北，其地名應娑。官有俟發、閻洪達，以評議國事，自餘與東國同。

每五月八日〔三〕，相聚祭神，歲遣重臣向其先世所居之窟致祭焉。

當大業初，處羅可汗撫御無道，其國多叛，與鐵勒屢相攻，大爲鐵勒所敗。時黃門侍郎裴矩在敦煌引致西域，聞國亂，復知處羅思其母氏，因奏之。煬帝遣司朝謁者崔君肅齎書慰諭之。處羅甚踞，受詔不肯起。君肅謂處羅曰：「突厥本一國也，中分爲二，自相仇敵。每歲交兵，積數十年而莫能相滅者，明知啓民與處羅國其勢敵耳。今啓民舉其部落，兵且百萬，入臣天子，甚有丹誠者，何也？但以切恨可汗而不能獨制，故卑事天子以借漢

兵，連二大國，欲滅可汗耳。百官兆庶咸請許之，天子弗違，師出有日矣。顧可汗母向氏，本中國人，歸在京師，處于賓館。聞天子之詔，懼可汗之滅，旦夕守闕，哭泣悲哀。是以天子憐焉，為其輟策。向夫人又匍匐謝罪，因請發使以召可汗，令入內屬，乞加恩禮，同於啓民。天子從之，故遣使到此。可汗若稱藩拜詔，國乃永安，而母得延壽；不然者，則向夫人為誰天子，必當取戮而傳首虜庭。發大隋之兵，資北蕃之衆，左提右挈，以擊可汗，死亡則無日矣。奈何惜兩拜之禮，靳慈母之命，恡一句稱臣，喪匈奴國也！」處羅聞之，矍然而起，流涕再拜，跪受詔書。君肅又説處羅曰：「啓民內附，先帝嘉之，賞賜極厚，故致兵强國富。今可汗後附，與之爭寵，須深結於天子，自表至誠。既以道遠，未得朝覲，宜立一功，以明臣節。」處羅曰：「如何？」君肅曰：「吐谷渾者，啓民少子莫賀咄設之母家也。今天子又以義成公主妻於啓民，啓民畏天子之威而與之絕。吐谷渾亦因憾漢故，職貢不脩。可汗若請誅之，天子必許。漢擊其內，可汗攻其外，破之必矣。然後身自入朝，道路無阻，因見老母，不亦可乎？」處羅大喜，遂遣使朝貢。

帝將西狩，六年，遣侍御史韋節召處羅，令與車駕會於大斗拔谷〔三四〕。其國人不從，處羅謝使者，辭以佗故。帝大怒，無如之何。適會其酋長射匱遣使來求婚，裴矩因奏曰：「處羅不朝，恃强大耳。臣請以計弱之，分裂其國，即易制也。」射匱者，都六之子，達頭之

孫，世爲可汗，君臨西面。今聞其失職，附隸於處羅，故遣使來，以結援耳。願厚禮其使，拜爲大可汗，則突厥勢分，兩從我矣。」帝曰：「公言是也。」因遣裴矩朝夕至館，微諷諭之。

帝於仁風殿召其使者，言處羅不順之意，稱射匭有好心，吾將立爲大可汗，令發兵誅處羅，然後當爲婚也。帝取桃竹白羽箭一枚以賜射匭[三五]，因謂之曰：「此事宜速，使疾如箭也。」使者返，路經處羅，處羅愛箭，將留之，使者譎而得免。射匭聞而大喜，興兵襲處羅，處羅大敗，棄妻子，將左右數千騎東走。在路又被劫掠，遁於高昌東，保時羅漫山。高昌王麴伯雅上狀，帝遣裴矩將向氏親要左右，馳至玉門關晉昌城。矩遣向氏使詣處羅所，論朝廷弘養之義，丁寧曉諭之，遂入朝，然每有怏怏之色。

以七年冬，處羅朝於臨朔宮，帝享之。處羅稽首謝曰：「臣總西面諸蕃，不得早來朝拜，今參見遲晚，罪責極深，臣心裏悚懼，不能道盡。」帝曰：「往者與突厥相侵擾，不得安居。今四海既清，與一家無異，朕皆欲存養，使遂性靈。譬如天上止有一箇日照臨，莫不寧帖；若有兩箇三箇日，萬物何以得安？比者亦知處羅總攝事繁，不得早來相見。今日見處羅，懷抱豁然歡喜，處羅亦當豁然，不煩在意。」明年元會，處羅上壽曰：「自天以下，地以上，日月所照，唯有聖人可汗。今是大日，願聖人可汗千歲萬歲常如今日也。」詔留其累弱萬餘口，令其弟達度闕設牧畜會寧郡[三六]。

處羅從征高麗，賜號爲曷薩那可汗，賞賜甚厚。十年正月，以信義公主嫁焉，賜錦綵袍千具，綵萬匹。帝將復其故地，以遼東之役，故未遑也。每從巡幸。江都之亂，隨化及至河北。化及將敗，奔歸京師，爲北蕃突厥所害。

鐵勒

鐵勒之先，匈奴之苗裔也，種類最多。自西海之東，依據山谷，往往不絕。獨洛河北有僕骨、同羅、韋紇、拔也古、覆羅並號俟斤，蒙陳、吐如紇、斯結、渾、斛薛等諸姓，勝兵可二萬。伊吾以西，焉耆之北，傍白山，則有契弊、薄落職、乙咥、蘇婆、那曷、烏讙〔三七〕、紇骨、也咥、於尼讙等〔三八〕，勝兵可二萬。金山西南有薛延陀、咥勒兒、十槃、達契等，一萬餘兵。康國北，傍阿得水，則有訶咥、曷㟅〔三九〕、撥忽、比干〔四〇〕、具海、曷比悉、何嵳蘇〔四一〕、拔也未渴達等〔四二〕，有三萬許兵。得嶷海東西有蘇路羯〔四三〕、三索〔四四〕、咽蔑〔四五〕、促隆忽等諸姓〔四六〕，八千餘。拂菻東則有恩屈、阿蘭、北褥九離、伏嗢昏等，近二萬人。北海南則都波等。雖姓氏各別，總謂爲鐵勒。並無君長，分屬東、西兩突厥。居無恒所，隨水草流移。人性凶忍，善於騎射，貪婪尤甚，以寇抄爲生。近西邊者，頗爲藝植，多牛羊而少馬。自突

厥有國，東西征討，皆資其用，以制北荒。

開皇末，晉王廣北征，納啓民〔四七〕，大破步迦可汗，鐵勒於是分散。大業元年，突厥處羅可汗擊鐵勒諸部，厚稅斂其物，又猜忌薛延陀等，恐爲變，遂集其魁帥數百人，盡誅之。復由是一時反叛，拒處羅，遂立俟利發、俟斤契弊歌楞爲易勿真莫何可汗，居貪汗山〔四八〕。復立薛延陀内俟斤字也咥爲小可汗〔四九〕。處羅可汗既敗，莫何可汗始大。莫何勇毅絕倫，甚得衆心，爲鄰國所憚，伊吾、高昌、焉耆諸國悉附之。

其俗大抵與突厥同，唯丈夫婚畢，便就妻家，待産乳男女，然後歸舍，死者埋殯之，此其異也。大業三年，遣使貢方物，自是不絕云。

奚

奚本曰庫莫奚，東部胡之種也。爲慕容氏所破，遺落者竄匿松、漠之間。其俗甚爲不潔，而善射獵，好爲寇鈔。初臣於突厥，後稍强盛，分爲五部：一曰辱紇王〔五〇〕，二曰莫賀弗，三曰契箇，四曰木昆，五曰室得。每部俟斤一人爲其帥。隨逐水草，頗同突厥。有阿會氏，五部中爲盛，諸部皆歸之。每與契丹相攻擊，虜獲財畜，因而得賞。死者以葦薄裹屍，懸

之樹上。自突厥稱藩之後，亦遣使入朝，或通或絶，最爲無信。大業時，歲遣使貢方物。

契丹 室韋

契丹之先，與庫莫奚異種而同類，並爲慕容氏所破，俱竄於松、漠之間。其後稍大，居黃龍之北數百里。其俗頗與靺鞨同。好爲寇盜。父母死而悲哭者，以爲不壯，但以其屍置於山樹之上，經三年之後，乃收其骨而焚之。因酹而祝曰：「冬月時，向陽食。若我射獵時，使我多得猪鹿。」其無禮頑嚚，於諸夷最甚。

當後魏時，爲高麗所侵，部落萬餘口求內附，止于白貔河。其後爲突厥所逼，又以萬家寄於高麗。開皇四年，率諸莫賀弗來謁。五年，悉其衆款塞，高祖納之，聽居其故地。六年，其諸部相攻擊，久不止，又與突厥相侵，高祖使使責讓之。其國遣使詣闕，頓顙謝罪。其後契丹別部出伏等背高麗，率衆內附。高祖納之，安置於渴奚那頡之北。開皇末，其別部四千餘家背突厥來降。上方與突厥和好，重失遠人之心，悉令給糧還本部[五]，勅突厥撫納之。固辭不去。部落漸衆，遂北徙逐水草，當遼西正北二百里，依託紇臣水而居。東西亘五百里，南北三百里，分爲十部。兵多者三千，少者千餘，逐寒暑，隨水草畜

牧。有征伐，則酋帥相與議之，興兵動衆合符契。突厥沙鉢略可汗遣吐屯潘垤統之。

室韋，契丹之類也〔五二〕。其南者爲契丹，在北者號室韋，分爲五部，不相總一，所謂南室韋、北室韋、鉢室韋、深末怛室韋、大室韋。並無君長，人民貧弱，突厥常以三吐屯總領之。

南室韋在契丹北三千里，土地卑濕，至夏則移向西北貸勃、欠對二山，多草木，饒禽獸，又多蚊蚋，人皆巢居，以避其患。漸分爲二十五部，每部有餘莫弗瞞咄，猶酋長也。死則子弟代立，嗣絕則擇賢豪而立之。其俗丈夫皆被髮，婦人槃髮，衣服與契丹同。乘牛車，籧篨爲屋，如突厥氈車之狀。度水則束薪爲栿，或有以皮爲舟者〔五三〕。馬則織草爲轡，結繩爲轡。寢則屈木爲屋〔五四〕，以籧篨覆上，移則載行。以猪皮爲席，編木爲藉。婦女皆抱膝而坐。氣候多寒，田收甚薄，無羊，少馬，多猪牛。造酒食噉，與靺鞨同俗。婚嫁之法，二家相許，壻輒盜婦將去，然後送牛馬爲娉，更將歸家。待有娠，乃相隨還舍。婦人不再嫁，以爲死人之妻難以共居。部落共爲大棚，人死則置屍其上。居喪三年，年唯四哭。其國無鐵，取給於高麗。多貂。

南室韋北行十一日至北室韋，分爲九部落，繞吐紇山而居。其部落渠帥號乞引莫賀

咄，每部有莫何弗三人以貳之。氣候最寒，雪深沒焉。冬則入山，居土穴中，牛畜多凍死。

饒麞鹿，射獵爲務，食肉衣皮。鑿冰，沒水中而網射魚鼈[五五]。地多積雪，懼陷坑穽，騎木

而行。俗皆捕貂爲業，冠以狐狢，衣以魚皮。

又北行千里，至鉢室韋，依胡布山而住，人衆多北室韋，不知爲幾部落。用樺皮蓋屋，

其餘同北室韋。

從鉢室韋西南四日行，至深末怛室韋，因水爲號也。冬月穴居，以避太陰之氣。

又西北數千里，至大室韋，徑路險阻，語言不通。尤多貂及青鼠。

北室韋時遣使貢獻，餘無至者。

史臣曰：四夷之爲中國患也久矣，北狄尤甚焉。種落寔繁，迭雄邊塞，年代遐邈，非

一時也。五帝之世，則有獯粥焉；其在三代，則獫狁焉；逮乎兩漢，則匈奴焉；當塗、典

午，則烏丸、鮮卑焉；後魏及周，則蠕蠕、突厥焉。此其酋豪相繼，互爲君長者也。皆以畜

牧爲業，侵鈔爲資，倏來忽往，雲飛鳥集。智謀之士，議和親於廟堂之上，折衝之臣，論奮

擊於塞垣之下。然事無恒規，權無定勢，親疎因其強弱，服叛在其盛衰。衰則款塞頓顙，

盛則彎弓寇掠，屈申異態，強弱相反。正朔所不及，冠帶所不加，唯利是視，不顧盟誓。至

於莫相救讓，驕黠憑陵，和親約結之謀，行師用兵之事，前史論之備矣，故不詳而究焉。及蠕蠕衰微，突厥始大，至於木杆，遂雄朔野。東極東胡舊境，西盡烏孫之地，彎弓數十萬，列處於代陰，南向以臨周、齊。二國莫之能抗，爭請盟好，求結和親。乃與周合從，終亡齊國。高祖遷鼎，厥徒孔熾，負其衆力，將蹈秦郊。內自相圖，遂以乖亂，達頭可汗遠遁，啓民願保塞下。於是推亡固存，返其舊地，助討餘燼，部衆遂強。卒於仁壽，不侵不叛，暨乎始畢，未虧臣禮。煬帝撫之非道，始有雁門之圍。俄屬羣盜並興，於此寖以雄盛，豪傑雖建名號，莫不請好息民。於是分置官司，總統中國，子女玉帛，相繼於道，使者之車，往來結轍。自古蕃夷驕僭，未有若斯之甚也。及聖哲膺期，掃除氛祲，暗於時變，猶懷旅拒，率其羣醜，屢隳亭鄣，殘毀我雲、代，搖蕩我太原，肆掠於涇陽，飲馬於渭汭。聖上奇謀潛運，神機密動，遂使百世不羈之虜一舉而滅，瀚海、龍庭之地畫爲九州，幽都窮髮之民隸於編戶。實帝皇所不及，書契所未聞。由此言之，雖天道有盛衰，亦人事之工拙也。加以爲而弗恃，有而弗居，類天地之含容，同陰陽之化育，斯乃大道之行也，固無得而稱焉。

校勘記

〔一〕弟逸可汗立　「逸可汗」，北史卷九九突厥傳、册府卷九六七外臣部繼襲、通志卷二〇〇四夷

〔二〕 七突厥作「阿逸可汗」。周書卷五〇異域下突厥傳載，伊利可汗卒，子科羅立，號乙息記可汗。「乙息記可汗」，史善應墓誌作「纈傑娑那可汗」。

〔三〕 立其弟俟斗 「俟斗」，周書卷五〇異域下突厥傳、北史卷九九突厥傳、冊府卷九六七外臣部繼襲、通志卷二〇〇四夷七突厥作「俟斤」。通鑑卷一六五梁紀二一元帝承聖二年亦作「俟斤」，考異稱：「隋書作『俟斗』。」

〔四〕 次設次特勤 後「次」字原闕，據北史卷九九突厥傳、通典卷一九七邊防一三突厥上補。

〔五〕 家人親屬多殺羊馬而祭之 「羊」，原作「牛」，據宋乙本、汲本改。按，北史卷九九突厥傳、通典卷一九七邊防一三突厥上亦作「羊」。北史下文稱「以祭之羊、馬頭，盡懸之於標上」，可證作「羊」是。

〔六〕 委位於我 「位」，原作「地」，據宋乙本、至順本改。按，北史卷九九突厥傳、通志卷二〇〇四夷七突厥亦作「位」。本卷下文大邏便稱「爾今極尊，我獨無位」云云，可證作「位」是。

〔七〕 國逐安危 「逐」，北史卷九九突厥傳、冊府卷九八四外臣部征討、通鑑卷一七五陳紀九長城公至德元年作「遂」，文意較長。

〔八〕 突厥之北契丹之徒 「契丹」，北史卷九九突厥傳作「契骨」。按，契丹在突厥東，作「契骨」是。

〔九〕 往年利稽察大爲高麗靺鞨所破 「利稽察」，原作「利察」，據宋乙本、至順本、南監本、北監

〔九〕 本、汲本、殿本改。

〔一0〕 皆願誅勦 「誅」，原作「諫」，據宋乙本、至順本、殿本改。

〔一0〕 橫萬里之衆 「衆」，冊府卷九八四外臣部征討作「種」。

〔一二〕 被其擁抑 「擁」，冊府卷九八四外臣部征討作「摧」。

〔一三〕 大隋天子貽書大突厥乙利俱盧設莫何沙鉢略可汗 「乙利俱盧設莫何沙鉢略可汗」，至順本、北監本、汲本、殿本作「伊利俱盧設莫何沙鉢略可汗」，與本卷上文同。

〔一三〕 并以從妹妻之 「從妹」，本書卷四0虞慶則傳、通鑑卷一七六陳紀一0長城公至德二年作「女」。

〔一四〕 當令侍子入朝 「令」，原作「今」，據北史卷九九突厥傳、通志卷二00四夷七突厥改。

〔一五〕 謹遣第七兒臣窟含真等奉表以聞 「窟含真」，本書卷一高祖紀上作「庫合真」，北史卷九九突厥傳、通志卷二00四夷七突厥作「窟合真」。下同，不另出校。

〔一六〕 時沙鉢略子曰染干 本書卷五一長孫覽傳附長孫晟傳載「染干者，處羅侯之子」。通典卷一九七邊防一三突厥上亦在「突利可汗」下注稱：「沙鉢略之弟處羅侯之子，名染干。」岑仲勉突厥集史卷二據此認爲「隋傳殆有脫文」，是。

〔一七〕 突利以爲然 「突利」，原作「突厥」，據北史卷九九突厥傳、冊府卷九七八外臣部和親、通志卷二00四夷七突厥改。

列傳第四十九 北狄

二二一

〔一八〕　遂遷於河南　「遂」字原闕，據宋乙本、至順本補。按，北史卷九九突厥傳亦有「遂」字。

〔一五〕　遣太平公史萬歲出朔州以擊之　「出朔州以擊之」，原作「以朔州擊之」，據宋乙本、至順本、汲本改補。按，册府卷九八四外臣部征討亦作「出朔州以擊之」。

〔二〇〕　素率上大將軍梁默輕騎追之　「大」字原闕，據宋乙本、至順本、汲本補。按，册府卷九八四外臣部征討亦有「大」字。

〔二一〕　傳、册府卷九八四外臣部征討亦有「大」字。

〔二二〕　奚霫五部內徙　「徙」，原作「從」，據北史卷九九突厥改。

〔二三〕　二〇〇四夷七突厥改。

〔三一〕　賜物萬三千段　「三千」，原作「二千」，據宋乙本、至順本、南監本、北監本、汲本、殿本改。

〔三二〕　按，北史卷九九突厥傳、册府卷九七八外臣部和親亦作「三千」。

〔三三〕　德合天地　「地」，文館詞林卷六六四隋煬帝褒顯匈奴詔作「下」。

〔三四〕　同彼臣民　「臣民」，文館詞林卷六六四隋煬帝褒顯匈奴詔作「黔黎」。

〔三五〕　突厥意利珍豆啓民可汗志懷沈毅　「意利珍豆啓民可汗」，原作「意利珍寶啓民可汗」，據本卷上文及文館詞林卷六六四隋煬帝褒顯匈奴詔改。

〔三六〕　收其破滅之餘　「收」，文館詞林卷六六四隋煬帝褒顯匈奴詔作「牧」；「破」，作「殘」。

〔三七〕　祇奉靈命　「奉靈」，宋乙本、至順本、汲本作「上方」。

〔三八〕　光融令緒　「融」，文館詞林卷六六四隋煬帝褒顯匈奴詔作「熙」。

〔二九〕啟民深委誠心 「委」，文館詞林卷六六四隋煬帝褒顯匈奴詔作「執」。

〔三〇〕可賜路車 「路」，文館詞林卷六六四隋煬帝褒顯匈奴詔作「輅」。

〔三一〕氊帳望風舉 「帳」，宋乙本、至順本、南監本、北監本、汲本、殿本作「帷」。

外臣部褒異亦作「帷」。

〔三二〕帝賜啟民及主金甕各一 「主」，冊府卷九七四外臣部褒異、卷九七八外臣部和親、通鑑卷一

八〇隋紀四煬帝大業三年作「公主」。

〔三三〕每五月八日 「每」，原作「年」，據宋乙本、至順本、汲本改。

〔三四〕令與車駕會於大斗拔谷 「大斗拔谷」，原作「大升拔谷」，據本書卷三煬帝紀上、卷二四食貨

志、卷七〇楊玄感傳改。按，北史卷九九西突厥傳、通典卷一九九邊防一五突厥下、冊府卷九

〇外臣部備禦、寰宇記卷一九七四夷二六西突厥、通志卷二〇〇四夷七突厥載煬帝召處羅

可汗事，亦作「大斗拔谷」。

〔三五〕帝取桃竹白羽箭一枚以賜射匭 「一」，原作「二」，據宋乙本、至順本、南監本、北監本、汲本、

殿本改。「枚」，諸本作「枝」。

〔三六〕令其弟達度闕設牧畜會寧郡 「達度闕設」，原作「達度闕」，據北史卷九九西突厥傳、通鑑卷

一八一隋紀五煬帝大業八年正月下考異引隋書西突厥傳改補。又，本書卷六七裴矩傳、新唐

書卷二一五下突厥下西突厥傳作「闕達度設」，通典卷一九九邊防一五突厥下、舊唐書卷一

〔三七〕九四下突厥傳下作「闕達設」，蓋職銜排列順序及繁簡各不相同。

〔三七〕烏讙 北史卷九九鐵勒傳、通典卷一九九邊防一五鐵勒、寰宇記卷一九八四夷二七鐵勒、通志卷二〇〇四夷七鐵勒作「烏護」。

〔三八〕於尼讙 北史卷九九鐵勒傳、通典卷一九九邊防一五鐵勒、寰宇記卷一九八四夷二七鐵勒、通志卷二〇〇四夷七鐵勒作「於尼護」。

〔三九〕曷巚 汲本作「曷巚」，北史卷九九鐵勒傳作「曷巚」。

〔四〇〕比干 原作「比千」，據宋乙本、至順本改。按，北史卷九九鐵勒傳、通典卷一九九邊防一五鐵勒、寰宇記卷一九八四夷二七鐵勒、通志卷二〇〇四夷七鐵勒亦作「比干」。

〔四一〕何養蘇 宋乙本作「何羞蘇」，至順本作「何崖蘇」，汲本作「何差蘇」。又，北史卷九九鐵勒傳、寰宇記卷一九八四夷二七鐵勒作「何嵯蘇」，通典卷一九九邊防一五鐵勒作「阿嵯蘇」，通志卷二〇〇四夷七鐵勒作「阿嵯蘇」。

〔四二〕拔也末渴達 南監本作「拔也末渴達」，北史卷九九鐵勒傳、通志卷二〇〇四夷七鐵勒作「拔也末謁達」。

〔四三〕得嶷海東西有蘇路羯 「得嶷海」，通典卷一九九邊防一五鐵勒、寰宇記卷一九八四夷二七鐵勒、通志卷二〇〇四夷七鐵勒作「傍嶷海」。

〔四四〕三索 北史卷九九鐵勒傳作「三素」。

〔四五〕 咽蔑　北史卷九九鐵勒傳作「咽篾」。

〔四六〕 促隆忽　北史卷九九鐵勒傳、寰宇記卷一九八四夷二七鐵勒作「促薛忽」，通典卷一九九邊防一五鐵勒、通志卷二〇〇四夷七鐵勒作「促薩忽」。

〔四七〕 納啓民　「啓」字原闕，據北史卷九九鐵勒傳、通志卷二〇〇四夷七鐵勒補。

〔四八〕 貪汗山　原作「貪汙山」，據宋乙本、至順本改。按，北史卷九九鐵勒傳、通志卷二〇〇四夷七鐵勒亦作「貪汗山」。

〔四九〕 復立薛延陀内俟斤字也咥爲小可汗　北史卷九九鐵勒傳云「復立薛延陀内俟斤子也咥爲小可汗」，以「也咥」爲俟斤之子。按，據本卷上文，也咥爲鐵勒諸部之一，並非人名。舊唐書卷一九九下北狄鐵勒傳載「鐵勒相率而叛，共推契苾哥楞爲易勿真莫賀可汗，居貪汗山北，又以薛延陀乙失鉢爲也咥小可汗，居燕末山北」（册府卷九六七外臣部繼襲同）新唐書卷二一七下回鶻下鐵勒傳載「奉薛延陀乙失鉢爲野咥可汗，居燕末山」，册府卷九五六外臣部種族亦稱「以延陀之祖乙失鉢爲野咥可汗，保燕末山」。「也咥」即「野咥」。據諸書記載，疑本句「字」應作「子」，「爲」應在「也咥」之上，作「復立薛延陀内俟斤子爲也咥小可汗」。

〔五〇〕 一曰辱紇王　「辱紇王」，周書卷四九異域上庫莫奚傳、北史卷九四奚傳、通志卷二〇〇四夷七庫莫奚、通典卷二〇〇邊防一六庫莫奚、寰宇記卷一九八四夷二七庫莫奚作「辱紇主」。

〔五一〕 悉令給糧還本部　「部」字原闕，據北史卷九四契丹傳、通典卷二〇〇邊防一六契丹補。按，册府卷一七〇帝王部來遠「部」字作「蕃」。

〔五一〕室韋契丹之類也　「室韋」二字原闕，據北史卷九四室韋傳、通志卷二〇〇四夷七室韋補。

〔五二〕或有以皮爲舟者　「有」字原闕，據宋乙本、至順本補。按，北史卷九四室韋傳亦有「有」字。

〔五三〕寢則屈木爲屋　「木」字原闕，據北史卷九四室韋傳、通典卷二〇〇邊防一六室韋補。

〔五四〕鑿冰没水中而網射魚鼈　「射」，北史卷九四室韋傳、通志卷二〇〇四夷七室韋作「取」，文意較長。

隋書卷八十五

列傳第五十

夫肖形天地，人稱最靈，以其知父子之道，識君臣之義，異夫禽獸者也。傳曰：「人生在三，事之如一。」然則君臣父子，其道不殊，父不可以不父，子不可以不子，君不可以不君，臣不可以不臣。故曰君猶天也，天可讎乎！是以有罪歸刑，見危授命，竭忠貞以立節，不臨難而苟免。故聞其風者，懷夫慷慨，千載之後，莫不願以為臣。此其所以生榮死哀，取貴前哲者矣。至於委質策名，代卿世禄，出受心膂之寄，入參帷幄之謀，身處機衡，肆趙高之姦宄，世荷權寵，行王莽之桀逆，生靈之所讎疾，犬豕不食其餘。雖薦社汙宮，彰必誅之釁，斲棺焚骨，明篡殺之咎，可以懲夫既往，未足深誠將來。昔孔子脩春秋，而亂臣賊子知懼，抑使之求名不得，欲蓋而彰者也。今故正其罪名，以冠於篇首，庶後之君子見作者之意焉。

宇文化及 弟智及

宇文化及，左翊衞大將軍述之子也。性凶險，不循法度，好乘肥挾彈，馳騖道中，由是長安謂之輕薄公子。煬帝爲太子時，常領千牛，出入卧內。累遷至太子僕。數以受納貨賂，再三免官。太子嬖昵之，俄而復職。又以其弟士及尚南陽公主。化及由此益驕，處公卿間，言辭不遜，多所陵轢。見人子女狗馬珍玩，必請託求之。常與屠販者遊，以規其利。煬帝即位，拜太僕少卿，益恃舊恩，貪冒尤甚。大業初，煬帝幸榆林，化及與弟智及違禁與突厥交市。帝大怒，囚之數月。還至青門外，欲斬之而後入城，解衣辮髮，以公主故，久之乃釋，并智及並賜述爲奴。述薨後，煬帝追憶之，遂起化及爲右屯衞將軍，智及爲將作少監。

是時李密據洛口，煬帝懼，留淮左，不敢還都。從駕驍果多關中人，久客羈旅，見帝無西意，謀欲叛歸。時武賁郎將司馬德戡總領驍果，屯於東城，風聞兵士欲叛，未之審，遣校尉元武達陰問驍果，知其情，因謀構逆。共所善武賁郎將元禮、直閤裴虔通互相扇惑曰：

「今聞陛下欲築宮丹陽，勢不還矣。所部驍果莫不思歸，人人耦語，並謀逃去。我欲言之，陛下性忌，惡聞兵走，即恐先事見誅。今知而不言，其後事發，又當族滅我矣。進退爲戮，

將如之何？」虔通曰：「上實爾，誠爲公憂之。」德戡謂兩人曰：「我聞關中陷沒，李孝常以華陰叛，陛下收其二弟，將盡殺之。吾等家屬在西，安得無此慮也！」虔通曰：「我子弟已壯，誠不自保，正恐旦暮及誅，計無所出。」德戡曰：「同相憂，當共爲計取。驍果若走，可與俱去。」虔通等曰：「誠如公言，求生之計，無以易此。」因遞相招誘。又轉告內史舍人元敏、鷹揚郎將孟秉，符璽郎李覆、牛方裕，直長許弘仁、薛良、城門郎唐奉義，醫正張愷等，日夜聚博，約爲刎頸之交，情相款昵，言無迴避，於座中輒論叛計，並相然許。時李孝質在禁，令驍果守之，中外交通，所謀益急。趙行樞者，樂人之子，家產巨萬，先交智及，勳侍楊士覽者，宇文愷甥，二人同告智及。智及素狂悖，聞之喜，即共見德戡，期以三月十五日舉兵同叛，劫十二衞武馬，虜掠居人財物，結黨西歸。智及曰：「不然。當今天實喪隋，英雄並起，同心叛者已數萬人，因行大事，此帝王業也。」德戡然之。行樞、薛良請以化及爲主，相約既定，方告化及。化及性本駑怯，初聞大懼，色動流汗，久之乃定。

義寧二年三月一日，德戡宣言告衆，恐以人心未一，更思譎詐以脅驍果，謂許弘仁、張愷曰：「君是良醫，國家任使，出言惑衆，衆必信。君可入備身府，告識者，言陛下聞説驍果欲叛，多醞毒酒，因享會盡鴆殺之，獨與南人留此。」弘仁等宣布此言，驍果聞之，遞相告語，謀叛逾急。德戡知計既行，遂以十日總召故人，諭以所爲。衆皆伏曰：「唯將軍

命！」其夜，奉義主閉城門，乃與虔通相知，諸門皆不下鑰。至夜三更，德戡於東城內集兵，得數萬人，舉火與城外相應。帝聞有聲，問是何事。虔通偽曰：「草坊被燒，外人救火，故諠囂耳。」中外隔絕，帝以爲然。帝聞有聲，問是何事。虔通偽曰：「草坊被燒，外人救火，故諠囂耳。」中外隔絕，帝以爲然。孟秉、智及於城外得千餘人，劫候衛武賁馮普樂，共布兵分捉郭下街巷。至五更中，德戡授虔通兵，以換諸門衛士。虔通因自開門，領數百騎入永巷，問：「陛下安在？」有美人出，方指云：「在西閣。」從往執帝。帝謂虔通曰：騎，至成象殿，殺將軍獨孤盛。武賁郎將元禮遂引兵進，宿衛者皆走。虔通進兵，排左閤，「卿非我故人乎！何恨而反？」虔通因勒兵守之。

曰：「與汝歸。」虔通因勒兵守之。

至旦，孟秉以甲騎迎化及。化及未知事果，戰慄不能言，人有來謁之者，但低頭據鞍，答云「罪過」。時士及在公主第，弗之知也。智及遣家僮莊桃樹就第殺之，桃樹不忍，執詣智及，久之乃釋。化及至城門，德戡迎謁，引入朝堂，號爲丞相。令將帝出江都門以示羣賊，因復將入。遣令狐行達弒帝於宮中，又執朝臣不同己者數十人及諸外戚，無少長害之，唯留秦孝王子浩，立以爲帝。

十餘日，奪江都人舟楫，從水路西歸。至顯福宮，宿公麥孟才、折衝郎將沈光等謀擊化及，反爲所害。化及於是入據六宮，其自奉養一如煬帝故事。每於帳中南面端坐，人有

白事者，嘿然不對。下牙時，方收取啓狀，共奉義、方裕、良、愷等參決之。行至徐州，水路不通，復奪人車牛，得二千兩，並載宮人珍寶。其戈甲戎器，悉令軍士負之。道遠疲極，三軍始怨。德戡失望，竊謂行樞曰：「君大謬誤我。當今撥亂，必藉英賢，化及庸暗，羣小在側[一]，事將必敗，當若之何？」行樞曰：「在我等爾，廢之何難！」因共李本、宇文導師、尹正卿等謀，以後軍萬餘兵襲殺化及，更立德戡爲主。弘仁知之，密告化及，盡收捕德戡及其支黨十餘人，皆殺之。引兵向東郡，通守王軌以城降之。

元文都推越王侗爲主，拜李密爲太尉，令擊化及。密遣徐勣據黎陽倉。化及度河，保黎陽縣，分兵圍勣。密壁清淇，與勣以烽火相應。化及每攻倉，密輒引兵救之。化及數戰不利，其將軍于弘達爲密所禽，送於侗所，鑊烹之。化及糧盡，度永濟渠，與密決戰於童山，遂入汲郡求軍糧，又遣使拷掠東郡吏民以責米粟。王軌怨之，以城歸於李密。化及大懼，自汲郡將率衆圖以北諸州。其將陳智略率嶺南驍果萬餘人，張童兒率江東驍果數千人，皆叛歸李密。化及尚有衆二萬，北走魏縣。張愷等與其將陳伯謀去之，事覺，爲化及所殺。腹心稍盡，兵勢日蹙，兄弟更無佗計，但相聚酣宴，奏女樂。醉後，因尤智及曰：「我初不知，由汝爲計，强來立我。今所向無成，士馬日散，負殺主之名，天下所不納。今者滅族，豈不由汝乎？」持其兩子而泣。智及怒曰：「事捷之日，都不賜尤，及其將敗，乃

欲歸罪。何不殺我以降建德？」兄弟數相鬩鬩，言無長幼，醒而復飲，以此為恒。其眾多亡，自知必敗，化及歎曰：「人生故當死，豈不一日為帝乎？」於是鴆殺浩，僭皇帝位於魏縣，國號許，建元為天壽，署置百官。

時遣士及徇濟北，求饋餉。大唐遣淮安王神通安撫山東，并招化及。化及不從，神通攻元寶藏於魏州，四旬不剋，反為所敗，亡失千餘人。乃東北趣聊城，將招攜海曲諸賊。

進兵圍之，十餘日不剋而退。先是，齊州賊帥王薄聞其多寶物，詐來投附。化及信之，與共居守。至是，薄引建德入城，生禽化及，悉虜其眾。先執智及、元武達、孟秉、楊士覽、許弘仁，皆斬之。乃以轞車載化及之河間，數以殺君之罪，并二子承基、承趾皆斬之，傳首於突厥義成公主，梟於虜庭。士及自濟北西歸長安。

智及幼頑凶，好與人羣鬩，所共遊處，皆不逞之徒，相聚鬩雞，習放鷹狗。初以父功，賜爵濮陽郡公。蒸淫醜穢，無所不為。其妻長孫，妬而告述，述雖為隱，而大忿之，纖芥之怨，必加鞭箠。弟士及恃尚主，又輕忽之。唯化及每事營護，父再三欲殺，輒救免之，由是頗相親昵。遂勸化及遣人入蕃，私為交易。事發，當誅，述獨證智及罪惡，而為化及請命。帝因兩釋。述將死，抗表言其凶勃，必且破家。帝後思述，授智及將作少監。

隋書卷八十五

二一三三

其江都殺逆之事，智及之謀也。化及爲丞相，以爲左僕射，領十二衛大將軍。化及僭號，封齊王。竇建德破聊城，獲而斬之，并其黨十餘人，皆暴屍梟首。

司馬德戡

司馬德戡，扶風雍人也。父元謙，仕周爲都督。德戡幼孤，以屠豕自給。有桑門釋粲，通德戡母和氏[二]，遂撫教之，因解書計。開皇中，爲侍官[三]，漸遷至大都督。從楊素出討漢王諒，充內營左右，進止便僻，俊辯多姦計，素大善之。以勳授儀同三司。大業三年，爲鷹揚郎將。從討遼左，進位正議大夫，遷武賁郎將。煬帝甚昵之。

從至江都，領左右備身驍果萬人，營於城內。因隋末大亂，乃率驍果謀反，語在化及事中。既獲煬帝，與其黨孟秉等推化及爲丞相。化及首封德戡爲溫國公，邑三千戶，加光祿大夫，仍統本兵。化及意甚忌之。後數日，化及署諸將，分配士卒，乃以德戡爲禮部尚書，外示美遷，實奪其兵也。由是憤怨，所獲賞物皆賂於智及，智及爲之言。行至徐州，捨舟登陸，令德戡將後軍，乃與趙行樞、李本、尹正卿、宇文導師等謀襲化及，遣人使于孟海公，結爲外助。遷延未發，以待使報。許弘仁、張愷知之，以告化及，因遣其弟士及陽爲遊

獵，至于後軍。德戡不知事露，出營參謁，因命執之，并其黨與。化及責之曰：「與公勠力共定海內，出於萬死。今始事成，願得同守富貴，公又何爲反也？」德戡曰：「本殺昏主，苦其毒害。推立足下，而又甚之。逼於物情，不獲已也。」化及不對，命送至幕下[四]，縊而殺之，時年三十九。

裴虔通

裴虔通，河東人也。初，煬帝爲晉王，以親信從，稍遷至監門校尉。煬帝即位，擢舊左右，授宣惠尉，遷監門直閤。累從征役，至通議大夫。與司馬德戡同謀作亂，先開宮門，騎至成象殿，殺將軍獨孤盛，擒帝于西閤。化及以虔通爲光祿大夫、莒國公。化及引兵之北也，令鎮徐州。化及敗後，歸於大唐，即授徐州總管，轉辰州刺史，封長蛇男。尋以隋朝殺逆之罪，除名，徙於嶺表而死。

王充 [五]

王充字行滿，本西域人也。祖支頹耨，徙居新豐。頹耨死，其妻少寡，與儀同王粲野

合，生子曰瓊，粲遂納之以爲小妻。其父收幼孤，隨母嫁粲，粲愛而養之，因姓王氏，官至懷、汴二州長史。充捲髮豺聲，沉猜多詭詐，頗窺書傳，尤好兵法，曉龜策推步盈虛，然未嘗爲人言也。

開皇中，爲左翊衛，後以軍功拜儀同，授兵部員外。善敷奏，明習法律，而舞弄文墨，高下其心。或有駁難之者，充利口飾非，辭義鋒起，衆雖知其不可而莫能屈，稱爲明辯。煬帝時，累遷至江都郡丞。時帝數幸江都，充善候人主顏色，阿諛順旨，每入言事，帝善之。又以郡丞領江都宮監[六]，乃雕飾池臺，陰奏遠方珍物以媚於帝，由是益昵之。

大業八年，隋始亂，充內懷徼倖，卑身禮士，陰結豪俊，多收衆心。江淮間人素輕悍，又屬盜賊羣起，人多犯法，充皆枉法出之，以樹私恩。及楊玄感反，吳人朱燮、晉陵人管崇起兵江南以應之，自稱將軍，擁衆十餘萬。帝遣將軍吐萬緒、魚俱羅討之，不能剋。充募江都萬餘人，擊頻破之。每有剋捷，必歸功於下，所獲軍實，皆推與士卒，身無所受。由此人爭爲用，功最居多。

十年，齊郡賊帥孟讓自長白山寇掠諸郡，至盱眙，有衆十餘萬。充以兵拒之，而贏師示弱，保都梁山爲五柵，相持不戰。後因其懈弛，出兵奮擊，大破之，乘勝盡滅賊，讓以數十騎遁去，斬首萬人，六畜、軍資莫不盡獲。帝以充有將帥才略，始遣領兵，討諸小盜，所

向皆破之。然性矯僞，詐爲善，能自勤苦，以求聲譽。

十一年，突厥圍帝於雁門，充盡發江都人，將往赴難。在軍中，反首垢面，悲泣無度，曉夜不解甲，藉草而卧。帝聞之，以爲愛己，益信任之。

十二年，遷爲江都通守。時厭次人格謙爲盜數年[七]，兵十餘萬，在豆子䶀中。充帥師破斬之，威振羣賊。又擊盧明月，破之於南陽，斬首數萬，虜獲極多。後還江都，帝大悦，自執杯酒以賜之。時充又知帝好內，乃言江淮良家有美女，並願備後庭，無由自進。帝逾喜，因密令充閲視諸女[八]，姿質端麗合法相者，取正庫及應入京物以娉納之。所用不可勝計，帳上云勑別用，不顯其實。有合意者，則厚賞充；或不中者，又以賽之。後令以船送東京，而道路賊起，使者苦役，於淮泗中沉船溺之者，前後十數。或有發露，充爲祕之，又遽簡閲以供進。是後益見親昵。

遇李密攻陷興洛倉，進逼東都，官軍數却，光禄大夫裴仁基以武牢降于密，帝惡之，大發兵，將討焉。發中詔遣充爲將軍，於洛口以拒密，前後百餘戰，互有勝負。充乃引軍度洛水，逼倉城。李密與戰，充敗績，赴水溺死者萬餘人。時天寒大雪，兵士既度水，衣皆霑濕，在道凍死者又數萬人，比至河陽，纔以千數。充自繫獄請罪，越王侗遣使赦之，召令還都。收合亡散，復得萬餘人，屯於含嘉城中[九]，不敢復出。

宇文化及殺帝於江都，充與太府卿元文都、將軍皇甫無逸、右司郎盧楚奉侗爲主。侗以充爲吏部尚書，封鄭國公。及侗取元文都、盧楚之謀，拜李密爲太尉、尚書令，密遂稱臣，復以兵拒化及於黎陽，遣使告捷。眾皆悅，充獨謂其麾下諸將曰：「文都之輩，刀筆吏耳。吾觀其勢，必爲李密所擒。且吾軍人每與密戰，殺其父兄子弟，一旦爲之下，吾屬無類矣。」出此言以激怒其眾。文都知而大懼，與楚等謀，將因充入内，伏甲而殺之。期有日矣，將軍段達遣其女婿張志以楚謀告之。充夜勒兵圍宮城，將軍費曜、田世闍等與戰於東太陽門外。曜軍敗，充遂攻門而入，無逸以單騎遁走。獲楚，殺之。時宮門尚閉，充令扣門言於侗曰：「元文都等欲執皇帝降于李密，段達知而以告臣。臣非敢謀反，誅反者耳。」文都聞變，入奉侗於乾陽殿，陳兵衛之。令將帥乘城以拒難，兵敗，又獲文都殺之。侗命開門以納充，充悉遣人代宿衛者，乃入謁，頓首流涕而言曰：「文都等無狀，謀相屠害，事急爲此，不敢背國。」侗與之盟。充尋遣韋節等諷侗，令拜爲尚書左僕射、總督内外諸軍事。又授其兄惲爲内史令，入居禁中。

未幾，李密破化及還，其勁兵良馬多戰死，士卒皆勌。充欲乘其敝而擊之，恐人不一，乃假託鬼神，言夢見周公，乃立祠於洛水之上，遣巫宣言周公欲令僕射急討李密，當有大功，不則兵皆疫死。充兵多楚人，俗信妖妄，故出此言以惑之。眾皆請戰。充簡練精勇，

得二萬餘人，馬千餘，遷營於洛水南。密軍偃師北山上。時密新得志於化及，有輕充之心，不設壁壘。充夜遣二百餘騎潛入北山，伏溪谷中，令軍秣馬蓐食。既而宵濟，人奔馬馳，遲明而薄密。充出兵應之，陣未成列而兩軍合戰，其伏兵蔽山而上，潛登北原，乘高下馳，壓密營。營中亂，無能拒者，即入縱火。密軍大驚而潰，降其將張童兒、陳智略，進下偃師。初，充兄偉及子玄應隨化及至東郡，密得而囚之於城中，至是，盡獲之。又執密長史邴元真妻子、司馬鄭虔象之母及諸將子弟，皆撫慰之，各令潛呼其父兄。兵次洛口，邴元真、鄭虔象等舉倉城以應之。密以數十騎遁逸，充悉收其衆。而東盡于海，南至于江，悉來歸附。充又令韋節諷侗，拜爲太尉，署置官屬，以尚書省爲其府。尋自稱鄭王。遣其將高略帥師攻壽安[一〇]，不利而旋。又帥師攻圍穀州，三日而退。明年，自稱相國，受九錫備物，是後不朝侗矣。

有道士桓法嗣者，自言解圖讖，充昵之。法嗣乃以孔子閉房記，畫作丈夫持一干以驅羊。法嗣云：「楊，隋姓也。干一者，王字也。居羊後，明相國代隋爲帝也。」又取莊子人間世、德充符二篇上之，法嗣釋云：「上篇言世，下篇言充，此即相國名矣。明當德被人間，而應符命爲天子也。」充大悅曰：「此天命也。」即以法嗣爲諫議大夫。充又羅取雜鳥，書帛繫其頸，自言符命而散放之。或有彈射得鳥而來獻者，亦拜官爵。既而

廢倜於別宮，僭即皇帝位，建元曰開明，國號鄭。大唐遣秦王率衆圍之，充頻出兵，戰輒不利，都外諸城相繼降款。大業迫，遣使請救於寶建德，建德率精兵援之。師至武牢，爲秦王所破，禽建德以詣城下。充將潰圍而出，諸將莫有應之者，自知潛竄無所，於是出降。至長安，爲讎人獨孤脩德所殺。

段達

段達，武威姑臧人也。父嚴，周朔州刺史。達在周，年始三歲，襲爵襄垣縣公。及長，身長八尺，美鬚髯，便弓馬。

高祖爲丞相，以大都督領親信兵，常置左右。及踐阼，爲左直齋，累遷車騎將軍，兼晉王參軍。高智惠、李積等之作亂也，達率衆一萬，擊定方、滁二州，賜縑千段，遷進儀同。又破汪文進等於宣州，加開府，賜奴婢五十口，縑絹四千段。仁壽初，太子左衛副率。大業初，以蕃邸之舊，拜左翊衛將軍。征吐谷渾，進位金紫光祿大夫。帝征遼東，百姓苦役，平原郝孝德〔一一〕、清河張金稱等並聚衆爲羣盜，攻陷城邑，郡縣不能禦。帝令達擊之，數爲金稱等所挫，亡失甚多。諸賊輕之，號爲段姥。後用鄶令楊善會之計，更與賊戰，

方致剋捷。還京師，以公事坐免。

明年，帝征遼東，以達留守涿郡。俄復拜左翊衞將軍。高陽魏刀兒聚衆十餘萬，自號歷山飛，寇掠燕、趙。達率涿郡通守郭絢擊敗之。于時盜賊既多，官軍惡戰，達不能因機決勝，唯持重自守，頓兵饋糧，多無剋獲，時皆謂之爲怯懦。

十二年，帝幸江都宮，詔達與太府卿元文都留守東都。李密據洛口，縱兵侵掠城下，達與監門郎將龐玉、武牙郎將霍舉率內兵出禦之。頗有功，遷左驍衞大將軍。王充之敗也，密復進據北芒，來至上春門，達與判左丞郭文懿[二二]、尚書韋津出兵拒之。達見賊盛，不陣而走，爲密所乘，軍大潰，津没於陣。由是賊勢日盛。

及帝崩於江都，達與元文都等推越王侗爲主，署開府儀同三司，兼納言，封陳國公。元文都等謀誅王充也，達陰告充，爲之內應。及事發，越王侗執文都於充，充甚德於達，特見崇重。既破李密，達等勸越王加充九錫備物，尋諷令禪讓。充僭尊號，以達爲司徒。及東都平，坐誅，妻子籍没。

史臣曰：化及庸懧下才，負恩累葉，王充斗筲小器，遭逢時幸，俱蒙獎擢，禮越舊臣。既屬崩剝之期，不能致身竭命，乃因利乘便，先圖干紀，率羣不逞，職爲亂階，拔本塞源，裂

冠毀冕。或躬爲戎首，或親行鴆毒，釁深指鹿，事切食蹯，天地所不容，人神所同憤。故梟
獍凶魁，相尋葅醢，蛇豕醜類，繼踵誅夷，快忠義於當年，垂炯戒於來葉。嗚呼，爲人臣者
可不殷鑒哉！可不殷鑒哉！

校勘記

（一）羣小在側 「在」，順本作「布」。

（二）通德裁母和氏 「和氏」，北史卷七九宇文述傳附司馬德戡傳、通志卷一六四司馬德戡傳作
「娥氏」。

（三）爲侍官 「官」，原作「宮」，據北史卷七九宇文述傳附司馬德戡傳、册府卷九三七總錄部姦
佞、通志卷一六四司馬德戡傳改。

（四）命送至幕下 「至」字原闕，據宋乙本、至順本、汲本補。按，北史卷七九宇文述傳附司馬德戡
傳亦有「至」字。

（五）王充 即王世充。 避唐諱省「世」字。

（六）又以郡丞領江都宮監 「宮」，原作「官」，據宋乙本、至順本、汲本改。按，北史卷七九王世充
傳、册府卷六九七牧守部邪佞亦作「宮」。

（七）時厭次人格謙爲盜數年 「人」，原作「之」，據宋乙本、至順本、汲本改。按，北史卷七九王世

〔八〕　充傳、册府卷三五七將帥部立功亦作「人」。

〔九〕　因密令充閱視諸女　「充」字原闕，據宋乙本、汲本補。

〔一0〕屯於含嘉城中　「含嘉城」，原作「含喜城」，據本書卷七一王誠節元文都傳、北史卷七九王世充傳、册府卷三五七將帥部立功作「高毗」。新唐書卷一0九崔義玄傳、通鑑卷一八七唐紀三高祖武德二年亦載王世充將高毗攻河內郡事，可參見。

傳、通鑑卷一八五唐紀一高祖武德元年、通志卷一六四王世充傳改。

遣其將高略帥師攻壽安　「高略」，册府卷三五七將帥部立功作「高毗」。新唐書卷一0九崔

〔二〕　平原郝孝德　「郝孝德」，原作「祁孝德」，據本書卷六四王辯傳、卷七0李密傳、卷七一王誠節張須陁傳改。按，舊唐書卷五三李密傳、新唐書卷八四李密傳亦作「郝孝德」。

〔三〕　達與判左丞郭文懿　「郭文懿」，原作「郭大懿」，據本書卷五九煬三子越王侗傳、北史卷七一隋宗室諸王煬帝三子越王侗傳、通鑑卷一八五唐紀一高祖武德元年、册府卷二八九宗室部圖興復改。

宋天聖二年隋書刊本原跋

隋書自開皇、仁壽時，王劭爲書八十卷[一]，以類相從，定爲篇目。至於編年紀傳，並闕其體[二]。唐武德五年，起居舍人令狐德棻奏請修五代史。五代謂梁、陳、齊、周、隋也。十二月，詔中書令封德彝、舍人顏師古脩隋史，綦歷數載，不就而罷。貞觀三年[三]，續詔秘書監魏徵脩隋史，左僕射房喬總監。徵又奏於中書省置秘書內省，令前中書侍郎顏師古、給事中孔穎達、著作郎許敬宗撰隋史[四]。徵總知其務，多所損益，務存簡正。序、論皆徵所作。凡成帝紀五，列傳五十。十年正月壬子，徵等詣闕上之。十五年，又詔左僕射于志寧、太史令李淳風、著作郎韋安仁、符璽郎李延壽同脩五代史志。凡勒成十志三十卷。顯慶元年五月己卯，太尉長孫無忌等詣朝堂上進[五]，詔藏秘閣。後又編第入隋書，其實別行，亦呼爲五代史志。案魏徵本傳，貞觀七年爲侍中，十年，五代史成，加光祿大夫，進封鄭國公。俄請遜位，拜特進。今諸本並云特進。又經籍志四卷，獨云侍中，鄭國公魏徵撰。無忌傳又云，永徽三

年，始受詔監脩，疑當時先已刊脩，無忌因成書而進。今紀、傳題以徵，志以無忌，從衆本所載也。紀傳亦有題太子少師許敬宗撰。案敬宗傳，貞觀八年，除著作郎，脩國史，遷中書舍人。十年，左授洪州司馬。龍朔三年，始拜太子少師。與今錄年月官位不同，疑後人所益。房喬、志寧初並受詔。又李延壽傳云，被詔與著作佐郎敬播同脩五代史志。按延壽貞觀三年與顏師古同被勅脩隋史，其年以內憂去職。今諸本並不載喬等名位。天文、律曆、五行三志，皆淳風獨作。五行志序，諸本云褚遂良作。案本傳未嘗受詔撰述，疑祇爲一序，今故略其名。

天聖二年五月十一日，上御藥供奉藍元用奉傳聖旨，齋禁中隋書一部，付崇文院。至六月五日，勅差官校勘，時命臣綬、臣燁提點，右正言、直史館張觀等校勘〔六〕。觀尋爲度支判官，續命黃鑑代之〔七〕。仍內出版式雕造〔八〕。

校勘記

〔一〕王劭爲書八十卷　汲本「爲」下注稱：「雍本改『纂』。」北監本、殿本亦作「纂」。

〔二〕並闕其體　汲本「體」下注稱：「雍本改『序』。」北監本、殿本亦作「序」。南監本作「傳」。

〔三〕貞觀三年　「貞觀」原作「正觀」，避宋諱改，今回改。下同改，不另出校。又「三年」原作「二年」，據宋乙本、南監本、北監本、汲本改。按，舊唐書卷七三令狐德棻傳、新唐書卷一〇二令狐德棻傳、唐會要卷六三史館上修前代史、冊府卷五五六國史部採撰俱作「三年」。

〔四〕令前中書侍郎顏師古給事中孔穎達著作郎許敬宗撰隋史　「許敬宗」，原作「許恭宗」，避宋諱改，今回改。下同改，不另出校。

〔五〕太尉長孫無忌等詣朝堂上進　「朝」，原作「明」；「上」，原作「左」，據宋乙本、南監本、北監本、汲本、殿本改。

〔六〕右正言直史館張觀等校勘　「右正言」，原作「左正言」，據宋乙本改。　按，宋史卷二九二張觀傳亦作「右正言」。

〔七〕續命黃鑑代之　「黃鑑」，原作「黃爐」，據宋乙本改。　按，黃鑑，宋史卷四四二文苑傳有傳。

〔八〕仍內出版式雕造　「雕」，宋乙本作「刊」。

隋書考證跋語

翰林院編修臣映斗謹言：右隋書八十五卷，奉敕校刻者。宋本殘缺，乃以監本爲底本。此外完書備校者，有南監本、汲古閣本。他本殘缺，亦可參校者，宋本外有兩舊本。

考隋書十志，向稱「五代史志」，有單行本，今已不可得見。其帝紀、列傳略見於北史、南史及梁、陳、齊、周本書，然各本皆年深漫漶，並有淆譌。臣等參互考据，公同商確，譌者正之，闕者補之、衍者刪之、文異則取其義長，義通亦辨其文異。又如志中條目，或異事而牽連、或同條而割裂，列傳次第，亦有凌躐，目錄、本傳前後抵牾，或分傳而不標名，或附傳而名複見。皆乖體例，不合本文。再如所引經史子集，間與本書有異，改之不可、仍之實疏，自非詳繹本文，明徵往籍，沿譌襲謬，長貽學者之疑。即此隋朝一代之書，欲存善本、愈仰睿鑒，精詳矻證，不可不作也。丹鉛既畢，得如干條勒於各卷之後。臣等職在編摩，匪有學問，要自百十字之增補，以至單辭隻字之改易，並有依據，無考者仍闕之。不敢稍憑臆見，妄有損益於其間，校讎之分云爾。臣謹識。原任詹事臣陳浩，侍講學士臣萬承蒼，侍讀臣齊召南，洗馬臣陸宗楷，編修臣孫人龍、臣張映斗、拔貢生臣郭世燦等奉敕恭校刊。

百衲本跋

張元濟

此元大德九路刊本也。明黃佐南雍志:「元江東建康道肅政廉訪使以十七史艱得善本,從太平路學官之請,徧牒九路,令本路以兩漢書率先,諸路咸取而式之。」按元史,建康道所轄九路,一寧國、二徽州、三饒州、四集慶、五太平、六池州、七信州、八廣德,其九爲鉛山州,不稱路,然直隷行省,與路同。是本版心有「堯學」、「路學」、「番洋」、「浮學」、「樂平」、「錦江」、「初菴」等字。「堯」爲「饒」之省文,「堯學」、「路學」即饒州路學。「番洋」即鄱陽縣學,「浮學」、「樂平」即浮梁、樂平二州學,蓋某路承刊某史,又與其所屬州縣分任之。至「錦江」、「初菴」皆書院名,錦江在安仁縣,爲宋倪玠講學之所,初菴在德興縣,爲邑人傅立號初菴者所設。元制,書院設山長,亦爲朝廷命官,故與州縣學同任刊刻之役也。

殿本是書據宋刻校勘,故訛脫視他史爲少。然校刊官張映斗識語,謂宋本殘缺,乃以監本爲底本,故有時不免爲監本所誤。即以地名、人名、官名、物名言之,如高祖紀下開皇十年六月癸亥以「浙州刺史元胄爲靈州總管」,監本「浙州」乃作「浙江」。本書地理志下

「餘杭郡」注「平陳，置杭州」，當時並無「浙江」之名，至「浙江」則至明洪武時始有之。而地理志中有「浙陽郡」，注「西魏置浙州」，隋初未改，郡當仍其稱。此「浙」字必「淅」字之訛。殿本不知改「浙」爲「淅」，而反沿監本「浙江」之名，誤一。又地理志上西城郡統縣黃土，注「西魏置淯陽郡，後周改郡，置縣曰黃土」，監本「淯陽」乃作「涓陽」，本書地理志中淯陽郡，注「西魏置蒙州，仁壽中改曰淯州」。寰宇記淯水在廢淯陽縣西一百步，自商州上津縣來，東流注於漢。是淯陽實以淯水得名。殿本沿監本作「涓」，誤二。又張奐傳「河間鄚人也」，監本「鄭」，本書地理志中河間郡統縣十三，有鄚縣。隋有鄭州，屬滎陽郡，有鄭縣，屬京兆郡，去河間均甚遠。舊唐書地理志河北道，莫州本瀛州之鄚縣，開元十三年以「鄚」字類「鄭」字，改爲「莫」。是「鄚」之訛「鄭」由來已久，監本然，殿本亦然，誤三。又李密傳，王世充引兵來與密決戰，「密留王伯當守金墉，自引精兵就偃師，北阻邙山以待之」。舊唐書紀此事亦作「邙山」，監本「邙山」乃作「邛山」。元和郡縣志北邙山在偃師縣北二里，此云「就偃師」，必爲邙山無疑。監本作「邛」者誤於形似也，殿本仍之，誤四。又律曆志中張賓改曆，劉孝孫等駁言其失，謂「漢書武帝太初元年丁丑歲落下閎等考定太初曆」，又天文志渾天儀篇「落下閎爲漢孝武帝於地中轉渾天定時節」，監本「落下」乃均作「洛下」。漢書律曆志武帝元封七年議造漢曆，募治曆者，「方士唐都、巴郡

落下閡與焉」。「落下」不作「洛下」。監本妄改，殿本從之，誤五。又王充傳「有道士桓法

嗣者，自言解圖讖」，監本「桓」乃作「相」。北史、兩唐書世充傳紀此事均作「桓法嗣」，不

作「相法嗣」，蓋「桓」爲宋諱。避缺末筆，元本亦往往沿之，監本不察，誤認爲「相」，殿本

循之，誤六。又禮儀志六紀文武冠服「尚書都令史」節，「謁都水令史」，監本乃作「謁都令

史」。按「謁」爲謁者臺，「都水」爲都水臺，「令史」爲二臺屬官。且上文有「尚書都令

史」，謁者位卑，不當有都令史，必爲「都水」無疑。監本既脫，殿本不予補正，誤七。又史

祥傳「進位上開府，尋拜蘄州總管，未幾徵拜左領左右將軍」，監本乃作「左領軍右將

軍」。本書百官志「左右領左右府，各大將軍一人、將軍二人」曰「各」一人、二人者，必有

左領或右領左右大將軍、將軍矣。且獨孤陁傳亦有「拜上開府，右領左右將軍」之語，此可

證左領左右將軍實有其官。監本疑疊見「左」字有譌，故改其一，殿本因之，誤八。又裴矩

傳「祖他，魏都官尚書」，監本乃作「郡官尚書」。魏書官氏志有列曹尚書，都官爲列曹之

一。魏書、北史本傳雖不言其曾官此職，然若以「郡」上屬「魏」字，「官」下屬「尚書」字爲

句，則更不成詞，且魏官名無獨用「尚書」二字者。監本失於前，殿本踵於後，誤九。又李

崇傳，突厥欲降崇，遣使謂之曰「若來降者，封爲特勤」。西突厥傳「其國立鞬素特勤之

子」。監本二「特勤」字乃均作「特勒」。耶律鑄雙溪醉隱集自注，和林城東北有唐明皇開

元壬申御製御書闕特勤碑，「其碑額及碑文皆是『殷勤』之『勤』字。唐新舊史，凡書『特勤』皆作『銜勒』之『勒』字，誤也。諸突厥部之遺俗，猶呼可汗之子爲『特勤』、『特謹』字也」。近人在三音諾顏之哲里夢獲覩是碑，拓以示人，釋之者謂今蒙古呼王之子弟皆爲「台吉」，即「特勤」、「特謹」之轉音。且據此以駁顧亭林、畢秋帆之言而伸錢竹汀之説。又突厥傳，都藍可汗「遣其母弟褥怛特勤獻于闐玉杖」，是本亦已誤「勤」爲「勒」。監、殿二本且更誤爲「持勒」矣。是「特勤」二字之見於是本者，豈非碩果之遺。殿本襲監本之謬，誤十。尚有一字，其異同僅在點畫之微，亦正惟其微而愈徵舊本之足貴。禮儀志六「皇后衣十二等」節，其翟衣有六，「采桑則服鴙衣」，注「黃色」。其下諸公夫人、諸伯夫人、諸子夫人、三妃、三公夫人，均服此衣，故「鴙」字凡七見。是本惟「諸公夫人」節誤作「卜」旁，監本則全作「鴙」。爾雅釋鳥，「鴙雉」，郭璞注「黃色，鳴自呼」，與本書注正同。鴙衣外尚有鞠衣、褕衣、鷩衣、鞠衣、袡衣五者，皆以雉文爲色，故稱「翟衣」，亦正與爾雅鷩雉、秩秩海雉、鵫雉、鸞鶵各注色澤相合。是「鴙」之當從「卜」旁，毫無疑義。是本誤者一而未誤者六，校刊監本者見舊本互有異同，以「卜」旁之字罕見，遂不問上下文之意義及其字之有無，而昧然盡改爲「卜」旁。武英殿校刊諸臣一仍舊貫，更無所容心於其間，而「鴙」字遂從此湮滅。刊書之人愈多而識字之人愈少，豈非事之可哀者乎！儀顧堂題跋謂是本百

官志上、董純傳各有闕文，證之是本，所脱正同。古籍日稀，奚能姑舍。美猶有憾，吾無譏焉。海鹽張元濟。

主要參考文獻

一

隋書八十五卷，百衲本二十四史影印元大德刻本，並借北平圖書館、江蘇省立國學圖書館藏本配補，商務印書館，一九三五年。

隋書八十五卷，存六十五卷，中華再造善本影印中國國家圖書館藏宋刻遞修本，北京圖書館出版社，二〇〇六年。

隋書八十五卷，宋刻本，存八卷，其卷二四、二五、八三至八五，中華再造善本影印中國國家圖書館藏本，北京圖書館出版社，二〇〇三年；卷九至一一（卷一一有缺葉），臺北「國家圖書館」藏；卷一一殘葉，上海圖書館藏。

隋書八十五卷，元大德饒州路儒學刻明正德嘉靖遞修公文紙印本，中國國家圖書館藏。

隋書八十五卷，元至順三年瑞州路儒學刻明修本，中國國家圖書館藏。

隋書八十五卷，明萬曆二十二年至二十三年南京國子監刻明清遞修本，中華書局圖書館藏。

隋書八十五卷，明萬曆二十六年北京國子監刻清康熙二十五年補修本，中華書局圖書館藏。

隋書八十五卷，明崇禎八年毛氏汲古閣刻本，中華書局圖書館藏。

隋書八十五卷，二十五史縮印涵芬樓一九一六年影印清乾隆四年武英殿刻本，上海古籍出版社、上海書店，一九八六年。

二

十三經注疏（清嘉慶刊本），清阮元校刻，中華書局影印本，二〇〇九年。

十三經注疏校記，清孫詒讓撰，雪克輯點，孫詒讓遺書，齊魯書社，一九八三年。

五禮通考，清秦蕙田撰，景印文淵閣四庫全書本，臺灣商務印書館，一九八六年。

經典釋文彙校，唐陸德明撰，黃焯彙校，中華書局，一九八三年。

樂書，宋陳暘撰，景印文淵閣四庫全書本，臺灣商務印書館，一九八六年。

燕樂考原，清淩廷堪撰，紀健生校點，淩廷堪全集，黃山書社，二〇〇九年。

說文解字，中華書局影印同治陳昌治刻本，一九六三年。

說文解字注，漢許慎撰，清段玉裁注，上海古籍出版社影印經韻樓本，一九八一年。

鉅宋廣韻，宋陳彭年撰，上海古籍出版社影印宋本，一九八三年。

廣韻校本，周祖謨校，中華書局影印清張士俊澤存堂刊本，二〇〇四年。

史記，漢司馬遷撰，南朝宋裴駰集解，唐司馬貞索隱，唐張守節正義，中華書局，一九八二年。

史記斠證，王叔岷撰，中華書局，二〇〇七年。

漢書，漢班固撰，唐顏師古注，中華書局，一九六二年。

後漢書，南朝宋范曄撰，唐李賢等注，中華書局，一九六五年。

三國志，晉陳壽撰，南朝宋裴松之注，中華書局，一九八二年。

晉書，唐房玄齡等撰，中華書局，一九七四年。

宋書，南朝梁沈約撰，中華書局，一九七四年。

南齊書，南朝梁蕭子顯撰，中華書局，一九七二年。

梁書，唐姚思廉撰，中華書局，一九七三年。

陳書，唐姚思廉撰，中華書局，一九七二年。

魏書，北齊魏收撰，中華書局，一九七四年。

北齊書，唐李百藥撰，中華書局，一九七二年。

周書，唐令狐德棻等撰，中華書局，一九七一年。

南史，唐李延壽撰，中華書局，一九七五年。

北史，唐李延壽撰，中華書局，一九七四年。

隋書詳節，宋呂祖謙纂，十七史詳節，日本宮內廳書陵部藏宋元版漢籍選刊影印元刊本，上海古籍出版社，二〇一二年。

舊唐書，後晉劉昫等撰，中華書局，一九七五年。

新唐書，宋歐陽脩、宋祁撰，中華書局，一九七五年。

新唐書宰相世系表集校，趙超編著，中華書局，一九九八年。

宋史，元脫脫等撰，中華書局，一九七七年。

縮印百衲本二十四史，商務印書館，一九五八年。

三國史記，金富軾撰，學習院東洋文化研究所，一九六四年。

讀史舉正，清張熷著，叢書集成初編本，商務印書館，一九三七年。

十七史商榷，清王鳴盛撰，商務印書館，一九五九年。

廿二史劄記校證，清趙翼著，王樹民校證，中華書局，一九八四年。

廿二史考異，清錢大昕著，方詩銘、周殿傑校點，上海古籍出版社，二○○四年。

諸史考異，清洪頤煊撰，叢書集成初編本，中華書局，一九九一年。

越縵堂讀史札記全編，清李慈銘著，北京圖書館出版社影印本，二○○三年。

五史斠議（隋書），羅振玉撰，二十五史三編本，岳麓書社，一九九四年。

校史隨筆，張元濟著，商務印書館影印本，一九九○年。

讀二十五史蠡述，李澄宇撰，北京圖書館出版社影印本，二○○五年。

漢紀，漢荀悅撰，張烈點校，兩漢紀，中華書局，二○○二年。

通紀，唐馬總撰，江蘇古籍出版社影印宛委別藏本，一九八八年。

大唐創業起居注，唐溫大雅撰，李季平、李錫厚點校，上海古籍出版社，一九八三年。

資治通鑑，宋司馬光編著，元胡三省音注，中華書局，一九八六年。

資治通鑑考異，宋司馬光撰，四部叢刊初編本，上海書店，一九八九年。

建康實錄，唐許嵩撰，張忱石點校，中華書局，一九八六年。

通志，宋鄭樵撰，中華再造善本影印元大德三山郡庠刻元明遞修弘治公文紙本，北京圖書館出版社，二〇〇六年。

通志，宋鄭樵撰，中華書局影印十通本，一九八七年。

通志二十略，宋鄭樵撰，王樹民點校，中華書局，一九九五年。

越絕書，漢袁康、漢吳平輯錄，樂祖謀點校，上海古籍出版社，一九八五年。

華陽國志校補圖注，晉常璩撰，任乃強校注，上海古籍出版社，一九八七年。

十六國春秋，北魏崔鴻撰，叢書集成初編本，商務印書館，一九三六年。

元和郡縣圖志，唐李吉甫撰，賀次君點校，中華書局，一九八三年。

太平寰宇記，宋樂史撰，王文楚等點校，中華書局，二〇〇七年。

宋本輿地廣記，宋歐陽忞撰，國家圖書館出版社影印宋刻遞修本，二〇一七年。

輿地廣記，宋歐陽忞撰，李勇先、王小紅校注，四川大學出版社，二〇〇三年。

輿地紀勝，宋王象之撰，中華書局影印清道光懼盈齋本，一九九二年。

方輿勝覽，宋祝穆撰，宋祝洙增訂，施和金點校，中華書局，二〇〇三年。

宋本方輿勝覽，宋祝穆編、宋祝洙補訂，上海古籍出版社影印本，二〇一二年。

讀史方輿紀要，清顧祖禹撰，賀次君、施和金點校，中華書局，二〇〇五年。

嘉慶重修一統志，中華書局影印本，一九八六年。

續山東考古錄，清葉圭綬撰，續修四庫全書影印清咸豐葉氏刊本，上海古籍出版社，二〇〇二年。

古本敦煌鄉土志八種箋證，李正宇著，甘肅人民出版社，二〇〇八年。

北周地理志，王仲犖著，中華書局，一九八〇年。

水經注，北魏酈道元撰，陳橋驛點校，上海古籍出版社，一九九〇年。

水經注圖（外二種），清楊守敬等編繪，中華書局影印本，二〇〇九年。

水經注疏，北魏酈道元注，清楊守敬纂疏、熊會貞參疏，謝承仁、侯英賢整理，楊守敬集，湖北人民出版社，湖北教育出版社，一九九七年。

唐六典，唐李林甫等撰，陳仲夫點校，中華書局，一九九二年。

大唐六典，日廣池千九郎訓點，日内田智雄補訂，広池學園事業部，一九七三年。

北周六典，王仲犖著，中華書局，一九七九年。

通典，唐杜佑撰，王文錦等點校，中華書局，一九八八年。

北宋版通典，唐杜佑著，日長澤規矩也、日尾崎康校，韓昇譯，上海人民出版社影印本，二〇〇八年。

通典，唐杜佑撰，中華書局影印十通本，一九八四年。

通典食貨志校箋，曾貽芬校箋，巴蜀書社，二〇一三年。

唐會要，宋王溥撰，上海古籍出版社，一九九一年。

文獻通考，元馬端臨撰，上海師範大學古籍研究所、華東師範大學古籍研究所點校，中華書局，二〇一一年。

文獻通考經籍考，元馬端臨撰，華東師大古籍研究所標校，華東師範大學出版社，一九八五年。

大唐開元禮（附大唐郊祀録），民族出版社影印本，二〇〇〇年。

唐律疏議，唐長孫無忌等撰，劉俊文點校，中華書局，一九八三年。

隋代墓誌銘彙考，王其禕、周曉薇編著，綫裝書局，二〇〇七年。

西安碑林博物館新藏墓誌續編，趙力光主編，陝西師範大學出版社，二〇一四年。

秦晉豫新出墓誌蒐佚續編，趙文成、趙君平編，國家圖書館出版社，二〇一五年。

墨香閣藏北朝墓誌，葉煒、劉秀峰主編，上海古籍出版社，二〇一六年。

長安高陽原新出土隋唐墓誌，李明等主編，文物出版社，二〇一六年。

洛陽新獲墓誌二〇一五，齊運通、楊建鋒編，中華書局，二〇一七年。

陝西新見隋朝墓誌，劉文編著，三秦出版社，二〇一八年。

史通通釋，唐劉知幾著，清浦起龍通釋，王煦華整理，上海古籍出版社，二〇〇九年。

崇文總目，中國歷代書目叢刊影印粵雅堂叢書本，現代出版社，一九八七年。

郡齋讀書志校證，宋晁公武撰，孫猛校證，上海古籍出版社，一九九〇年。

直齋書録解題，宋陳振孫撰，徐小蠻、顧美華點校，上海古籍出版社，一九八七年。

四庫全書總目，清永瑢等撰，臺灣商務印書館影印殿本，二〇一三年。

四庫提要辨證，余嘉錫著，中華書局，一九八〇年。

日本國見在書目詳考，孫猛著，上海古籍出版社，二〇一五年。

四民月令輯釋，漢崔寔著，繆啓愉輯釋，萬國鼎審訂，農業出版社，一九八一年。

周髀算經、錢寶琮校點，算經十書，中華書局，一九六三年。

九章算術，錢寶琮校點，算經十書，中華書局，一九六三年。

唐開元占經，唐瞿曇悉達撰，景印文淵閣四庫全書本，臺灣商務印書館，一九八六年。

疇人傳，清阮元撰，臺灣復興書局影印庚申補版皇清經解本，一九六一年。

戎事類占，元李家撰，四庫全書存目叢書影印明萬曆刻本，齊魯書社，一九九五年。

歷代名畫記，唐張彥遠著，秦仲文、黃苗子點校，人民美術出版社，一九六三年。

呂氏春秋注疏，王利器著，巴蜀書社，二〇〇二年。

淮南子校釋（增訂本），張雙棣撰，北京大學出版社，二〇一三年。

習學記言序目，宋葉適著，中華書局，一九七七年。

蘇氏演義，唐蘇鶚撰，商務印書館，一九五六年。

西溪叢語，宋姚寬撰，孔凡禮點校，中華書局，一九九三年。

學林，宋王觀國撰，田瑞娟點校，中華書局，一九八八年。

日知錄集釋（外七種），清顧炎武著，清黃汝成集釋，上海古籍出版社影印本，一九八五年。

炳燭偶鈔，清陸錫熊纂，叢書集成初編本，中華書局，一九八五年。

讀書雜志，清王念孫撰，中華書局影印金陵書局本，一九九一年。

銅熨斗齋隨筆，清沈濤撰，清人考訂筆記（七種）影印清咸豐自刻本，中華書局，二〇〇四年。

越縵堂讀書記，清李慈銘撰，由雲龍輯，上海書店出版社，二〇〇〇年。

封氏聞見記校注，唐封演撰，趙貞信校注，中華書局，一九五八年。

北堂書鈔，唐虞世南撰，中國書店影印清光緒南海孔氏刊本，一九八九年。

藝文類聚，唐歐陽詢撰，汪紹楹校，上海古籍出版社，一九八二年。

初學記，唐徐堅等著，中華書局，一九六二年。

元和姓纂（附四校記），唐林寶撰，岑仲勉校記，郁賢皓、陶敏整理，孫望審訂，中華書局，一九九四年。

太平御覽，宋李昉等撰，中華書局縮印商務印書館影印宋本，一九六〇年。

宋本冊府元龜，宋王欽若等編，中華書局影印本，一九八九年。

冊府元龜，宋王欽若等編，中華書局影印明本，一九六〇年。

古今姓氏書辨證，宋鄧名世撰，叢書集成初編本，商務印書館，一九三六年。

職官分紀，宋孫逢吉撰，景印文淵閣四庫全書本，臺灣商務印書館，一九八六年。

錦繡萬花谷，宋佚名撰，上海辭書出版社影印明繡石書堂本，一九九二年。

山堂考索，宋章如愚編撰，中華書局影印明慎獨齋本，一九九二年。

玉海，宋王應麟輯，臺灣華聯出版社影印元刻本，一九六四年。

玉海，宋王應麟輯，江蘇古籍出版社、上海書店影印清光緒九年浙江書局本，一九八七年。

玉海藝文志校證，宋王應麟撰，武秀成、趙庶洋校證，鳳凰出版社，二〇一三年。

說郛，明陶宗儀等編，說郛三種，上海古籍出版社影印宛委山堂本，一九八八年。

世説新語箋疏（修訂本），南朝宋劉義慶著，南朝梁劉孝標注，余嘉錫箋疏，周祖謨、余淑宜、周士琦整理，上海古籍出版社，一九九三年。

冥祥記，南朝齊王琰撰，李劍國輯釋，唐前志怪小説輯釋（修訂本），上海古籍出版社，二〇一一年。

太平廣記，宋李昉等編，汪紹楹點校，中華書局，一九六一年。

唐語林校證，宋王讜撰，周勛初校證，中華書局，一九八七年。

高僧傳，南朝梁釋慧皎撰，湯用彤校注，湯一玄整理，中華書局，一九九二年。

開元釋教録，唐釋智昇撰，中華大藏經（漢文部分）影印本，中華書局，一九九二年。

神仙傳校釋，晉葛洪撰，胡守爲校釋，中華書局，二〇一〇年。

雲笈七籤，宋張君房編，李永晟點校，中華書局，二〇〇三年。

宋尤袤刻本文選，南朝梁蕭統輯，唐李善注，國家圖書館出版社影印本，二〇一七年。

日本足利學校藏宋刊明州本六臣注文選，南朝梁蕭統選編，唐呂延濟等注，人民文學出版社影印本，二〇〇八年。

日藏弘仁本文館詞林校證，唐許敬宗編，羅國威整理，中華書局，二〇〇一年。

影弘仁本文館詞林，唐許敬宗編，日本古典研究會影印本，一九六九年。

文苑英華，宋李昉等編，中華書局影印本，一九六六年。

文苑英華校記，傅增湘撰，北京圖書館出版社影印本，二〇〇六年。

樂府詩集，宋郭茂倩編，中華書局，一九七九年。

樂府詩集，宋郭茂倩編，人民文學出版社影印傅增湘藏宋本，二〇一〇年。

先秦漢魏晉南北朝詩，逯欽立輯校，中華書局，一九八三年。

隋文紀，明梅鼎祚輯，景印文淵閣四庫全書本，臺灣商務印書館，一九八六年。

漢魏六朝百三名家集，明張溥輯，江蘇古籍出版社影印本，二〇〇二年。

全上古三代秦漢三國六朝文，清嚴可均輯，中華書局影印清光緒黃岡王毓藻刻本，一九五八年。

全隋文補遺，韓理洲輯校編年，三秦出版社，二〇〇四年。

三

隋書求是，岑仲勉著，商務印書館，一九五八年。

百衲本二十四史校勘記隋書校勘記，張元濟著，王紹曾等整理，商務印書館，二〇〇一年。

張森楷史學遺著輯略，張森楷著，西南師範大學出版社，一九九八年。

欽定四庫全書考證，清王太岳、王燕緒等輯，書目文獻出版社影印清內府抄本，一九九一年。

楊堅誅五王史實補考——從大周故滕國間公墓誌說起，牛敬飛撰，中國中古史集刊第一輯，商務印書館，二〇一五年。

隋書高祖本紀疑誤十則，邢東升撰，書品二〇〇八年第四輯。

中華點校本隋書質疑二十二則，馬俊民撰，中國古代社會高層論壇文集：紀念鄭天挺先生誕辰一百一十周年，中華書局，二〇一一年。

隋書禮儀志正誤一則，許雲和撰，中國史研究二〇〇六年第二期。

重讀隋書（經籍志、律曆志天文志、百官志及其他），陰法魯撰，陰法魯學術論文集，中華書局，二〇〇八年。

歷代樂志律志校釋，丘瓊蓀校釋，中華書局，一九六四年。

隋書音樂志標點瑣議，日山寺三知撰，文化藝術研究第五卷第一期，二〇一二年。

隋書音樂志訳注，日六朝樂府の会編著，和泉書院，二〇一六年。

魏晉南北朝音樂史料，吉聯抗輯譯，上海文藝出版社，一九八二年。

隋唐燕樂調研究，日林謙三著，郭沫若譯，商務印書館，一九三六年。

燕樂探微，丘瓊蓀遺著，隗芾輯補，上海古籍出版社，一九八九年。

歷代律曆志校證，陳美東著，中華書局，二〇〇八年。

中算家的内插法研究，李儼撰，科學出版社，一九五七年。

隋書律曆志十五等尺，馬衡撰，凡將齋金石叢稿，中華書局，一九七七年。

中國度量衡史，吳承洛著，商務印書館，一九三七年。

諸史天象記録考證，劉次沅著，中華書局，二〇一五年。

隋書天文志脱文拾補，彭益林撰，古籍整理出版情況簡報一九八六年第十二期。

隋書天文志斠證，李國祥、彭益林撰，古籍整理與研究第四期，中華書局，一九八九年。

隋書天文志辨正，劉黎明撰，雲南教育學院學報第八卷第二期，一九九二年四月。

隋書天文志之日星杵星考，劉青平撰，歷史文獻研究北京新第六輯，北京師範大學出版社，一九九五年。

隋書天文志天象記録選注，劉次沅撰，陝西天文臺臺刊一九九六年第一期。

隋書天文志五代災變應勘誤，唐燮軍撰，古籍整理研究學刊二〇〇七年第六期。

對校十三史食貨志，日中嶋敏監修，極東書店，一九六五年。

歷代食貨志注釋，王雷鳴編著，農業出版社，一九八四年。

〔兵功〕糾誤，李鴻賓撰，中國史研究，一九八八年第一期。

魏書食貨志隋書食貨志訳注，日渡辺信一郎著，汲古書院，二〇〇八年。

隋書食貨志勘誤二則，張勇盛撰，江海學刊二〇一五年第二期。

譯注隋書刑法志，日内田智雄編，譯注續中國歷代刑法志，創文社，一九七〇年。

隋書刑法志考異，顧吉辰撰，歷史文獻研究北京新第三輯，北京師範大學出版社，一九九二年。

隋書兩唐書百（職）官志校讀拾零，張國剛撰，南開學報一九八五年第二期。

隋書百官志上點校匡補，熊清元撰，黃岡師範學院學報第二十卷第二期，二〇〇〇年四月。

隋書百官志後周禄秩解，陳垣撰，陳垣史源學雜文（增訂本）三聯書店，二〇〇七年。

隋書百官志勘誤一則，彭麗華撰，中國史研究二〇一五年第四期。

隋書地理志考證，清楊守敬撰，施和金整理，楊守敬集，湖北人民出版社、湖北教育出版社，一九九七年。

隋書地理志考辨，施和金撰，中國歷史地理研究，南京師範大學出版社，二〇〇〇年。

隋書地理志舊唐書地理志正誤——以與今北京地區有關的州、郡爲例，王毓藺、尹鈞科撰，北京社會科學二○○八年第三期。

隋書經籍志考證，清章宗源撰，二十五史補編本，中華書局，一九五五年。

隋書經籍志考證，清姚振宗撰，二十五史補編本，中華書局，一九五五年。

隋書經籍志補，張鵬一撰，二十五史補編本，中華書局，一九五五年。

隋書經籍志糾謬，清康有爲撰，新學僞經考，三聯書店，一九九八年。

隋書經籍志詳攷，日興膳宏、日川合康三著，汲古書院，一九九五年。

隋書經籍志標點勘誤，李慶撰，古籍整理與研究第一期，中華書局，一九八六年。

隋書經籍志標點失誤及其所引起的誤會，馮浩菲撰，歷史文獻研究北京新第五輯，北京師範大學出版社，一九九四年。

隋志「並目錄」考證，李大明撰，四川師範大學學報（社會科學版）第二十五卷第四期，一九九八年十月。

漢長孫氏孝經有閨門章辨惑，陳鴻森撰，復旦學報（社會科學版）二○一四年第四期。

補三國藝文志，清侯康撰，二十五史補編本，中華書局，一九五五年。

隋書劉焯傳劉焯卒年記載有誤，王興文撰，溫州師範學院學報（哲學社會科學版）第二十

隋書四夷傳地理考證，清丁謙撰，浙江圖書館叢書第一集，二十五史三編本，岳麓書社，一九九四年。

東アジア民族史（一），日井上秀雄等訳注，平凡社，一九七四年。

訳注中国正史日本伝，日石原道博著，国書刊行会，一九七五年。

隋書標點一誤，韋建培撰，陝西師範大學學報一九八六年第一期。

騎馬民族史：正史北狄伝（一、二），日内田吟風、日佐口透等訳注，平凡社，一九七一、一九七二年。

突厥集史，岑仲勉著，中華書局，一九五八年。

隋書訂誤二則，瞿林東撰，古籍整理出版情況簡報一九八〇年第二期。

隋書考異摘要，易民撰，文史第二十二輯，中華書局，一九八四年。

讀隋書札記，唐長孺撰，山居存稿，中華書局，一九八九年。

讀隋書札記二則，凍國棟撰，魏晉南北朝隋唐史資料第十二輯，一九九三年。

隋史考證九則，韓昇撰，廈門大學學報（哲學社會科學版）一九九九年第一期。

隋書標點勘誤及校勘補遺五則，侯旭東撰，中國史研究二〇〇一年第一期。

七卷第六期，二〇〇六年十二月。

隋書標點勘誤及校勘補遺四則，侯旭東撰，中國史研究二〇〇一年第二期。

隋書勘誤四則，王化昆撰，中國史研究二〇〇二年第三期。

中華書局點校本隋書質疑二十九則，唐華全撰，河北師範大學學報（哲學社會科學版）第三十五卷第一期，二〇一二年。

隋書勘誤十八則，唐華全撰，南昌航空大學學報（社會科學版）第十四卷第二期，二〇一二年。

宋書校勘記長編，王仲犖著，中華書局影印稿本，二〇〇九年。

通鑑隋唐紀比事質疑，岑仲勉著，陳達超整理，中華書局，一九六四年。

南北朝八書二史疑年錄，許福謙著，北京出版社、文津出版社，二〇〇三年。

十七史疑年錄，牛繼清、張林祥著，黃山書社，二〇〇七年。

魏晉南北朝史札記，周一良著，中華書局，一九八五年。

魏晉南北朝地方行政制度，嚴耕望撰，中國地方行政制度史乙部「中研院」歷史語言研究所專刊之四十五，一九九〇年。

正史宋元版之研究，日尾崎康著，喬秀岩、王鏗編譯，中華書局，二〇一八年。

主要參考文獻

二十史朔閏表，陳垣著，中華書局，一九六二年。

中國史曆日和中西曆日對照表，方詩銘、方小芬編著，上海辭書出版社，一九八七年。

點校本二十四史及清史稿修訂工程組織機構

田餘慶　安平秋　安作璋　何英芳　何齡修　吳宗國　吳榮曾

宋德金　李學勤　周良霄　周振鶴　周清澍　周偉洲　來新夏

祝總斌　陳允吉　陳祖武　陳智超　袁行霈　高　敏　陶　敏

徐蘋芳　張大可　張文強　張忱石　崔文印　梁太濟　許逸民

黃留珠　鄒逸麟　程毅中　傅璇琮　傅熹年　裘錫圭　蔡美彪

熊國禎　樓宇烈　劉鳳翥　龔延明

（以姓氏筆畫爲序）